微信朋友圈营销实战108招

小圈子大生意

谭静◎编著

人民邮电出版社

北京

图书在版编目（ＣＩＰ）数据

微信朋友圈营销实战108招 ： 小圈子大生意 / 谭静
编著. — 北京 ： 人民邮电出版社，2018.9（2021.2重印）
ISBN 978-7-115-48732-2

Ⅰ．①微… Ⅱ．①谭… Ⅲ．①网络营销 Ⅳ.
①F713.365.2

中国版本图书馆CIP数据核字(2018)第155216号

内 容 提 要

本书结合典型案例，深刻、系统地剖析了朋友圈营销的思维和策略，是一本介绍微信朋友圈营销的实战手册。

书中详细讲解了微信朋友圈的多种营销方法，包括：通过添加好友功能和其他平台进行引流；通过软文营销、视觉营销、视频营销等方法，吸引客户关注，并实现销售转化；通过发布广告、促销等方式，进一步拉升销量；通过良好的售后服务维护客户关系，促进客户多次购买。书中还介绍了朋友圈营销常见的误区，帮助营销人员少走弯路。

本书逻辑简单清晰，内容丰富全面，适合微信朋友圈营销与运营人员阅读。

◆ 编 著 谭 静
　　责任编辑 恭竟平
　　责任印制 周昇亮

◆ 人民邮电出版社出版发行　　北京市丰台区成寿寺路 11 号
　　邮编 100164　　电子邮件 315@ptpress.com.cn
　　网址 https://www.ptpress.com.cn
　　涿州市京南印刷厂印刷

◆ 开本：700×1000　1/16
　　印张：15.5　　　　　　　　　　2018 年 9 月第 1 版
　　字数：303 千字　　　　　　　　2021 年 2 月河北第 11 次印刷

定价：55.00 元

读者服务热线：(010)81055296　印装质量热线：(010)81055316
反盗版热线：(010)81055315

广告经营许可证：京东市监广登字 20170147 号

前言

据 Mary Meeker 发布的互联网趋势报告显示，微信使用率占中国移动应用市场的第一位，仅微信就占据了国人在移动应用设备上近 30% 的时间（国人在移动应用设备上每天用时 31 亿小时，微信独占 9 亿小时）！

若以 10 亿上网用户计算，每人每天使用 3 小时手机，微信就占了 1 小时，而大家在朋友圈上花的时间占了 50% 左右。

由于巨大的人流和用户时间聚集，现在的朋友圈不仅是大家日常生活和工作的展示平台，也成为了各类人士、商家和企业进行营销的必争之地。

如何利用朋友圈营销，赚到钱还不讨人嫌，是有技巧的，也需要技术。

笔者抱着好奇的态度去拜读这方面的图书、分析各种不同的案例，却惊讶地发现很多商家并没有抓住朋友圈营销的精髓，甚至仍在采用陈旧的线下营销思维去对待这种新式的线上营销。

在不断钻研与反省中，笔者也总结出了一些关于朋友圈营销的心得体会，便斗胆将这些经验记录下来，完成了此书，希望能够帮到在朋友圈营销方面还处于迷茫境地的朋友们。

此书分为 10 章，分别从 9 个角度进行营销讲解，即从个性、吸粉、功能、软文、视觉、视频、广告、价值、关系等方面来分析营销的方式，或直接或间接，为商家们指明最能够吸引客户注意的一整套营销模式。当然，最后一章还详细讲解了在朋友圈营销过程中容易犯的错误，帮助各位少走弯路。

下面介绍一下每一章的主要内容：

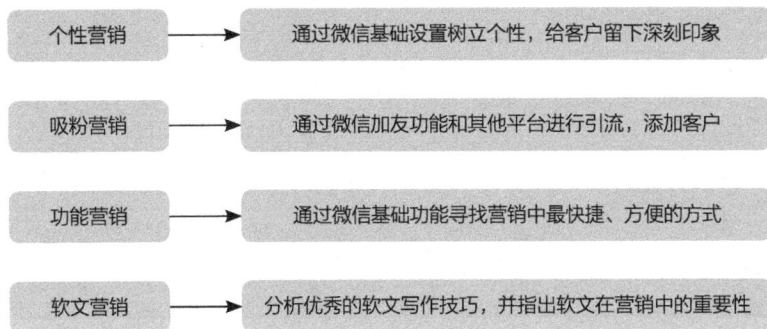

个性营销	→	通过微信基础设置树立个性，给客户留下深刻印象
吸粉营销	→	通过微信加友功能和其他平台进行引流，添加客户
功能营销	→	通过微信基础功能寻找营销中最快捷、方便的方式
软文营销	→	分析优秀的软文写作技巧，并指出软文在营销中的重要性

视觉营销	→	讲解修图 APP 的基础编辑功能，制作出精美的广告图片
视频营销	→	讲述视频基本编辑方式，学会拍摄大气的广告视频
广告营销	→	分析多种朋友圈广告模式，帮助商户选择最合适的方法
价值营销	→	分析多种推销与促销方式，想方设法拉动销量
关系营销	→	讲解各种售前与售后服务，分析与客户搞好关系的重要性
营销误区	→	列举出营销中可能会遇到的错误思维并寻找方法解决

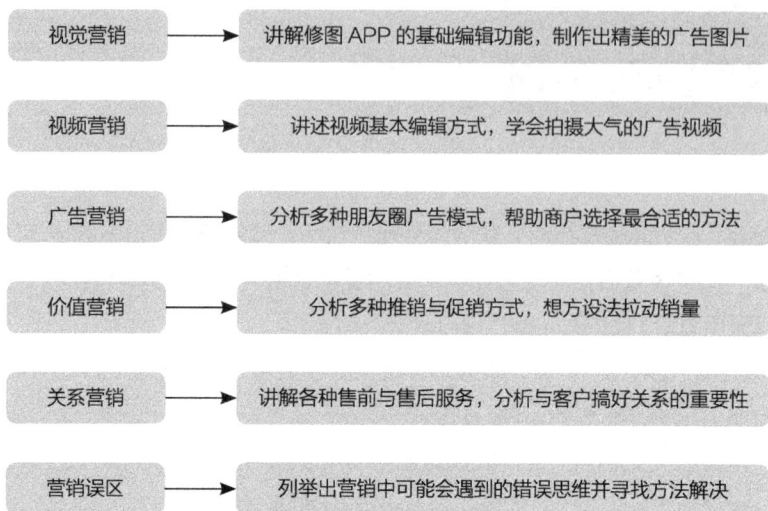

　　本书由谭静编著，参与编写的人员还有周玉姣、张瑶等人。由于笔者水平有限，所以书中难免会出现一些大大小小的问题，恳请读者批评指正。也希望各位能够拥有自己独特的见解，去开辟微信朋友圈营销的新方式。

目录 | Contents

第 3 章 ▶ 功能营销：便捷有效的途径

第 4 章 ▶ 软文营销：呈现精彩营销内容

第5章 视觉营销：新颖的个性化宣传

第6章 视频营销：动态的产品包装

第7章 广告营销：完美的多样化呈现

第8章 价值营销：互惠互利，提高成交

第 9 章　关系营销：打造良好的客户体验

第 10 章　营销误区：规避朋友圈营销风险

第1章

个性营销：
满足用户个性需求

学前提示

　　2016 年，微信朋友圈营业额达到 1 500 亿元以上，主要消费者是年轻人。现在的年轻人将个性放在首位，讲究潮流和时尚，因此朋友圈要做好营销，首先要做好个性营销，满足他们"要不我第一，要不我唯一"的独特个性，与他们思维同频，达到共鸣和共振。

要点展示

001　头像：广告位要用好

现在都在讲视觉营销，也强调位置的重要性，而微信朋友圈首先进入人们视野的就是微信头像。这头像图片虽小，却是微信最引人注目的广告位，我们一定要用好，不要浪费了！

在笔者的微信朋友圈里，有几千个朋友，我对他们的头像进行了一个分析总结，普通人的头像以两种图片居多：一是自己的人像照片，二是拍的或选的风景照片。

但是侧重营销的人，即使用人像，也要做到更上一层楼，三类照片用得多：一是自己非常有专业范的照片，二是与重要人物的合影，三是自己在重要、公众场合的照片。

不同的头像会传递给人不同的信息，做营销要根据自己的定位来进行设置，可以从这几个方面着手，如图 1-1 所示。

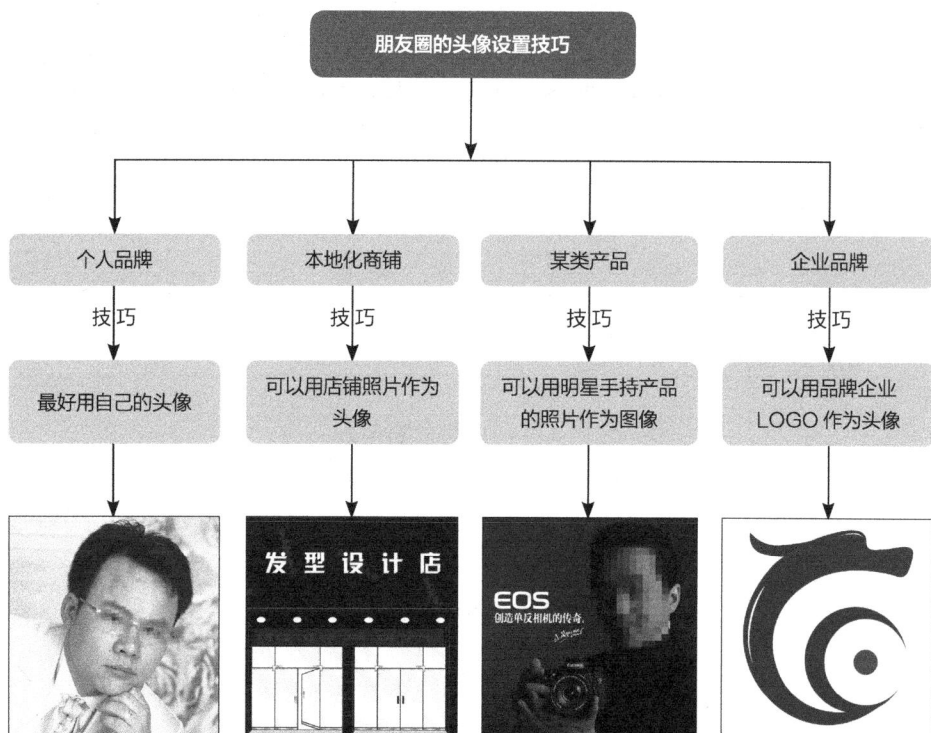

▲ 图 1-1　朋友圈的头像设置技巧

以上头像图片是不是比常规的头像图片更让人印象深刻？

设置头像的方法非常简单，具体如下。

步骤 ① 打开微信，进入右下角的"我"图标，点击页面上方的"微信号"头像或名称，如图 1-2 所示，进入"个人信息"界面，如图 1-3 所示。

▲ 图1-2　点击"微信号"名称

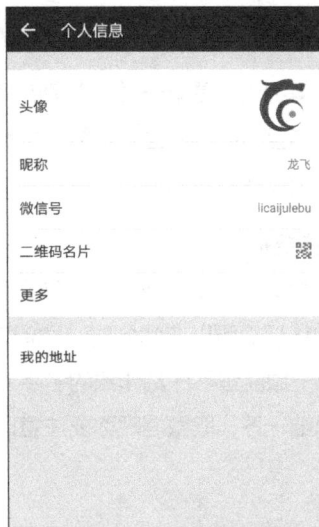

▲ 图1-3　"个人信息"界面

步骤 ②　点击"头像"，会弹出"图片"界面，用户可以选择"拍摄照片"，也可以直接选择照片，如图1-4所示。拍好或选好照片，按提示操作完成后，即可看到设置好的头像效果，如图1-5所示。

▲ 图1-4　"图片"界面

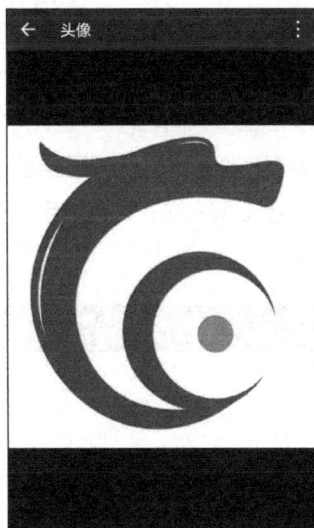

▲ 图1-5　设置好的头像效果

　　用户可以参照以上方法，将头像换成对自己营销最为有利的图片，但切记，图片一定要让别人觉得真实、有安全感，这样别人才会更加信赖你。毕竟，有了信任，营销才能更好地开始。

002 昵称：好的名称就是品牌

头像给人的是第一视觉形象，而昵称给人的是第一文字形象，从营销的角度来看，好的名称自带品牌和营销功能，特别是在虚拟环境中，它是方便他人辨别的重要标志。因此一定要取好昵称。

1. 昵称要素

在营销过程中，取一个恰当且正式的名字，会让用户对所营销的对象有一个更加直观的认识。所以在命名时，我们应该尽量去挑选一些耳目一新、别具一格的，让对方能够一眼就留下深刻印象的名字。

总结一下，取微信昵称要注意以下几个要素，如图 1-6 所示。

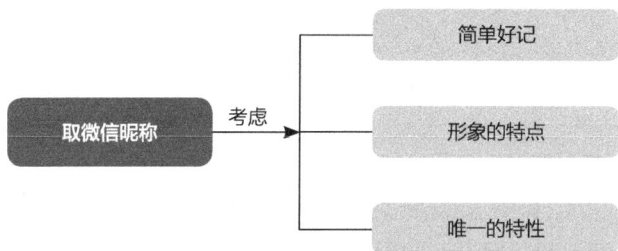

▲ 图 1-6 取微信昵称的注意要素

2. 常规取名法

笔者总结了微信昵称的几种常规取法：

一是真实取名法：直接用自己的姓名或者企业名称来命名，如图 1-7 所示。

二是虚拟取名法：可以选用一个艺名、笔名、网名等，但切记不要老换昵称，如图 1-8 所示。

▲ 图 1-7 真实取名法

▲ 图 1-8 虚拟取名法

三是创意取名法：如同音、谐音等取法都可以，如有个昵称叫"如果"，因为这位用户是开水果店的，名字新颖而且也包含了所销售的商品信息，如图 1-9 所示。

四是组合取名法：中文名＋英文名，或者企业名称＋中文名等，如图 1-10 所示。

▲ 图 1-9　创意取名法

▲ 图 1-10　组合取名法

将公司名称和自己的名称、职位等放在昵称当中，让人一目了然，不仅找起来方便，而且对公司的印象也会更加深刻。

3. 符号取名法

营销有时讲究的是创新和独特性，除了枯燥的中文和英文，我们可以往昵称中加入可爱的表情，来传递一种向上、热情的气质，给人留下不一样的印象。

具体操作方法如下。

步骤 ❶ 在"个人信息"界面点击"昵称"，弹出"更改名字"界面，如图 1-11 所示。

步骤 ❷ 点击文字输入中的"符号"按钮，弹出可以选择的各种符号列表，如图 1-12 所示。可以先选择左边的符号类型，再在右边选择适合自己或有特色的符号。（不同终端型号或输入法，界面与符号列表可能有差异。）

▲ 图 1-11　"更改名字"界面

▲ 图 1-12　符号列表

从营销的角度来考虑，可以选择能反映出商家所销售商品特性的表情符号，比如口红、包包、雨伞等，如图 1-13 所示。

▲ 图 1-13　表情符号

4. 特殊位置取名法

这里介绍一种特殊位置的取名方法，即将自己的电话号码以小写的方式，置于名称的右上方位置，这种方法一般很少有人会用，这里分享给你。

对于在微信朋友圈中做销售的商户来说，让对方能够轻易且迅速地取得自己的联系方式是非常重要的。有些人会选择将电话号码放在昵称后面，可是这样可能会导致名称字数过多，一些有效信息被掩盖。

这时候，我们可以上网选择一种叫作"上标电话号码生成器"的程序，来解决这个问题。接下来介绍这个程序的具体用法。

步骤① 打开手机百度，搜索"上标电话号码生成器"，如图 1-14 所示，点击链接后进入"上标电话号码生成器"，将自己的手机号码输入，如图 1-15 所示。

▲ 图 1-14　搜索"上标电话号码生成器"

▲ 图 1-15　输入手机号码

步骤 ② 点击"一键转换"按钮，就可以生成像链接一样的小数字，如图 1-16 所示。
将这些数字复制粘贴在自己的昵称后面，这样既美观又方便的电话号码上
标便做好了，效果如图 1-17 所示。如果要去掉电话号码，直接在昵称后删
除即可。

▲ 图 1-16　生成像链接一样的小数字

▲ 图 1-17　电话号码上标示意图

003　微信号：要易记、易传播

微信号是我们在微信上的"身份证"号码，具有唯一性，从营销的角度来看，一
定要满足易记、易传播的特点，这样更有利于品牌的宣传和推广。

微信号里字母不宜过多，不然在向对方报微信号时容易让对方困扰与疑惑，微信
号中最好能够包含手机号或是 QQ 号之类的数字号码，好记的同时也方便双方联系。

需要注意的是，微信号的设置必须以英文字母作为开头，而不能以数字作为开头。
接下来笔者介绍几种微信号的设置方式，如图 1-18 所示。

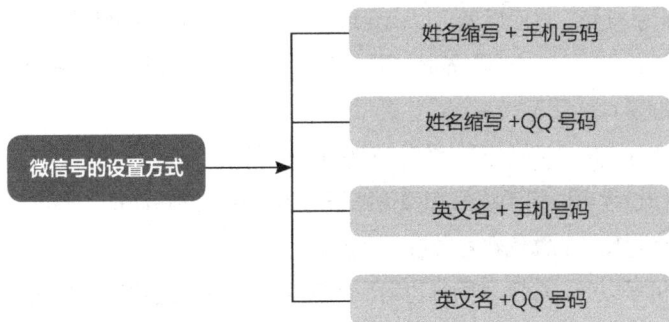

▲ 图 1-18　微信号的设置方式

如果企业有大量客户，并且同时有多个微信号需要操作与维护，则可以采取企业名称缩写加序列号的方式来区分，如 flwh001、flwh002 等。

图 1-19 所示是国内 3 个著名电商的微信公众号。它们的头像、昵称和微信号都是相互呼应的。不仅容易记，也容易传播，相当于自带广告属性。

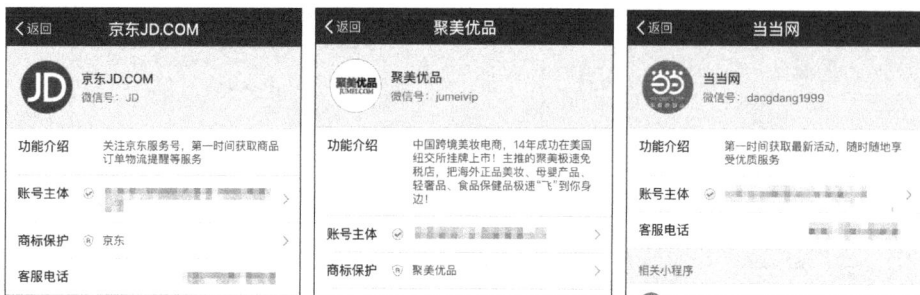

▲ 图 1-19 3 个著名电商的微信公众号

这 3 个微信号都非常直白，几乎都是用品牌本身的拼音或者首字母缩写，后面可能加一些别的东西，比如成立的时间等。我们可以借鉴一下，将自己的微信号简化，可以带上公司或产品信息，方便他人记忆的同时又添加了一个新的广告位。

004 手机号码：方便用户随时找

笔者早期没有太注意微信号的重要性，随便取了一个，现在想更改，却改不了了，那怎么办？有没有什么补救的方法？有，那就是绑定手机号码。

许多人有我们的手机号码，却不知道我们的微信号，如何让他们通过手机号码就能加我们的微信号，方便他们随时找到我们？现在有办法了，只需要将手机号码和微信进行绑定即可，具体操作方法如下。

步骤 ❶ 进入"我"的界面，点击"设置"按钮，如图 1-20 所示。

步骤 ❷ 进入"账号与安全"界面，点击"手机号"按钮，如图 1-21 所示。进入"绑定手机号"界面后就可以绑定或是自由更改绑定的手机号了。

步骤 ❸ 退出"账号与安全"界面，进入"隐私"界面，点击"添加我的方式"按钮，如图 1-22 所示。

步骤 ❹ 滑动打开"手机号"按钮，如图 1-23 所示。

以上操作过程可以将手机号和微信账号绑定，并且能够让别人通过我们的手机号轻而易举地找到我们的微信账号并进行添加。

除了手机号以外，QQ 号同样也可以绑定微信号并通过它添加微信好友，具体方法如下。

▲ 图 1-20 点击"设置"按钮

▲ 图 1-21 点击"手机号"按钮

▲ 图 1-22 点击"添加我的方式"按钮

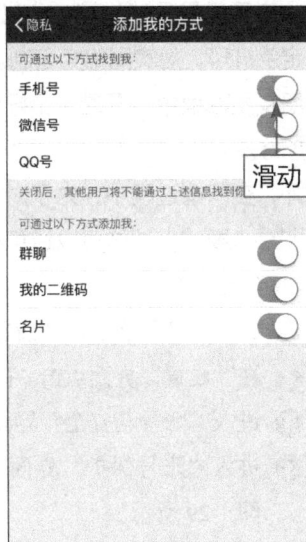

▲ 图 1-23 滑动打开"手机号"按钮

步骤 ① 进入微信"设置"界面，点击"账号与安全"按钮，如图 1-24 所示。

步骤 ② 进入"账号与安全"界面后，点击"更多安全设置"进入界面，点击"QQ号"按钮，如图 1-25 所示，就可以绑定 QQ 号了。

接下来用 QQ 号添加微信好友的步骤与手机号码添加微信好友的方法相似。即进入"隐私"界面选择"添加我的方式"按钮，然后打开 QQ 的开关就可以了。

▲ 图1-24　点击"账号与安全"按钮　　　▲ 图1-25　点击"QQ号"按钮

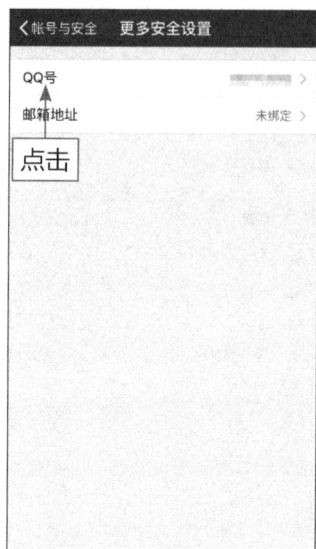

　　每一个手机号只能绑定一个微信号，并且从 2013 年 12 月开始，所有微信号都必须绑定手机号，落实网络实名制。所以手机号对微信来说十分重要。

　　在朋友圈营销中，开通一个好记的手机号是十分有必要的，可以方便客户记忆，及时添加好友。

　　另外，在营销过程中，为了对微信号进行保护，绑定手机号和开启"账号保护"功能是非常必要的，这样可以避免被人盗号而产生一些经济损失。其中，开启"账号保护"功能的过程如下。

步骤 ① 在"我"界面点击"设置"按钮，进入"设置"界面，如图 1-26 所示。

步骤 ② 在"设置"界面点击"账号与安全"按钮，如图 1-27 所示。

步骤 ③ 进入"账号与安全"界面，点击"账号保护"按钮，如图 1-28 所示。

步骤 ④ 进入"账号保护"界面，开启"账号保护"的按钮，设置完毕后，界面如图 1-29 所示。

　　在开启"账号保护"之后，当微信号在别的移动设备上登录的时候，系统会自动向绑定的手机号发一条确认信息，保护账号安全。

　　不过需要注意的是，"账号保护"功能只在安卓系统中可以找到，iOS 系统中是找不到此功能的。不过 iOS 用户也不需要太担心，因为此功能在 iOS 系统里是默认设置的，也就是说，苹果用户并不需要开通这一功能，微信自然会给各位用户自动开启这一保护措施。

▲ 图 1-26　点击"设置"按钮

▲ 图 1-27　点击"账号与安全"按钮

▲ 图 1-28　点击"账号保护"按钮

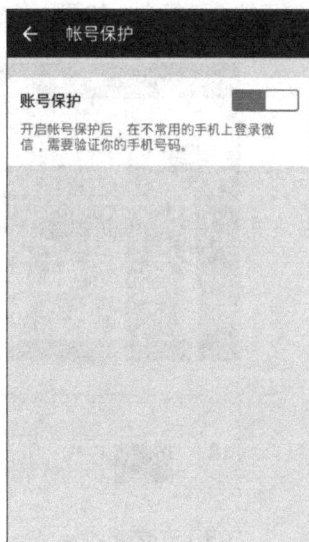

▲ 图 1-29　设置完毕界面

005　个性签名：字字千金要想好

个性签名是向对方展现自己性格、能力、实力等最直接的方式，所以为了一开始就给客户留下一个好印象，我们应该重点思考如何写好个性签名。

设置什么样的个性签名取决于我们的目的，比如想在对方或客户心里留下什么印象，或达到什么营销目的，想清楚后再提炼展示我们的产品、特征或成就，如图 1-30 所示。

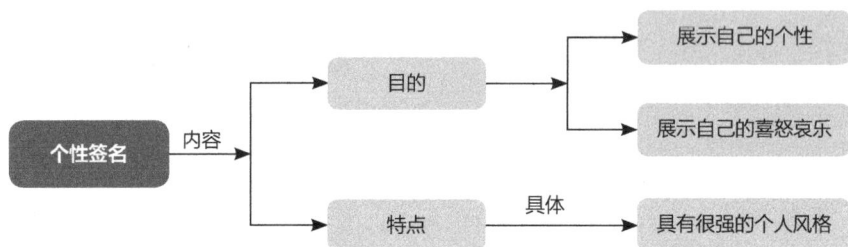

▲ 图 1-30　个性签名的内容

一般来说，个性签名的设置大概有以下 3 种风格。

1. 个人风格式

这是个性签名中最常见的风格。选择此种风格的用户会根据自己的习惯、性格特征、喜欢的好词好句等来编写个性签名。一般来说，微信的普通用户都会选择这种风格设置自己的个性签名，如图 1-31 所示。

▲ 图 1-31　个人风格式的个性签名

2. 成就展示式

使用这种风格个性签名的用户，一般都带有一定的营销性质。但其身份很少会是直接的销售人员，作为服务人员的可能性更高一些，但他绝对也是销售与宣传坏节不可缺少的一员，比如接下来介绍的两位雅思老师，如图 1-32 所示。他们并不直接对外销售课程，也就是说，交易的直接过程他们并没有参与，可是他们同样提供营销与广告宣传，因为他们也参与销售过程的其中一个环节。

▲ 图 1-32　成就展示式的个性签名

3. 产品介绍式

这种方式可以说是销售人员最常用的个性签名方式。它采取最简单直接的方式告诉对方他的营销方向与内容，如图 1-33 所示。

▲ 图 1-33　产品介绍式的个性签名

除了介绍店铺以外，还可以直接介绍销售商品中的明星产品，一般来说都是知名度比较高的产品。

在添加好友的过程中，个性签名十分重要，好的签名能给对方留下深刻的印象。接下来介绍设置个性签名的步骤。

步骤 ① 首先进入"我"界面，点击"微信号"按钮，如图1-34所示。

步骤 ② 进入"个人信息"界面之后，点击"个性签名"按钮，如图1-35所示。

▲ 图1-34　点击"微信号"按钮

▲ 图1-35　点击"个性签名"按钮

步骤 ③ 进入"个性签名"界面，在编辑栏中输入个性签名，如图1-36所示。

步骤 ④ 输入完成后，点击"完成"按钮，设置完成后，效果如图1-37所示。

▲ 图1-36　输入个性签名

▲ 图1-37　设置完成后的效果图

006 主题照片：形象成就全系于此

从图片展示的出场顺序来看，头像是微信的第一广告位，但从效果展示的充分程度来看，主题照片的广告位价值更大，大在哪？大在尺寸。主题照片可以放大图和更多的文字内容，更全面充分地展示我们的个性、特色、产品等。

微信的主题照片，其实是头像上面的背景封面，下面介绍几个做得比较好的效果案例，如图 1-38 所示。

▲ 图 1-38　制作精美的主题照片示例

微信的主题照片的尺寸大概为 480 像素 ×300 像素，因此你可以通过"图片 +文字"的方式，尽可能地将自己的产品、特色、成就等完美布局，充分展示出来。

> 💡 **温馨提示**
>
> 你可以自己用制图软件去做，也可以去淘宝网搜索"微信朋友圈封面"，已经有专门做广告的人提供量身制作这个主题广告照片的服务了。

更换主题照片的具体操作方法如下。

步骤 ❶ 在"发现"界面点击"朋友圈"按钮，如图 1-39 所示。

步骤 ❷ 点击朋友圈的背景照片，之后点击"更换相册封面"按钮，如图 1-40 所示。

步骤 ❸ 进入"更换相册封面"界面，点击"从手机相册选择"按钮，如图 1-41 所示。

步骤 ❹ 选择一张合适的照片，封面便设置完毕，效果如图 1-42 所示。

▲ 图 1-39　点击"朋友圈"按钮

▲ 图 1-40　点击"更换相册封面"按钮

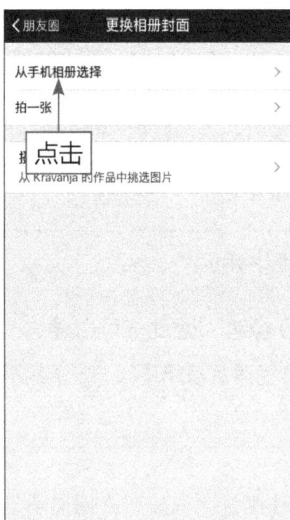

▲ 图 1-41　点击"从手机相册选择"按钮

▲ 图 1-42　设置完毕效果图

007　地址信息：注意力也是营销力

　　在个性营销中，除了头像、昵称、微信号、手机号码、个性签名、主题照片等需要我们精心设置外，还有一个细节十分重要，那就是微信朋友圈中"地区"的位置信息，它显示了我们的地理位置，即地址信息。带有地址信息的朋友圈如图 1-43 所示。

其实这种地址的设置方式十分简单，当商户们准备发朋友圈时，在编辑界面点击"所在位置"按钮，如图 1-44 所示。这时微信系统就会自动识别你所在的位置，然后将地址显示在朋友圈信息当中。

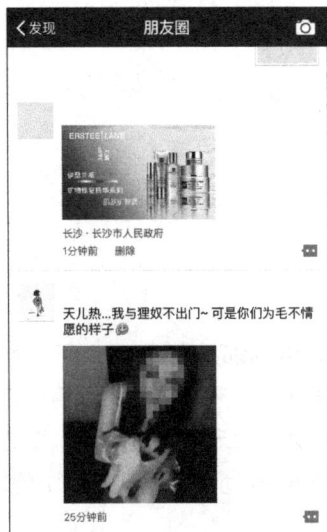

▲ 图 1-43　带有地址信息的朋友圈

▲ 图 1-44　点击"所在位置"按钮

为什么说地址的信息从注意力角度而言也是一种营销力？

（1）隐私公开：正常情况下，大家都不会去公开地址信息，因为这是一种隐私，如果公开了，就等于暴露了自己的位置甚至是正在做的事情；而从营销的角度来看，暴露地址信息无疑会引起关注者的注意力，而我们营销要的就是别人的注意力！

（2）真实信任：在朋友圈放出自己的地址信息，只要是真实的，便会给人一种真诚的感觉，从而增加信任，前文讲过，信任是营销的一个好的起点。

（3）方便客户：有一个十分现实的问题，如果商户和购买者在共同的城市，送货地址相对客户来说比较方便和快捷，那客户就会首选你的产品，因此地址信息也是营销信息。

💡 温馨提示

关于地址的营销，后面还会有更高级、创新的玩法，详见第 3 章。

第 2 章

吸粉营销：
聚集人气，打好基础

学前提示

　　所有的营销都必须要有人气，否则都是空谈，而善于营销者，会脚踏实地地从整合身边已有资源开始，充分挖掘、运用好已有的资源，比如手机通讯录就是我们的第一大现有人气资源，要充分转化好。本章将介绍多种吸粉引流的方法，助你完成从 0 到 1 的转变。

要点展示

008　手机通讯录：通过手机号码聚集客源

在这个以手机为主要通信工具的时代，手机通讯录就相当于人的社会关系的一个缩影，它是人的各种社会关系的具体表现，里面有亲人、好友、同学、领导、同事、客户等，少的有几十人，基本上都有上百人，就以笔者的手机通讯录为例，目前就有480人，如图2-1所示，人际关系如果发达的，则多达上千人。

▲ 图2-1　笔者手机通讯录人数

特别是一个手机号使用得越久，里面存储的人际资源就越多。俗话说，创业需要第一桶金，而在如今人气就是财气的网络时代，我们需要第一桶"人气"，而最好的人气资源就是我们的手机通讯录。

因为手机通讯录里面的联系人，我们基本上知根知底，因此可以很好地根据自己营销的需要进行分类、标注，发送针对性的信息，实现用户群体、品牌建设和产品推广的精准营销。只要运用得好，他们就是我们微信朋友圈中最好的客户源，手机联系人的相关分析如图2-2所示。

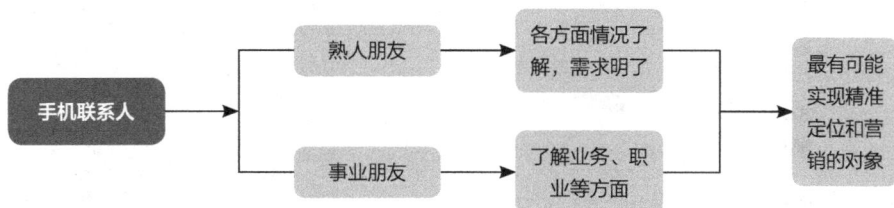

▲ 图2-2　手机联系人分析

如果用户手机通讯录中有许多号码，可以通过微信服务插件，将通讯录中的号码全部添加至微信列表，使其成为你的微信好友。

步骤 ❶ 打开微信，点击"通讯录"按钮，进入"通讯录"界面，点击右上角的
"➕"按钮，在弹出的列表框中选择"添加朋友"选项，如图 2-3 所示。

步骤 ❷ 进入"添加朋友"界面，选择"手机联系人"选项，如图 2-4 所示。

▲ 图 2-3　选择"添加朋友"选项　　　▲ 图 2-4　选择"手机联系人"选项

步骤 ❸ 进入相应页面，选择"添加手机联系人"选项，此时系统将自动获取手机
通讯录的朋友，未添加微信好友的右侧会出现"添加"字样，点击"添加"
按钮，如图 2-5 所示。

步骤 ❹ 进入"验证申请"界面，输入验证信息和备注信息，如图 2-6 所示。点击
右上角的"发送"按钮，提示信息发送成功，待对方确认后，即添加成功。

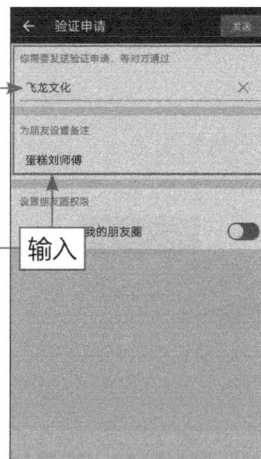

▲ 图 2-5　点击"添加"按钮　　　▲ 图 2-6　输入验证信息和备注信息

009　QQ 好友：利用稳定平台增加微信客源

如果说手机通讯录是我们的第一桶"人气资源"，那第二桶"人气资源"非 QQ 好友莫属。

现在几乎每个人至少有一个专用的 QQ，里面也有各类好友，估计手机通讯录里的联系人，QQ 好友中都有，手机通讯录中没有的，QQ 好友中也有，图 2-7 所示为笔者的 QQ 好友资源。

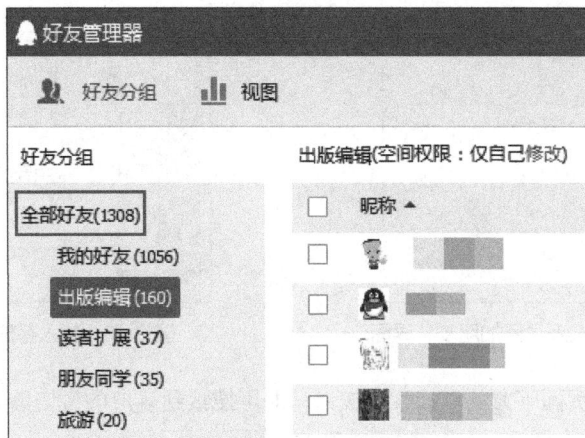

▲ 图 2-7　笔者的 QQ 好友资源

QQ 是日前使用频率很高的社交工具之一，它经过长期的发展，用户资源已非常丰富，而且用户也因为长期使用 QQ，好友人数日益积聚，如果将这些资源有针对性地移植到微信朋友圈，扩大朋友圈人气数量，将会获得更多精准的人气资源。对于 QQ 资源的分析如图 2-8 所示。

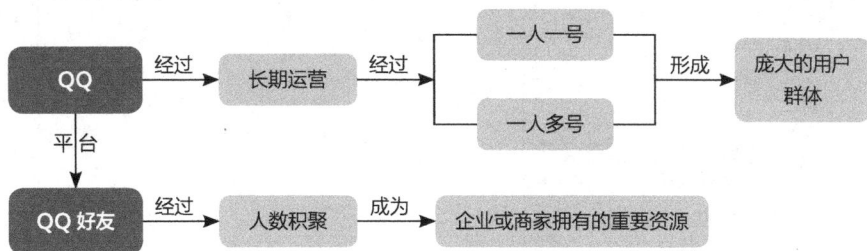

▲ 图 2-8　QQ 资源分析

在微信朋友圈服务插件中添加 QQ 好友的具体步骤如下。

步骤 ❶ 从微信界面进入"添加朋友"界面，在界面上方的搜索栏中显示有"微信号 /QQ 号 / 手机号"等字样，如图 2-9 所示。

21

步骤 ② 在搜索栏中输入需要添加的客户 QQ 号码，如图 2-10 所示。

▲ 图 2-9　进入"添加朋友"界面

▲ 图 2-10　输入客户 QQ 号码

步骤 ③ 点击页面下方的"搜索"按钮，即可搜索到客户的微信信息，点击"添加到通讯录"按钮，如图 2-11 所示。

步骤 ④ 进入"验证申请"页面，输入验证申请信息，点击"发送"按钮，如图 2-12 所示，返回通讯录页面，提示信息发送成功，待对方确认后，即添加成功。

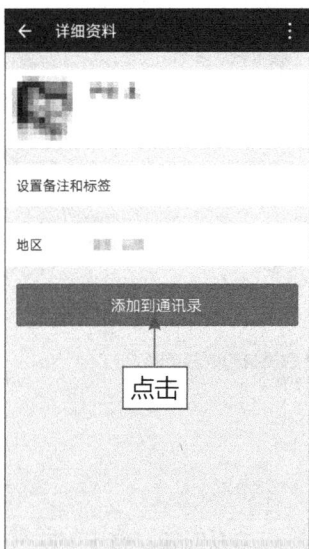

▲ 图 2-11　点击"添加到通讯录"按钮

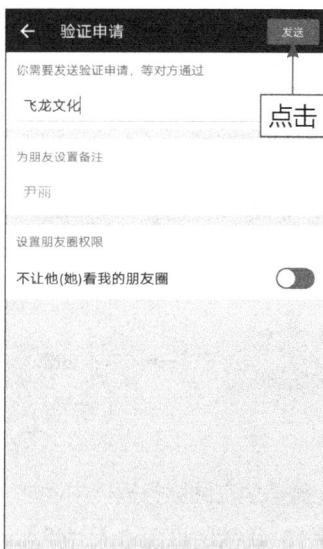

▲ 图 2-12　点击"发送"按钮

010　QQ 空间：将空间粉丝转化为微信客源

　　微信是近几年兴起的社交软件，而在此之前，QQ 一直一枝独秀，吸引了大批用户。虽然这几年微信的风头愈来愈盛，可我们同样不能忽略 QQ 多年来累积下的用户使用量。

　　作为最早走入网络用户眼前的社交平台，QQ 空间的用户基数之大决定了它在营销方面有一定的含金量。所以我们不妨将 QQ 空间作为一个单独的营销角度，通过将它转化为微信好友来增加更多的潜在客户。

　　QQ 空间和微信朋友圈最大的区别在于前者是相对开放的平台，后者则是更加注重个人隐私的小群体空间；并且 QQ 空间是可以独立于 QQ 这个聊天软件单独存在的 APP，它能够像微博一样，关注你感兴趣的人却并不需要与对方成为好友。

　　利用 QQ 空间来增加微信好友的方法有图 2-13 所示的几种。

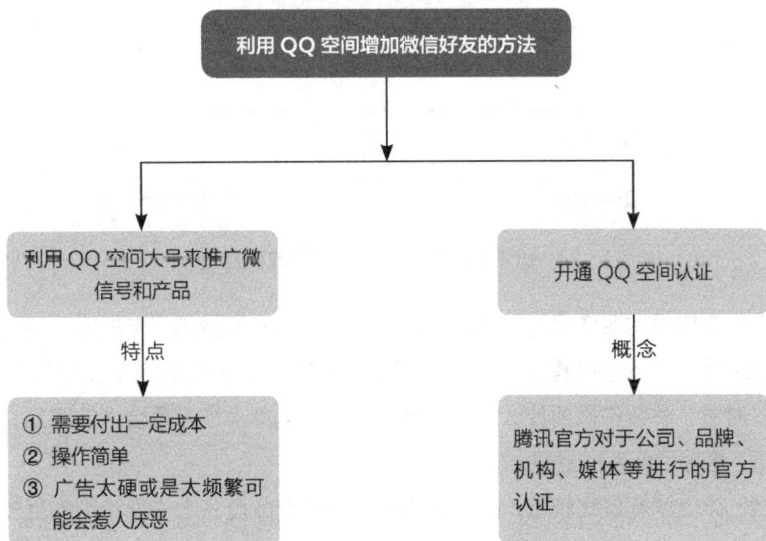

利用 QQ 空间增加微信好友的方法

利用 QQ 空间大号来推广微信号和产品

特点

① 需要付出一定成本
② 操作简单
③ 广告太硬或是太频繁可能会惹人厌恶

开通 QQ 空间认证

概念

腾讯官方对于公司、品牌、机构、媒体等进行的官方认证

▲ 图 2-13　利用 QQ 空间增加微信好友的方法

011　线下实体店：转化现客靠谱的渠道

　　网上购物开始兴起之后，实体店的销售纷纷受到或大或小的冲击。生意人发现实体销售越来越难做了。的确，比起去实体店购买物品，网上购物更加方便，也更加便宜。所以对于商人来说，如何利用微信将生意做"活"，是一个亟须解决的问题。实体店的现状以及改善方法如图 2-14 所示。

```
                    ┌─────────────────┐
                    │   实体店现状      │
                    └─────────────────┘
                             │
         ┌───────────────────┼───────────────────┐
         ▼                   ▼                   ▼
   ┌───────────┐       ┌───────────┐       ┌───────────┐
   │ 房租成本高  │       │ 店员费用高  │       │ 购买转化率低│
   └───────────┘       └───────────┘       └───────────┘
         └───────────────────┼───────────────────┘
                       改 善 方 法
                             │
                             ▼
                    ┌─────────────────┐
                    │  与线上结合营销   │
                    └─────────────────┘
                             │
                             ▼
                    ┌─────────────────┐
                    │把线下顾客转换成线上好友│
                    └─────────────────┘
                       具 体 方 法
         ┌───────────────────┴───────────────────┐
         ▼                                       ▼
   ┌───────────┐                           ┌───────────┐
   │  吸引顾客   │                           │  归集访客   │
   └───────────┘                           └───────────┘
```

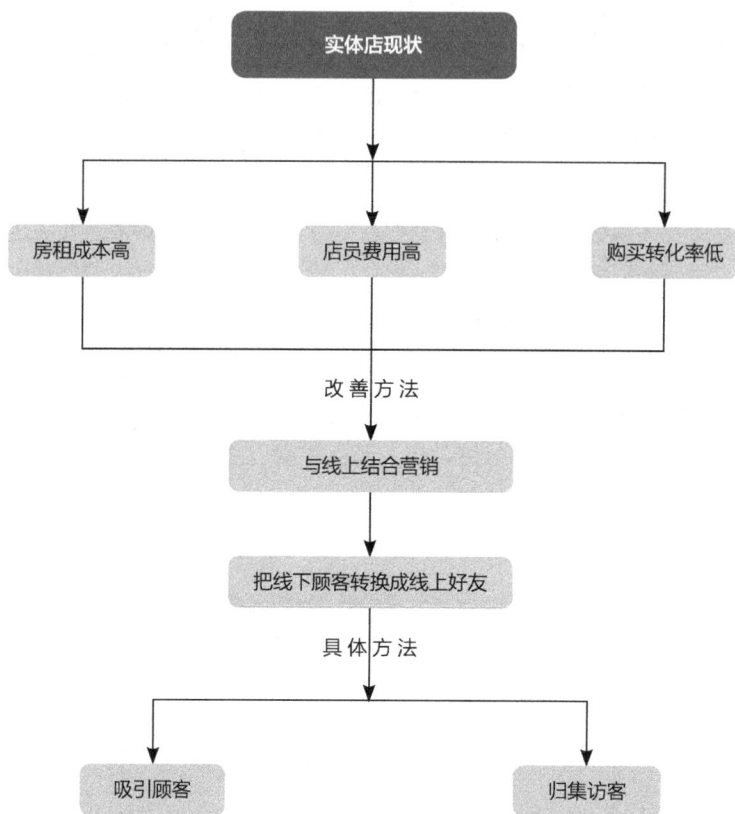

▲ 图 2-14　实体店现状以及改善方法

当客户来店里购买商品时，商家可以通过添加客户为微信好友的方式来实现售后服务。毕竟"售后"对于销售来说，是最重要的环节之一。在与用户成为微信好友之后，商家可以通过了解客户需要什么、适合什么，为他们量身推荐最合适的商品，这也是提高销量、增加回头客的最好方式。

当然，微信毕竟是比较私人的社交工具，非亲非故莫名上去要和别人互加好友并不是非常礼貌的行为，同时也很有可能遭到对方的拒绝。那么有什么办法能够吸引客户主动添加你的微信呢？

方法一，可以设立几个优惠政策，比如凡是来店购买商品的用户，加店主微信后就可以享受折扣，如图 2-15 所示。

方法二，可以免费发放一些小成本的物品来吸引对方添加微信。如天热的时候发放纯净水或是小扇子等，如图 2-16 所示。

▲ 图 2-15　顾客在店铺前扫描二维码

▲ 图 2-16　扫描二维码送饮用水

　　总而言之，将生客变熟客、把熟客变老客是营销中需要我们努力做到的。而利用微信的社交功能来实现这一目的，是一种事半功倍的做法。

　　除了新客户，我们同样不能忽视实体店多年经营累积下来的老客户。

　　这些客户平时在店内购买的东西比较多，也很信赖店主，是商家不能失去的重要客源。店主在添加这些客户为微信好友之后，要认真对待他们的疑问与建议，尽量将与对方之间的生意关系发展到线上。

努力争取老客户的信任，不仅能保持长期的合作关系，还可以吸引对方因为信任而帮你推荐新客户。

012 网上客服：吸引过客，收集访客

实体店铺受地理位置、交通情况的影响，导致它每天能够接待的客流量相对于足不出户就能浏览的网上店铺来说要小得多。

商户们想扩大自己的生意规模和销售数量，除了要抓住线下的客户，还要尽量将线上的网友转化成潜在客户。

不幸的是，很多网络店铺费尽心思策划出各种方案来吸引访客，却从来没想过要将这些访客归集起来添加至个人微信，让这些潜在购买力白白溜走，为吸引访客所花的钱也打了水漂儿。

所以为了推动朋友圈营销，网络店铺一定要想办法将大部分网友添加为微信好友。

那么如何利用网上店铺吸引过客呢？如图 2-17 所示。

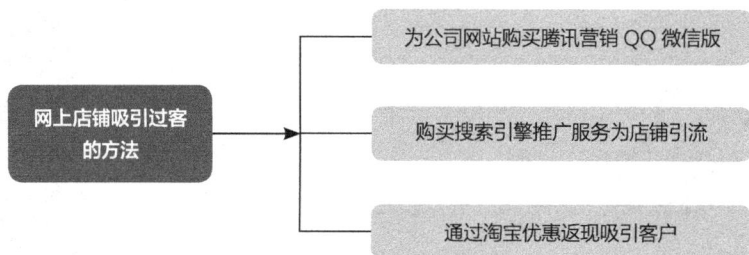

▲ 图 2-17 网上店铺吸引过客的方法

接下来具体介绍图 2-17 中所示的每一个方法。

第一，为公司网站购买腾讯营销 QQ 微信版。腾讯营销 QQ 微信版是连接 QQ 和微信两大社交软件的营销管理平台。商户可以通过这一途径得到客户的 QQ 号，然后利用这些 QQ 号添加对方的微信号，从而起到累积微信好友的作用。腾讯营销 QQ 微信版界面如图 2-18 所示。

第二，购买搜索引擎推广服务为店铺引流。所谓"购买搜索引擎推广服务"就是付费给搜索引擎提供商，当网络用户搜索某种商品时，搜索页面会有你的品牌或是购物网站的推送。这种服务往往是花的钱越多，排名越靠前。而这一行为虽不能给企业直接带来客户名单与详细资料，却可以提高公司网站的浏览量。某搜索引擎的推荐页面如图 2-19 所示。

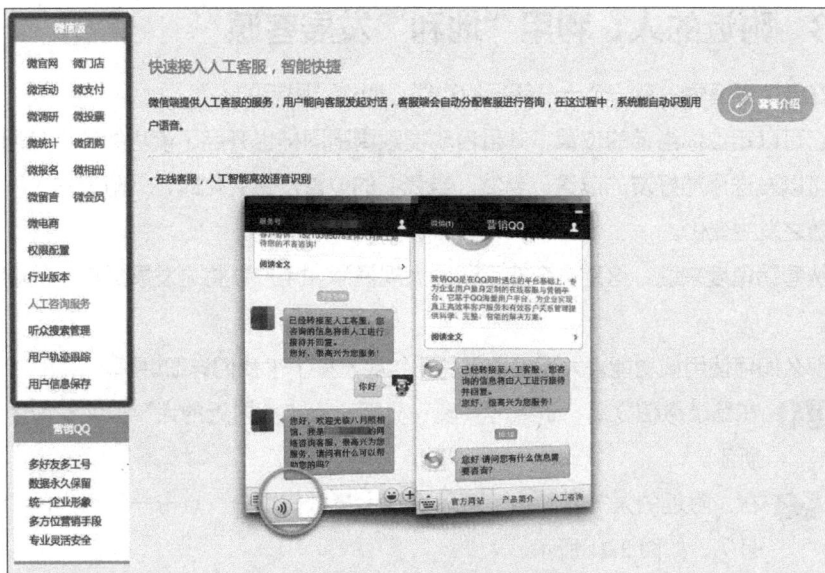

▲ 图 2-18　腾讯营销 QQ 微信版界面

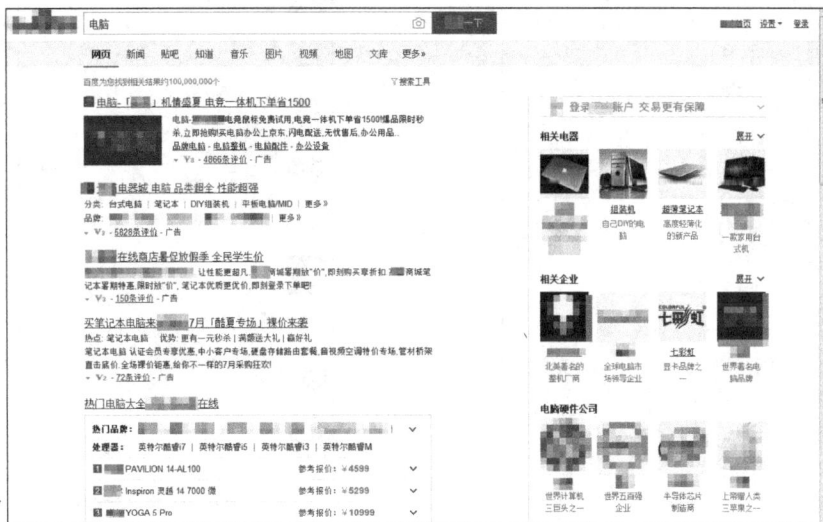

▲ 图 2-19　某搜索引擎的推荐页面

第三，通过淘宝优惠返现吸引客户。一般来说，购物网站中客服活跃度最高的就是淘宝。因为它是一个大型购物平台，任何人都可以拥有自己的网店，客服只对自家店面负责。客服可以通过"阿里旺旺"的功能给客户介绍优惠政策，引导他们添加店主私人微信参与返现活动，这样就可以直接吸引与归集客户了。

013 附近的人：利用"地利"发展客源

在微信界面中，有一个十分新颖的功能，叫作"附近的人"。

它可以定位你当前的位置，并且自动搜索周围同样也开启了该功能的微信用户，继而可以发送添加好友的邀请。当然，当我们的位置发生变化时，"附近的人"列表也会随之发生变化。

从营销角度来说，这是一个非常适合大规模添加用户并将之发展成自己的客户的机会。

那么如何使用该功能来大规模地吸引粉丝呢？接下来我们详细讲解。

步骤① 在登录微信之后，进入"发现"界面，点击"附近的人"按钮，如图2-20所示。

步骤② 在"附近的人"界面中，可以看到大量微信用户，点击一位用户的"微信号"，如图2-21所示。

▲ 图2-20 点击"附近的人"按钮

▲ 图2-21 点击"微信号"

步骤③ 进入"详细资料"界面后，点击"打招呼"按钮，如图2-22所示。

步骤④ 进入"打招呼"界面后，编辑打招呼的内容并且点击"发送"按钮，如图2-23所示。

当然，在添加好友之后，一定要记得经常和这些微信用户沟通交流，保持一个相对来说比较熟悉的关系，培养对方对你的信任感。

▲ 图 2-22　点击"打招呼"按钮

▲ 图 2-23　点击"发送"按钮

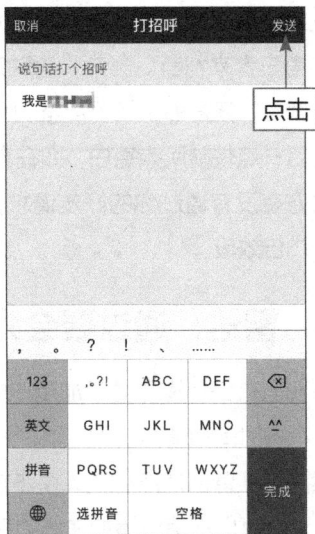

温馨提示

　　必须要注意的是，千万不能加完好友之后，立马给对方推送商品广告，这样可能会让对方立刻拉黑你的微信账号。

　　在把"附近的人"列表里的人添加为好友之后，应该要做些什么呢？如图 2-24 所示。

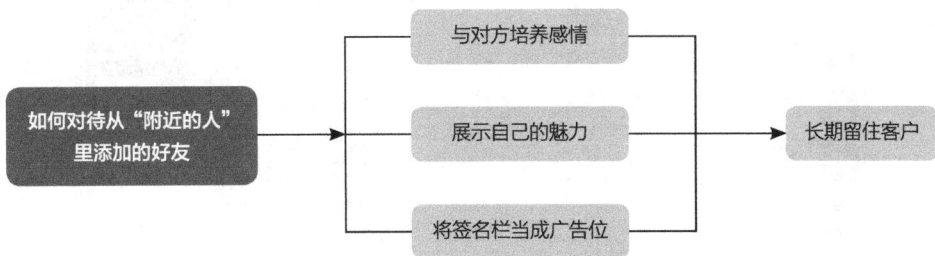

▲ 图 2-24　如何对待从"附近的人"里添加的好友

　　首先，我们不能加了好友之后立马就开始推销产品，这样只会让对方觉得你诚意不够，加好友只是为了打广告，可能还会在你的广告信息传过去之后立马把你拉黑。凡事都讲究循序渐进，新添加的好友应该先礼貌地打招呼，并且多在朋友圈中进行互动。这样一方面可以避免陷入尴尬的对话局面，另一方面又能和对方加深了解。

　　其次，商家要学会展示自身的魅力，让对你根本没有一丝了解的新好友因此对你留下良好而深刻的第一印象。这种魅力的展示之地最好是朋友圈里，让对方作为绝对客观的第三者来判断。当然，这种魅力不是短期装出来的，它需要你从生活中不断积累，多读书、读好书，培养高雅的个人魅力，尽量展示自己的豁达与风雅。

最后一点较前两点直白，即在自己的签名栏里加上广告语。这种做法的优点就是，不管对方有没有通过你的好友请求，他都潜移默化地记住了你所销售的东西，能产生一定的广告效应。

014　雷达：通过聚会先发展熟人客户

当我们有大规模需要添加用户的时候——比如参加聚会，单个添加好友的方式实在是太花费时间和精力。

然而，从营销角度来说，是不应该放弃任何一个潜在客户的。所以我们必须找到一个办法，可以迅速地添加在场的每一个人。

这时，微信的另一个功能——"雷达加朋友"就发挥了它的作用，让处在聚会中的所有微信用户都能快速互加为好友。这个功能简捷又方便，可以帮助我们拓展人际关系，增加潜在用户。

接下来介绍"雷达加朋友"功能的具体使用步骤。

步骤 ① 进入"微信"界面，点击右上角的"➕"按钮，如图2-25所示。

步骤 ② 随后右上角会弹出列表框，点击"添加朋友"按钮，如图2-26所示。

▲ 图2-25　点击右上角的"➕"按钮　　　▲ 图2-26　点击"添加朋友"按钮

温馨提示

需要注意的是，利用"雷达加朋友"功能时，必须大家同时开启"雷达加朋友"功能。不过也可以反复开启这一功能，直到所有人都添加完毕。

步骤 ③ 当进入"添加好友"界面之后，点击"雷达加朋友"按钮，如图 2-27 所示。

步骤 ④ 进入"雷达加朋友"界面后，选择好友头像并且点击"加为朋友"，如图 2-28 所示。

▲ 图 2-27　点击"雷达加朋友"按钮

▲ 图 2-28　点击"加为朋友"按钮

在申请好友的过程中，一定要记得发送自己的身份信息给对方，避免身份被混淆；同时也应该及时做好新添好友的分类，多与对方沟通。

015　摇一摇：随机高效率添加空闲客户

"摇一摇"是一个十分有意思的大规模交友功能。当你打开这个功能并且摇晃手机时，手机系统将为你推荐和你同一时段摇动手机的用户。

通过这一功能，你可以最大限度地增加粉丝、提高销售量。

接下来介绍该功能的使用步骤。

步骤 ① 打开微信，点击"摇一摇"按钮，如图 2-29 所示。

步骤 ② 进入"摇一摇"界面，如图 2-30 所示。

▲ 图 2-29 点击"摇一摇"按钮

▲ 图 2-30 "摇一摇"界面

进入界面后晃动手机，系统就会自动给用户推荐其他微信用户，这时直接添加就可以了。

那么商家应该如何利用这一功能实现增加好友数量这一目的呢？用"摇一摇"功能增加粉丝的方法如图 2-31 所示。

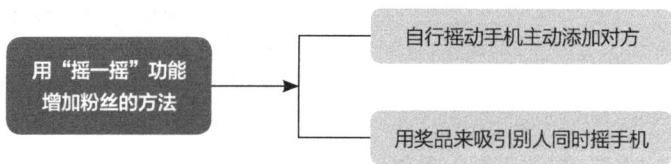

▲ 图 2-31 用"摇一摇"功能增加粉丝的方法

第一个方法比较笨但是几乎零成本。即自己不断地使用"摇一摇"功能添加用户，和对方主动沟通交流。

第二个方法速度比较快，但是需要付出一些金钱上的投资。一般来说，参加"摇一摇"活动的人数和投入资金的多少是成正比的。奖品越丰厚，参与的人数自然会越多。

下面以一个公众号为例详细介绍一下这种营销方式。

在情人节，某知名珠宝品牌发起了一个"摇一摇"的活动。该商户要求所有参加活动的全国用户都在同一时间使用"摇一摇"功能。后台会根据参与的用户来选择幸运观众赠送品牌珠宝和一些其他的小礼物。当然，在参与活动之前，用户们必须先关注该品牌的微信公众号。

其实，无论是公众号还是私人账号，归根结底，营销的方式都是大同小异的。"吃人嘴短，拿人手软"，无论任何时候，优惠活动永远都是管用的。付出一些小成本，得到未来的大利润，这也是营销过程当中需要我们学习的。

016 漂流瓶：在"打捞"中添加潜在客户

"漂流瓶"是一项可用于和陌生人交流的功能，具有随机性的特点。它原本是QQ上的自带功能，因为大受欢迎所以也被运营商迁移到了微信功能中。

年轻人喜欢刺激也爱认识新鲜事物，"漂流瓶"对他们来说，可以感受别人的生活，当遇见不方便和家人朋友倾诉的事情时，"漂流瓶"为他们提供了一个发泄情感与愁绪的途径。所以这一功能年轻人比较常用。

在这一功能当中，发出和接收到同一个漂流瓶的两个人可以展开对话，如果聊天足够尽兴与契合，俩人也可以直接加对方为微信好友。

对于敏锐的商家来说，完全可以利用这一个功能多与陌生人沟通与交流，发展更多的客户，扩大营销范围。

接下来就介绍一下"漂流瓶"的具体用法。

步骤 ① 打开微信，进入"发现"界面，点击"漂流瓶"按钮，如图2-32所示。

步骤 ② 进入"漂流瓶"界面后，点击"扔一个"按钮，如图2-33所示。

▲ 图2-32 点击"漂流瓶"按钮

▲ 图2-33 点击"扔一个"按钮

步骤 ③ 进入"编辑会话"的界面，如图2-34所示。用户可以编辑一段文字，也可以传送一段语音，然后点击"发送"就完成了。

步骤 4 当然，为了吸引对方的注意，用户可以改变自己的"漂流瓶"头像，换一个可能让对方更感兴趣的头像。"设置我的漂流瓶头像"界面如图2-35所示。

▲ 图2-34 "编辑会话"界面

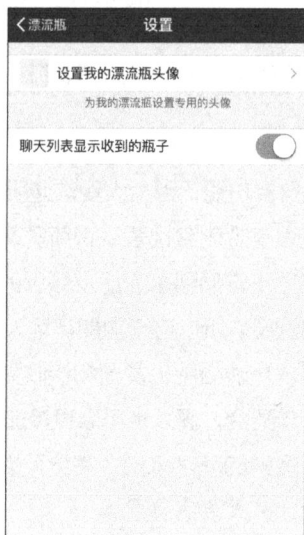

▲ 图2-35 "设置我的漂流瓶头像"界面

扔出去的"漂流瓶"的内容也需要仔细思考，要简洁有趣，能够让接收到瓶子的对方有话可说，最好是疑问句，以引导对方接下话题。除了文字，语音也是一个很好的选择，可以让对方感到更加亲近，让人有聊下去的兴趣。

"漂流瓶"还有别的功能，如"捞瓶子"。这个功能可能比"扔瓶子"更能够吸引对方与你沟通，因为毕竟是对方自己发起的会话。所以，循循善诱地帮助对方解决他的问题，或是与他人寻找共同话题，都是需要我们努力做到的，进而将对方发展为自己的客户。

不过要注意的是，每个用户每天只有20次"捞瓶子"的机会，有时候还有可能捞不着，所以将重点放在"扔瓶子"上是很有必要的。

017 二维码：通过扫二维码快速添加微信

如今微信二维码已经成了个人名片，只需要轻轻一扫就能够与对方成为好友、亲近对方的生活。

从营销角度来说，二维码是大家出门时必不可少的东西——抓住一切时机与所有具有购买潜力的人互加好友。

如今，二维码在营销运营中也起着十分重要的作用，它作为服务和产品流动的"加速器"而存在，能轻松地完成营销过程中线上与线下的闭环。这一功能是由其自身的属性和特点决定的，如图 2-36 所示。

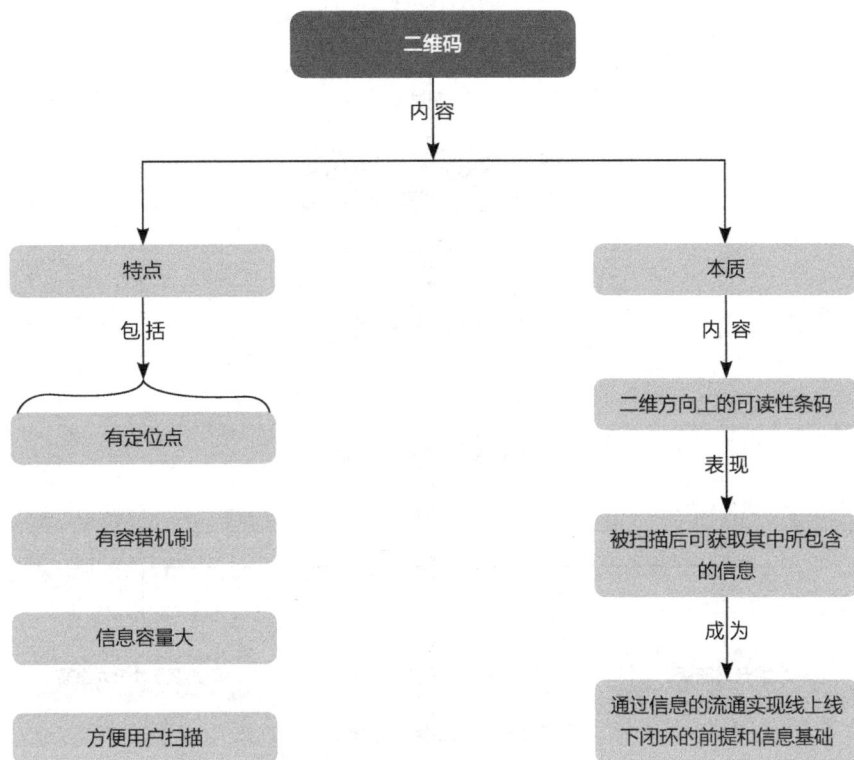

▲ 图 2-36 二维码的属性与特点分析

在线上与线下的营销闭环中，一方面，企业或商家可以通过二维码来达到引流的营销目的，如图 2-37 所示。

另一方面，企业或商家也可以通过线上的二维码扫描获取相关信息，方便用户在线上消费或将其引流到线下消费。

无论是从线下到线上的引流，还是从线上到线下的引流，都可以通过扫描微信二维码来实现。

而在微信的朋友圈服务插件中，用户可以通过微信的二维码扫描来添加好友，扩大朋友圈。

接下来介绍一下如何在微信界面找到个人二维码，方便他人扫描。

步骤 ❶ 打开微信进入"我"界面，点击微信号，如图 2-38 所示。

步骤 ❷ 进入"个人信息"界面，点击"我的二维码"按钮，如图 2-39 所示。

步骤 ❸ 进入"我的二维码"界面之后，个人二维码就出现在界面中了，微信二维码示意图如图 2-40 所示。

步骤 (4) 这时让对方直接扫描二维码，便可以和对方加为好友。

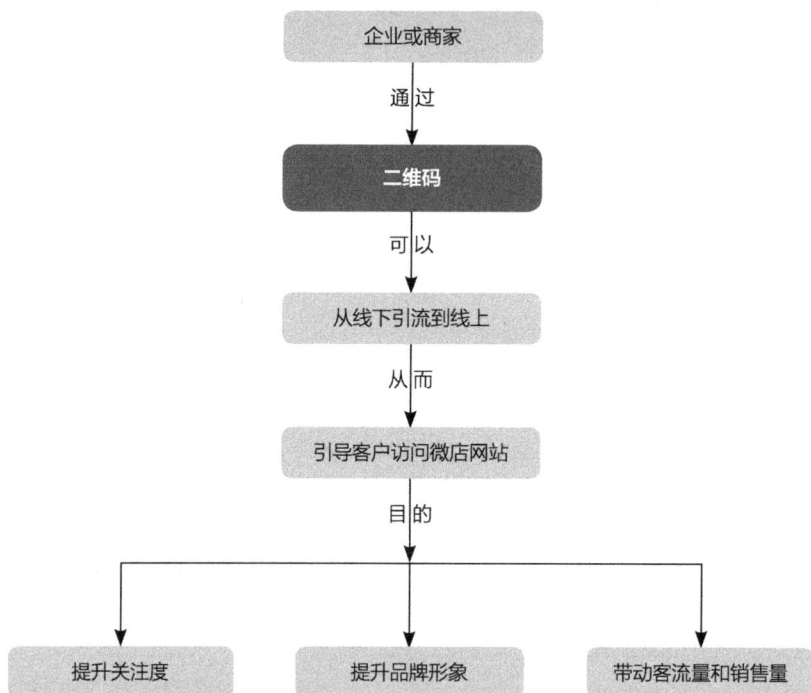

▲ 图 2-37　二维码的线下引流

▲ 图 2-38　点击"微信号"按钮　　　▲ 图 2-39　点击"我的二维码"按钮

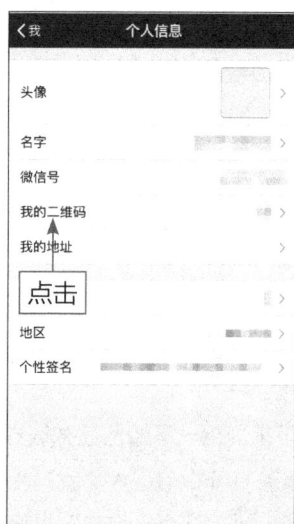

当然，为了方便用户随时随地扫描二维码，商家可以将二维码保存在手机相册中，

只需要点击右上方的"…"，在弹出的列表框中点击"保存图片"就可以了，如图2-41
所示。

▲ 图 2-40　微信二维码示意图

▲ 图 2-41　点击"保存图片"按钮

　　也可以把二维码设置成手机屏保或是桌面，这样一打开手机就能够方便别人扫
描了。

第3章

功能营销：
便捷有效的途径

学前提示

在当代社会，时间就是金钱。在微信营销过程中，掌握好一些基础功能，可以让我们找到最简单又省时的方法来有效地实现宣传和经营。本章将介绍多种细节功能来完善微信的使用，让营销者实现更有效率的营销。

要点展示

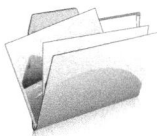

018 我的收藏：发送资料更方便

"我的收藏"是微信中一个十分有用也很常用的功能。

它可以收藏文字、图片、语音、Word、Excel 等一系列的文件，而收藏的所有内容都会被传送至微信云端，所以它几乎不占手机内存，而且传送十分方便。

对于商户来说，利用这一功能来保存营销信息是很方便的。

商户平时可以将商品介绍、公司简介等信息存放在"收藏"中，当需要给客户介绍详细信息时，就可以直接调出来发给对方，省时又省力，还不容易出错，十分利于营销。

那么如何利用"我的收藏"来收藏文件呢？

进入聊天窗口，长按需要保存的文件，如图 3-1 所示。文件上会弹出列表框，点击"收藏"按钮即可。

▲ 图 3-1 长按需要保存的文件

除了可以保存，被收藏过的文件同样可以发送给客户或是同事等需要这一文件的人。

接下来介绍如何利用"我的收藏"功能传送文件。

步骤 ① 进入与客户的聊天界面，点击右下方的"⊕"图标，如图 3-2 所示。

步骤 ② 在弹出的列表框中点击"收藏"按钮，如图 3-3 所示。

步骤 ③ 进入"收藏"界面之后，点击需要传送的文件，如图 3-4 所示。

步骤 ④ 随后"收藏"界面会弹出一个列表框，点击"发送"按钮即可，如图 3-5 所示。

▲ 图 3-2　点击右下方的"⊕"图标

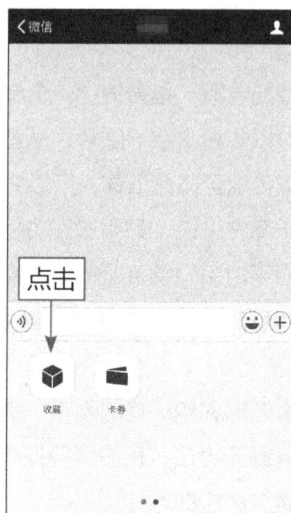

▲ 图 3-3　点击"收藏"按钮

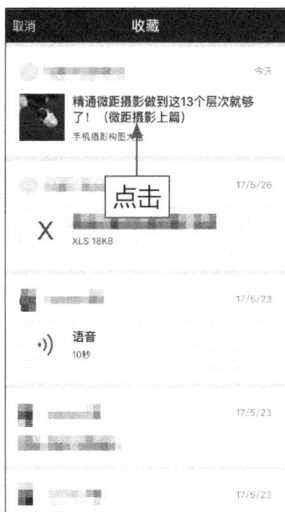

▲ 图 3-4　点击需要传送的文件

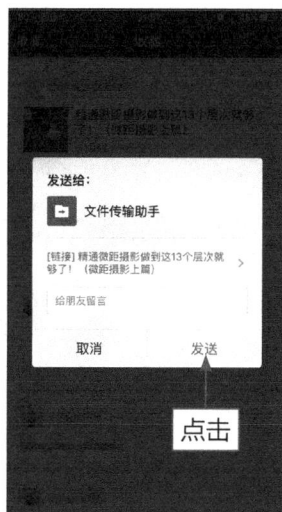

▲ 图 3-5　点击"发送"按钮

　　除了一般的文件以外，"我的收藏"也可以收藏一些微信公众号的文章，或者是编写"备忘录"之类的平日用得比较多的资料，比如身份证号码、银行账户、邮箱账号、个人地址等。

　　当"我的收藏"里存储的东西过多时，还可以采取搜"关键词"的方法找到想要的文件。

　　在"搜索"栏目下面，微信还自动给文档分了类型，有链接、相册、笔记、语音、音乐，分门别类，便于翻阅与查询。

019　我的位置：朋友圈中的广告位

在发朋友圈时有一个特别的功能叫"所在位置"。

你可以利用这个功能定位你的地址。更特别的是，我们可以通过这个功能，给朋友圈营销带来更多的突破点。

如果利用得当，甚至可以给朋友圈营销又免费开一个广告位。

如图 3-6 所示，这条朋友圈下方的文字就是利用了"所在位置"这一功能给商品又打了一次广告。这位商家将所在地址和商品广告信息叠加起来，向手机那头的客户介绍此产品的纯天然无添加剂特性。

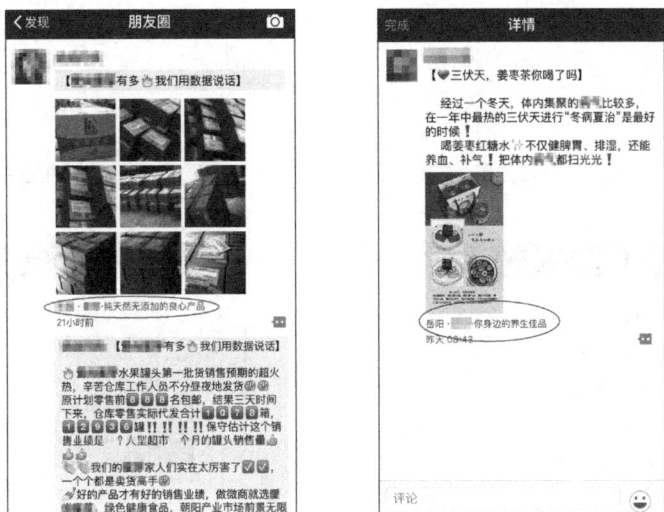

▲ 图 3-6　用"所在位置"功能给商品打广告

一个真正成功的微信朋友圈，是商家应该能够合理利用每一个小细节来进行营销。

设置"自定义位置"这个小细节的难度并不高，利用微信中自定义位置的功能就能够达成。

步骤 ① 编辑一条"朋友圈"信息，并点击"所在位置"按钮，如图 3-7 所示。

步骤 ② 进入"所在位置"界面，点击"搜索附近位置"按钮，并随意搜索一个词，在弹出的搜索结果中，点击"没有找到你的位置？创建新的位置"按钮，如图 3-8 所示。

步骤 ③ 在弹出的"创建位置"界面，可以填写地点、品牌、宣传语等，还可以带上电话号码方便用户联络，如图 3-9 所示。

步骤 ④ 点击"完成"按钮，设置完毕，效果如图 3-10 所示。

▲ 图 3-7　点击"所在位置"按钮

▲ 图 3-8　点击相应按钮

▲ 图 3-9　填写"创建位置"信息

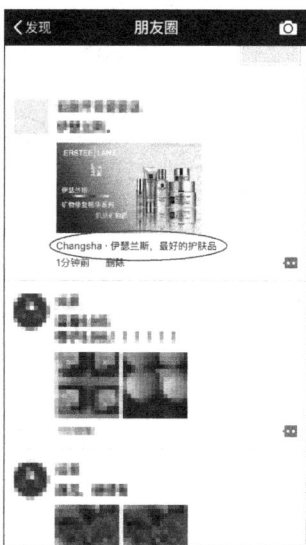

▲ 图 3-10　设置完成效果图

020　发送名片：组合营销的推荐方式

在微信中，当一个用户想给另一个用户推荐第三方用户时，告知微信号或是截图二维码都比较麻烦，于是就有了一个新功能——发送第二方名片给对方，直接点击名片就可以加为好友。

如果商家能合理利用这一功能，同样可以起到大规模添加好友的作用，而且不需要自己开拓就可以拥有庞大的粉丝群体，为朋友圈营销做好铺垫。

那么如何让好友帮助自己传播微信号呢？如图 3-11 所示。

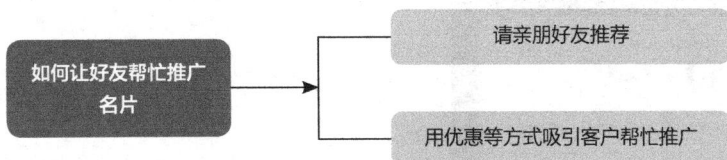

▲ 图 3-11　如何让好友帮忙推广名片

商户可以选择优惠、赠送物品等方式，请现有客户将商户的个人名片推送给他们的好友。这样一传十、十传百，累积客户就不再是困难的事了。

接下来介绍发送名片的具体步骤。

步骤 ① 进入聊天界面，点击右下方的"⊕"图标，在下方弹出的列表框中点击"个人名片"按钮，如图 3-12 所示。

步骤 ② 进入"选择朋友"界面，点击需要传送名片的微信好友标签，如图 3-13 所示。

▲ 图 3-12　点击"个人名片"按钮

▲ 图 3-13　点击需要传送的微信好友标签

步骤 ③ 在弹出的任务框中点击"发送"按钮，如图 3-14 所示。

步骤 ④ 传送成功后的界面如图 3-15 所示。

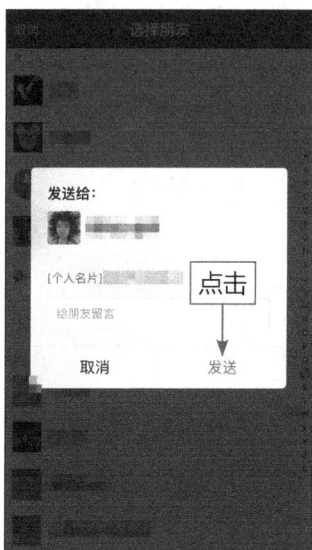

▲ 图 3-14　点击"发送"按钮

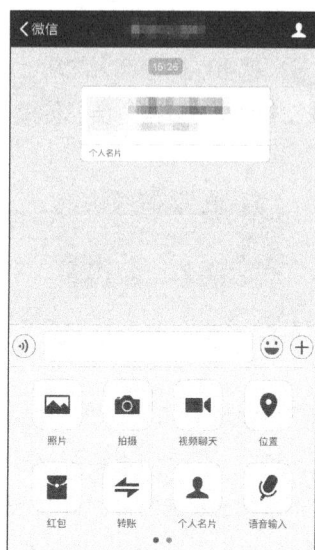

▲ 图 3-15　传送完成效果图

021　群发助手：效率高的产品群发功能

　　微信群发助手是一款方便、快捷的微信营销软件，这一软件在应用时有着诸多优势，比如方便、快捷等。因此，群发消息对于商户来说非常实用，它可以节省大量的时间。微信群发助手简介如图 3-16 所示。

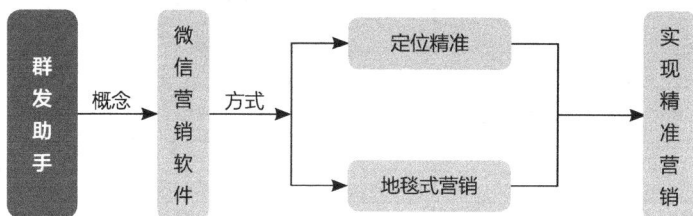

▲ 图 3-16　微信群发助手简介

　　群发消息是非常方便的，不用一个好友一个好友地去发送，节省了很多流程和时间，对于商家来说，群发消息是促进销售推广的一个有效功能。

　　这一软件在应用时有着诸多优势，具体内容如图 3-17 所示。

　　"微信群发助手"具体使用步骤如下。

步骤❶ 打开微信，进入"我"界面，点击"设置"按钮，进入"设置"界面，点击"通用"按钮，如图 3-18 所示。

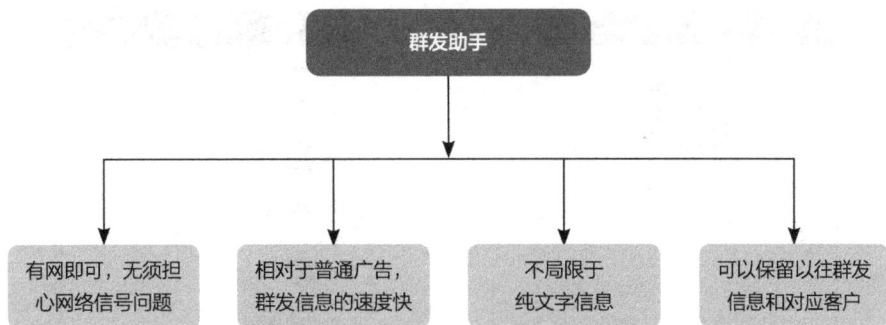

▲ 图 3-17　微信群发助手的优势分析

步骤 ❷ 进入"通用"界面，点击"功能"按钮进入"功能"界面，点击"群发助手"
按钮，如图 3-19 所示。

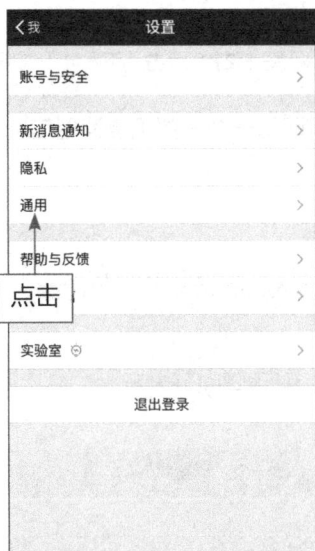

▲ 图 3-18　点击"通用"按钮

▲ 图 3-19　点击"群发助手"按钮

步骤 ❸ 进入"详细资料"界面，点击"开始群发"按钮，进入"群发助手"界面，
点击"新建群发"按钮，如图 3-20 所示。

步骤 ❹ 进入"选择收信人"界面，选择要群发消息的微信用户，并点击"下一步"
按钮，如图 3-21 所示。进入"群发"界面，编辑会话并点击"发送"按钮，
整个过程就完成了。

▲ 图 3-20　点击"新建群发"按钮

▲ 图 3-21　点击"下一步"按钮

群发消息虽然每个人都可以收到，但是如何保证每一个人都乐意读到信息并且进行回应呢？

群发消息需要注意的关键点如图 3-22 所示。

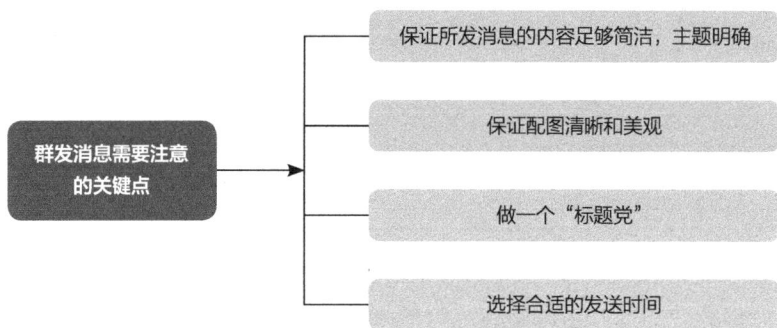

▲ 图 3-22　群发消息需要注意的关键点

关于图 3-22 中所示的 4 个关键点，下面一一进行介绍。

第一点，我们要保证所发消息的内容足够简洁，主题明确。不要大规模煽情，要能够让人轻易抓住重点。而且所发的内容不要是纯广告，一定要引人注目，这样微信好友才愿意去阅读并进行交流。

第二点，如果所发的信息内容有配图，那么一定要保证图片清晰和美观。而且对方在接收图片的时候，很有可能发生图片被压缩的情况，所以必须保证所配照片的重点在中间部分而不是四角边框上，否则对方不能准确地理解信息。

第三点，争取做一个"标题党"。一个好的标题是成功的一半。如果标题不够新颖，有些人可能根本没有往下读的兴趣。或者用标题营造一种紧迫感，让人产生"读了有好处、不读肯定会亏"的感觉。

第四点，选择合适的发送时间。这个时间段应该集中在一日三餐和晚上 8 ~ 10 点。不能太晚，不然容易打扰别人休息，甚至让对方在一气之下直接将你拉黑。

022 聊天背景："脸盲症"最需要的功能

在微信聊天中，我们可以随意设置与对方的聊天背景，背景既可以按照不同的标签来设置，也可以直接设置成与对方的合照，总之要既美观大方又利于分辨。

对于商户来说，将聊天背景设置为和对方的合照更有利于客户服务与营销。因为微信人数太多而对方头像又可以随意更改，难免有对不上号的时候。把微信背景设置成与客户的合照就能成功地辨别出每一个人来。除了方便辨别，设置与对方的合照作为聊天背景还有另一个好处，那就是能够清晰深刻地记住对方的长相。有些客户可能见面次数并不太多，所以如果双方在现实生活中碰面了，脸盲症忽犯会让彼此陷入尴尬境地。可如果使用照片当作聊天背景，便会潜移默化地记住对方的长相。

接下来介绍设置聊天背景的方法。

步骤 ① 进入与客户的聊天界面，点击右上角的"■"图标，如图 3-23 所示。

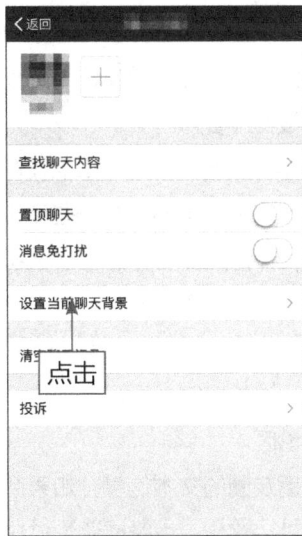

步骤 ② 进入"好友"界面，点击"设置当前聊天背景"按钮，如图 3-24 所示。

▲ 图 3-23 点击右上角的"■"图标   ▲ 图 3-24 点击"设置当前聊天背景"按钮

步骤 ③ 当进入"聊天背景"界面后，点击"从手机相册选择"按钮，如图 3-25 所示。

步骤 ④ 在手机相册中选择与对方的合照，或是对方的单人照，最终的设置效果图如图 3-26 所示。

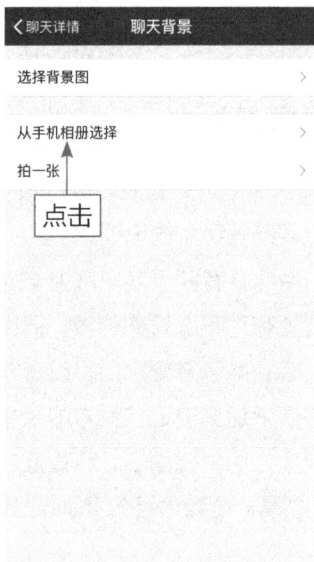

▲ 图 3-25 点击"从手机相册选择"按钮

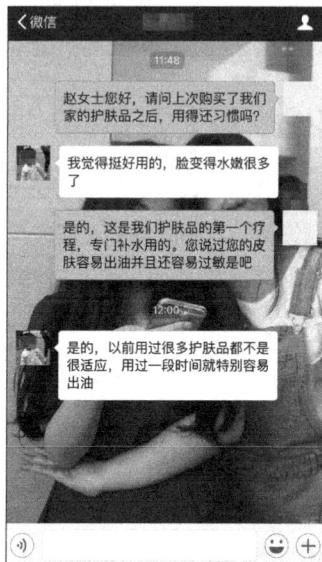

▲ 图 3-26 最终效果图

023 信息评论：让关键内容展示一目了然

商家在发朋友圈进行营销时，如果广告文本超过 140 字，则文字可能会被折叠起来，而客户很少会点开原文仔细阅读。所以商家们应该想办法让自己所写的内容能够完完整整被客户看到。

将文本的重要信息选出来放在评论里是一个很好的补充做法。因为微信评论是不会被隐藏起来的。当然，有一些商家嫌提炼重点太麻烦，也会选择直接将文本复制至评论处。在评论处复制营销信息的效果如图 3-27 所示。

在图 3-27 的两张图中，商家都发了一条关于产品的朋友圈。可由于字数太多，微信用户可见的只有开头的第一句话，其他广告内容如果不点击展开就不能被人读到。

显然，这位商家也意识到了这个问题，于是将一开始写好了的文本重新"复制粘贴"至评论区。

除了朋友圈的文本信息，如果商家在广告之后还有需要补充的信息，也可以直接写在评论处，这样，点赞或评论讨这条朋友圈的所有人都能看到商家在评论区所发的有效信息。

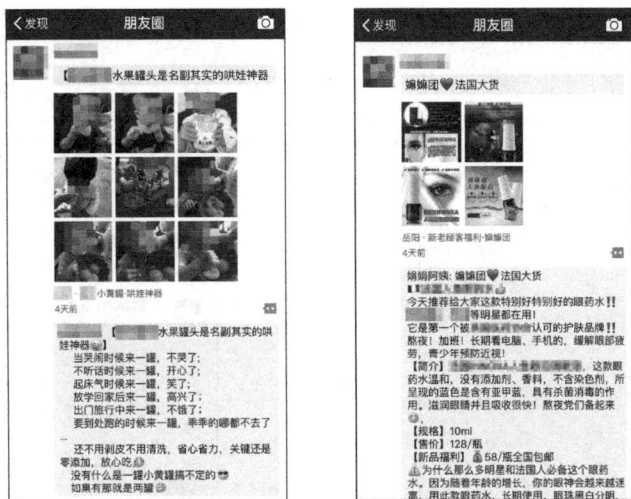

▲ 图 3-27　评论处复制营销信息效果图

024　表情商店：表情包拉近距离，促进营销

在现在的网络社会，表情包是一个十分常用的功能。

它可以恰如其分地表达出使用者内心的感受，同时又起到娱乐的作用，给观看者带来愉快的感受。

在聊天的时候，表情包同样可以起到很重要的作用。当说话双方碰上一个尴尬的话题瓶颈区时，表情包可以合时宜地打破尴尬的气氛，通过一阵表情包对抗赛，能够缓解尴尬，加深彼此的熟悉度。

除了日常的玩笑与调侃，在营销之中，它同样可以作为拉近与客户关系的利器供商户们使用。

商户也可以合理利用这一功能，吸引客户的注意，为对方营造一个舒适的说话环境，树立幽默亲切的个人形象。

接下来介绍如何用表情商店下载有趣的表情包。

步骤 ① 打开微信，进入"我"界面，点击"表情"按钮，如图 3-28 所示。

步骤 ② 进入"表情"界面后选择自己感兴趣的表情包，点击"下载"按钮，如图 3-29 所示。

步骤 ③ 表情包下载完毕后，打开与客户的聊天界面，点击右下方的"😊"图标，如图 3-30 所示。

步骤 ④ 随后列表框中会弹出一系列表情，选择合适的发送给对方即可，发送表情效果如图 3-31 所示。

当然，很多平时不太好说出口的话，做成表情包就可以毫无违和感地发送给别人。

▲ 图 3-28　点击"表情"按钮

▲ 图 3-29　点击"下载"按钮

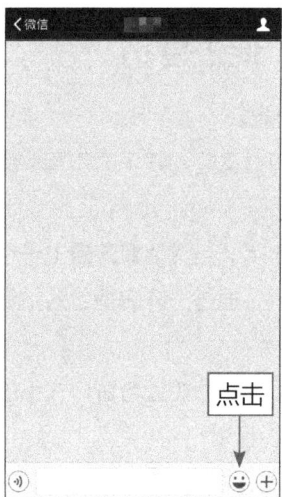

▲ 图 3-30　点击右下方的"😊"图标

▲ 图 3-31　表情发送效果图

除了在聊天中可以派上用场之外，表情包同样可以用于朋友圈营销。在发广告文本时，配上一个有趣的表情，能够吸引微信用户们的注意，增加广告文本的阅读量。

025　星标好友：为重要的客户添加星标

商户在经营自己生意的时候，一定会意识到客户潜在购买力有高有低。虽然从理论上来说应该一视同仁，不能放弃每一笔生意，可是根据现实情况还是应该重点照顾一些大客户，给他们 VIP（贵宾）级别的待遇。

为了可以快速找到那些应该重点对待的大客户，可以将他们设置为"星标好友"，这样只要一打开微信"通讯录"，就能快速找到他们。

接下来介绍设置"星标好友"的具体方法。

步骤 ① 打开微信，进入"通讯录"界面，选择一位需要设置为"星标好友"的微
信用户，并点击对方的微信号，如图 3-32 所示。

步骤 ② 进入"详细资料"界面，点击右上方的"•••"图标，如图 3-33 所示。

▲ 图 3-32　点击对方微信号　　　　　▲ 图 3-33　点击右上方的"•••"图标

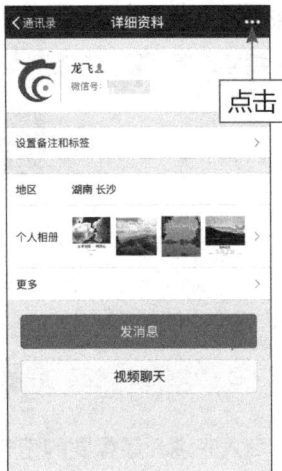

步骤 ③ 进入"资料设置"界面，点击"设为星标朋友"按钮，如图 3-34 所示。

步骤 ④ 设置完毕，"星标朋友"栏效果如图 3-35 所示。

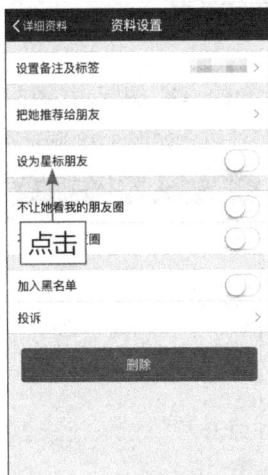

▲ 图 3-34　点击"设为星标朋友"按钮　　▲ 图 3-35　"星标朋友"栏效果图

026　聊天置顶：置顶意向客户，随时跟进

在营销过程中，客户也是有重要与不重要之分的。有些客户表现出对产品明显的

好感或是对方具有强大的购买力，那么这些客户就需要我们重点对待。一般来说，比较重要的客户，我们可以将他们设置为"星标好友"。可是设为"星标好友"的客户，在寻找时还需要打开"通讯录"界面。

而且对于商户来说，可能还有一些好友比"星标好友"更加重要，比如最近正在跟进一大笔生意的特殊客户，可能会在近期有更多的细节需要洽谈。为了方便随时联系，商家们可以将这些用户在微信界面置顶，这样一打开微信就能快速找到他们。那么哪些人需要设置"置顶"呢？如图 3-36 所示。

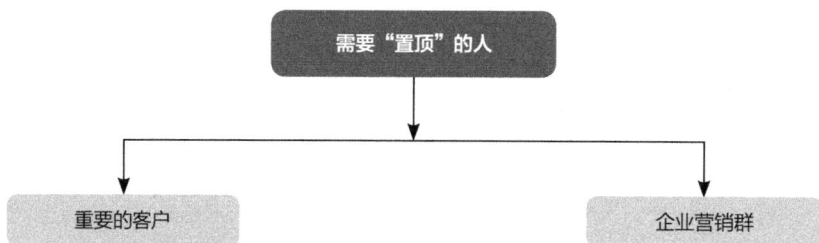

▲ 图 3-36 需要"置顶"的人

对于商人来说，最重要的无非两类人：一类是重点客户，一类是同行商友。重点客户是商家们生意的主要来源，他们不仅自己会大规模地购买商品，对商品足够信任的他们，还会将商品推荐给其他人。所以这些客户必须引起商户们"十二分"的重视，时时刻刻与他们保持密切的联系，了解他们的需求。企业营销群同样十分重要，商户们可以在群里交流营销经验、交换顾客信息、分享上市新品等。

下面是"置顶好友"的详细步骤。

步骤 ① 打开与某个重要客户的聊天窗口，点击右上角的"👤"图标，如图 3-37 所示。

步骤 ② 进入"聊天详情"界面，点击"置顶聊天"按钮，如图 3-38 所示。

▲ 图 3-37 点击右上角的"👤"图标

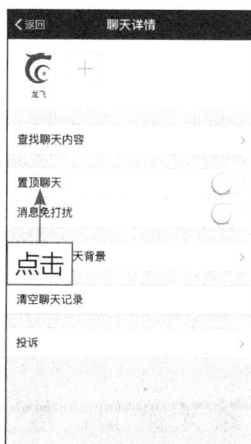

▲ 图 3-38 点击"置顶聊天"按钮

步骤 3 设置完毕，"置顶聊天"效果如图 3-39 所示。

▲ 图 3-39　"置顶聊天"效果图

027　聊天记录：搜索关键信息，找准客户需求

在营销过程中，准确地记住客户的要求与建议，是决定能否有下一次合作机会的根本前提。

而商户微信中的用户相对来说比较多，好友数量的庞大和繁重的工作量可能容易让商户忘记一部分客户的需求。

为了避免这种情况的出现，商户们应该熟悉"聊天记录"的搜索方法。通过这种方式来了解并满足所有顾客的需求。

"聊天记录"最方便的地方不是能够搜索到关键词，而是它能够清楚地定位到某条记录的位置。

简单来说就是，通过记录我们不仅能够看到包含所查找词汇的完整句子，还能定位它，整理清楚前因后果，了解到客户的整体需求，而不是去断章取义，从而避免造成生意上的误会。

接下来介绍搜索"聊天记录"的方法。

步骤 1 打开与某位客户的聊天页面，点击右上角的"**🔲**"图标，如图 3-40 所示。

步骤 2 在"聊天详情"界面，点击"查找聊天内容"按钮，如图 3-41 所示。

步骤 3 进入"搜索"界面，如图 3-42 所示。

步骤 4 在搜索栏中输入关键词，如图 3-43 所示。

▲ 图 3-40　点击右上角的 "**👤**" 图标

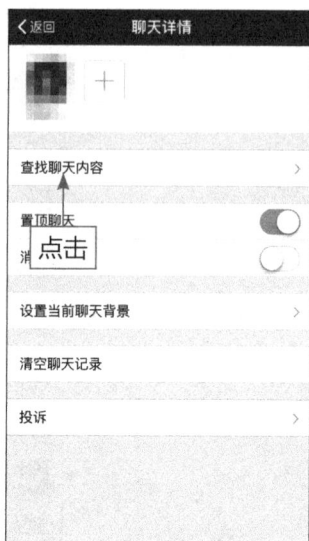

▲ 图 3-41　点击 "查找聊天内容" 按钮

▲ 图 3-42　"搜索" 界面

▲ 图 3-43　在搜索栏中输入关键词

💡 **温馨提示**

　　查询微信聊天记录的前提是对话界面没有被删除。因为记录聊天内容的是微信本地的内存而不是云端。同理，在电脑上用 PC 版登录微信聊天的记录也不能在手机版上被查询到。

步骤 ⑤ 搜索完毕，界面会出现包含该关键词的聊天记录，点击其中一条，如图 3-44
所示。

步骤 ⑥ 点击后会弹出该记录在整个聊天过程中的位置，如图 3-45 所示。

▲ 图 3-44　点击一条聊天记录

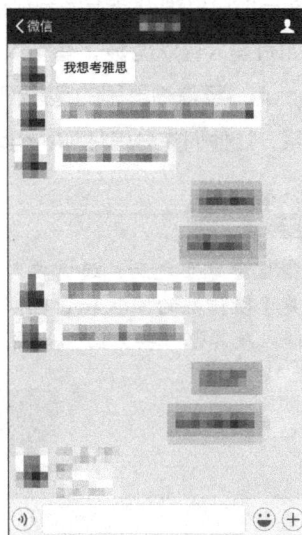

▲ 图 3-45　弹出记录示意图

028　管理群友：对意向客户进行有效管理

在微信营销过程中，为了推销产品或是维持与客户的良好关系，常常需要商户与
微信好友进行友好的互动。可是，过多的好友互动可能会导致商户顾此失彼，遗忘一
些重要信息，进而照顾不到所有人的意向。这时，利用微信的群聊功能便可以有效地
解决这一问题。

商户可以通过群组把好友分成不同的类型。分类的方式如图 3-46 所示。

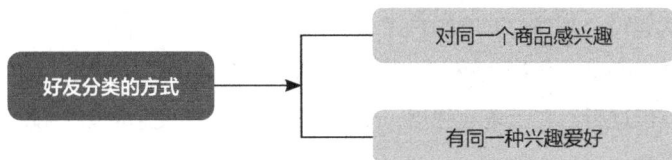

▲ 图 3-46　好友分类的方式

第一种方式比较直白直接，这些人往往都是抱着买东西的目的去添加商户为好友
的用户，或是比较熟悉的老客户。

这一类人可以根据他们各自常买或是感兴趣的商品的方式分群，将他们所想知道

的资料直接发在群中，省了一个一个单独发的时间，也避免了一些因为好友人数太多而容易产生的细节错误。

当然还有一些人，购物需求不那么强烈，或是新添加的客户，不宜直接向其发送广告。商户们可以想办法发展与这些客户之间的关系，兴趣爱好则是非常好的切入点。

比如有些人喜欢游泳，有些人喜欢爬山，针对他们感兴趣的点，成立一个群，美其名曰 club，经常约群里的客户们一起出去活动。由此慢慢地与他们建立一个良好亲近的关系，让他们充分信任你，但切记不能急于推销。

> **温馨提示**
>
> 微信群建立之后，还需要对其进行日常维护，这是保证微信群活跃的必要动作。关于微信群的维护和管理，主要包括成员的管理、微信群的界面设置、信息的存储以及其他一些方面，如图3-47所示。

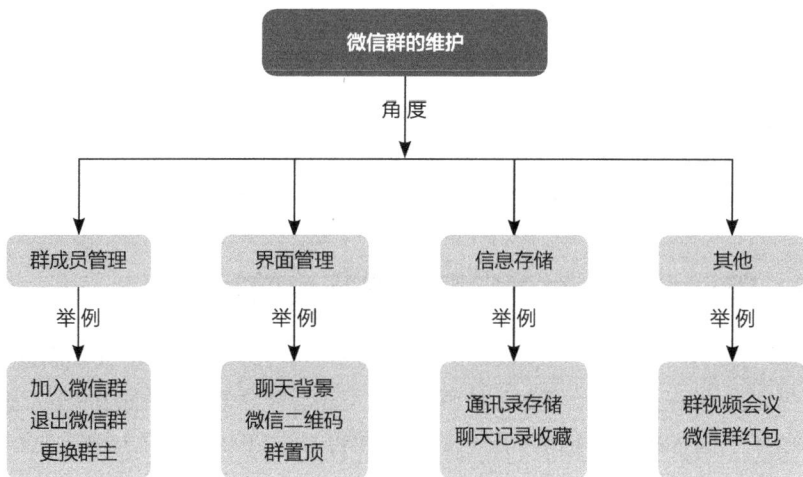

▲ 图3-47 微信群的维护

接下来为各位介绍建立群组的方式。

步骤① 打开微信，进入"微信"界面，点击右上角的"➕"图标，如图3-48所示。

步骤② 点击过后，右上角会弹出一个列表框，点击"发起群聊"按钮，如图3-49所示。

步骤③ 进入"选择联系人"界面，选中需要加入群组的好友，点击"确定"按钮，如图3-50所示。

步骤④ 组建群聊效果如图3-51所示。

▲ 图 3-48　点击右上角的"➕"图标

▲ 图 3-49　点击"发起群聊"按钮

▲ 图 3-50　点击"确定"按钮

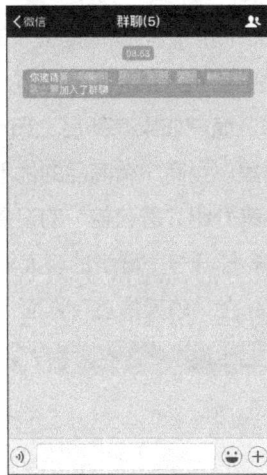

▲ 图 3-51　群聊界面效果图

029　设置公告：社区营销的宣传位置

　　在群组聊天中，商家可能会有重要的消息或是广告宣布，然而有时可能会被其他客户的聊天记录淹没。为了避免这种尴尬的场面，就需要另辟蹊径，在群组中找一个很好的宣传位置来放置重要的广告内容。这时，"群公告"就起到了重要的作用。

　　当商家在设置"群公告"时，系统会自动将此条信息 @ 所有用户发送至群内，并且将信息保留在"群公告"中。当群友查看群里的信息，或是有新客户申请加入该群时，就会看见群公告。那么群公告的内容一般是什么呢？如图 3-52 所示。

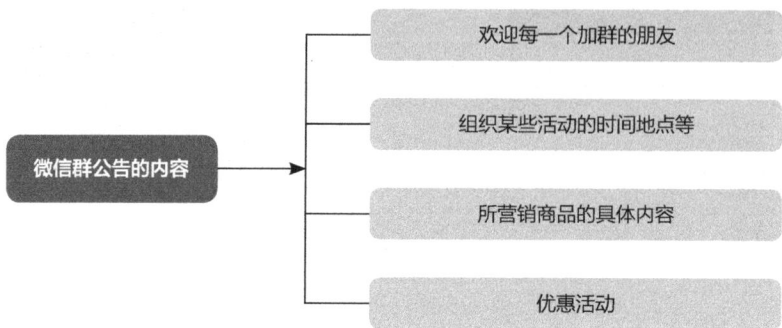

▲ 图 3-52　微信群公告的内容

在群成立之初，作为群主的商户需要写一些内容对进群的朋友表示欢迎，并同时向其明确表示这个群存在的意义，这时可以委婉地融入一些营销内容。当然，商家将好友们在微信群中集合起来，并不能单纯只为了一时的营销和眼前的利益，而应该用心培养与客户之间的关系，发展未来长远的合作。

因此，商户们可以根据客户的兴趣爱好来分群，然后针对性地组织不同的活动。为了群里的所有人都不错过活动，群主应该将这些具体信息，比如时间、地点等放入群公告中。商户如果有新品上市或是推销某一个重点商品时，同样可以将商品信息放在群公告里。当商户有商品的优惠活动时，也应尽快写进群公告。

接下来介绍"群公告"的设置方式。

步骤 ① 打开一个群组的聊天界面，点击右上角的"**⛯**"图标，如图 3-53 所示。

步骤 ② 在"聊天信息"界面，点击"群公告"按钮，如图 3-54 所示。

▲ 图 3-53　点击右上角的"⛯"图标

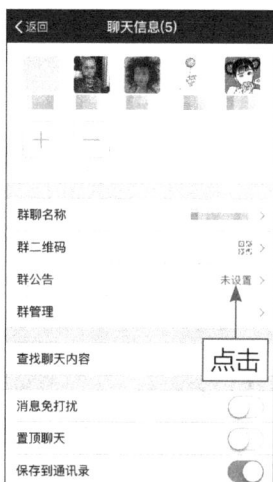

▲ 图 3-54　点击"群公告"按钮

步骤 ③ 在"群公告"界面，输入想让好友了解的信息内容，如图 3-55 所示。

步骤 ④ 点击完成后设置完毕，效果如图 3-56 所示。

▲ 图 3-55　输入信息内容　　　　　▲ 图 3-56　设置完毕的效果图

030　标签分组：不同客户，分类管理

商户在经营过程中，会遇见很多不同的客户，其需求不同、性格不同、消费水平不同。每一类客户都有适合他们的销售模式或者商品。所以为了方便推荐产品，商户应该将这些好友分门别类，为自己的日常销售提供便利。

微信好友分组管理有很多不同的模式，如图 3-57 所示。

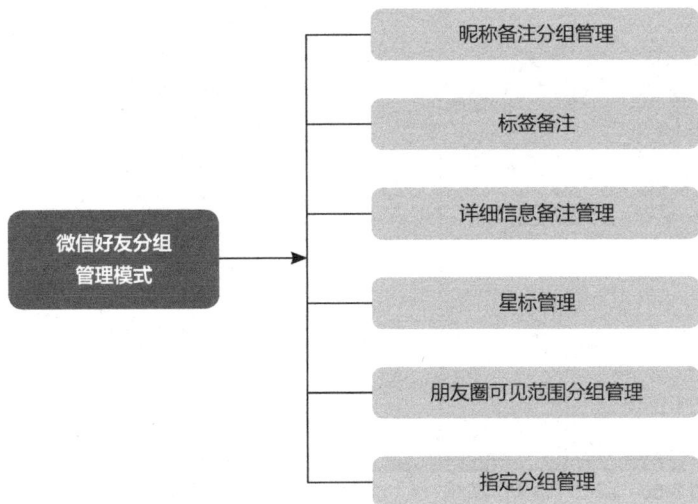

▲ 图 3-57　微信好友分组管理模式

以给对方添加"标签"的分组方式为例，接下来介绍添加"标签"的方法。

步骤 ① 打开微信，进入"通讯录"界面，点击需要添加标签的好友，如图 3-58 所示。

步骤 ② 进入"详细资料"界面后，点击"设置备注和标签"按钮，如图 3-59 所示。

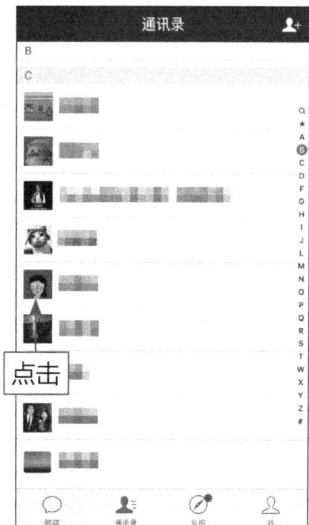

▲ 图 3-58　点击需要添加标签的好友

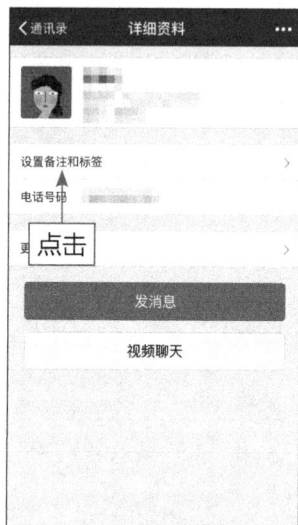

▲ 图 3-59　点击"设置备注和标签"按钮

步骤 ③ 进入"备注信息"界面，点击"标签"按钮，如图 3-60 所示。

步骤 ④ 进入"标签"界面，选择一个标签，如图 3-61 所示。

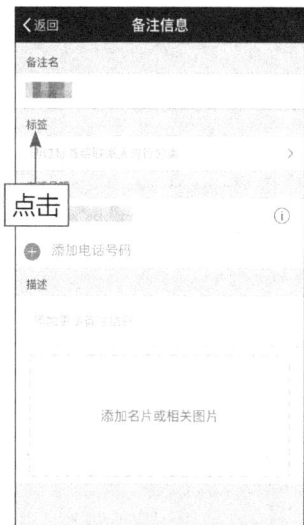

▲ 图 3-60　点击"标签"按钮

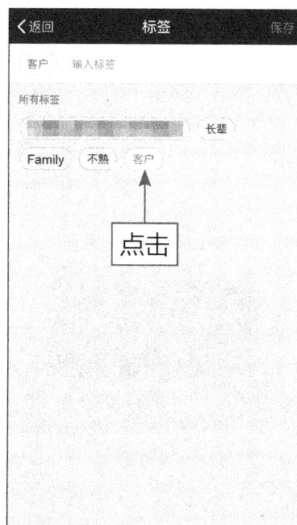

▲ 图 3-61　选择一个标签

给客户标明标签有什么好处呢？

第一，可以方便我们整理客户信息。根据客户的购买力、兴趣爱好、购买内容等对其进行分类后，商户便可以对症下药，加强推销效率。

第二，在朋友圈营销中，也可以针对某些内容屏蔽一些人。比如有些新客户还处于发展友好关系的阶段，不太愿意看到太多广告，便可以屏蔽他们以免引起对方的反感。

所有这些都是为了和客户保持一个良好的关系，而这份关系，正是商户们做好朋友圈营销的基础。

031 提醒谁看：提醒意向客户及时看信息

在朋友圈营销时，我们有时需要对一些客户强调某种产品，而"提醒谁看"这一功能即可为提高商品销量做出一些贡献。

有哪些用户可以设置提醒呢？如图 3-62 所示。

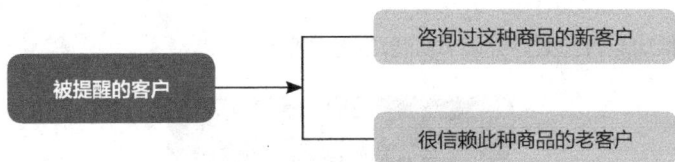

▲ 图 3-62　被提醒的客户

为什么要选择"提醒谁看"这种方式呢？

举一个例子，好比你是老师，在教室上课，问了底下学生一个问题。由于你并没有针对某个人，所以可能会造成无人回应的尴尬局面。大家互相推让，都觉得别人会回答这个问题。

而如果一开始在问问题的时候就选择了某个人，那么他一定会快速思考来回答，不至于场面尴尬。

在朋友圈营销也是一样的道理。谁也不喜欢主动看广告，毕竟现代社会，时间就是金钱，不会有人愿意花时间去看无关紧要的消息。

可如果商户在发朋友圈时提醒了某一些人来看，那么这些人就如同那些被老师指名道姓回答问题的学生，即使不想看也会因为被提醒而点击查看。

这种方式是一种非常温柔的强迫，在提高朋友圈广告阅读量的同时还不会引起对方反感，一举两得。

在发朋友圈信息的界面的正下方，有一个"提醒谁看"按钮，如图 3-63 所示，点击进去就可以选择提醒的对象了。

▲ 图 3-63   "提醒谁看"按钮所在界面

那么此种功能有什么好处呢？如图 3-64 所示。

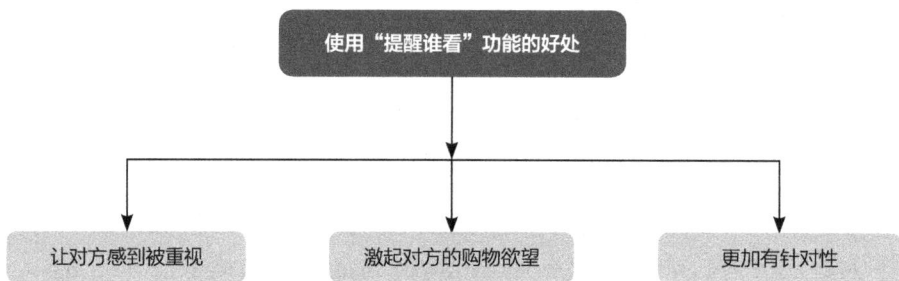

▲ 图 3-64   使用"提醒谁看"功能的好处

其实客户也知道，作为商家，通讯录内好友的数量是十分可观的，可是在这种情况下，商家还能清楚地记住曾经某个客户提过的小细节，细心地等待这个细节出现后提醒他。这时对方对你的好感度便会迅速提高，也能为未来购买商品打下良好的基础。

032   谁可以看：信息定向发送，指定具体客户

在发布朋友圈时，除了"提醒谁看"功能，还有另一个好用的功能，叫作"谁可以看"。此功能在发布朋友圈界面的位置如图 3-65 所示。

这个功能一般在没有开启的时候，是默认为"所有朋友可见"的。点击进入"谁

可以看"界面，可以看见 4 个选项，分别是默认的"公开""私密""部分可见"和"不给谁看"。

"谁可以看"界面如图 3-66 所示。

▲ 图 3-65 "谁可以看"功能在界面的位置

▲ 图 3-66 "谁可以看"界面

后两个选项都是针对部分人的，可以选择某个或某几个标签对应的好友，或是进入"通讯录"去选择单独的个体。

一般来说，商户们的微信好友列表里除了客户之外，还会有自己的家人、朋友、同事、同学等。所以平时发的朋友圈内容除了营销广告类，还有偏私生活、不适合给客户看到的生活记录类。同样，工作上的、生意上的事情也不应该影响到家人和朋友的生活。

那么这个时候，"谁可以看"功能就起到了很重要的作用。商户们可以合理利用它来隔开工作与生活。

除此之外，从营销角度来说，针对客户需求的不同来选择可见对象也是很有必要的。

朋友圈毕竟是私人社交平台，谁也不愿意总刷出自己根本不需要也不感兴趣的广告内容。过分的刷屏甚至可能会引起很多好友的反感，次数多了干脆采取屏蔽或者拉黑的方式来表达不满，那时就得不偿失了。

033 自动收款：二维码让收入及时入账

近几年科技发展十分迅速，现在我们出门都不需要带钱包、银行卡或是现金。无论是大的购物商城抑或是小的便利店，哪怕是路边小推车上都会张贴二维码。随时随地，只要一部手机就能完成付款，安全又方便。

商户在与客户做生意时，也应该尽量使用在线支付。一方面来说比较方便，不需要到处找零，也不需要抽出时间去银行存钱，甚至不需要面对面，只需要轻轻扫一下收款二维码，钱立马就能从对方账户汇入你的账户。

另一方面，选择线上支付是利于营销的。现金从手中流出的时候，购买者会更有经济头脑。他们能够准确地判断自己手头的钱数以及接下来所必需的生活费用，从而在购买物品时会更加节制。而线上支付则正好相反，钱不在自己手中而在手机账户，这时客户对金钱的概念会淡化，购买力可能就会相对增强。

接下来介绍如何使用二维码收钱。

步骤 ① 打开微信，点击右上角的 "➕" 图标，如图3-67所示。

步骤 ② 弹出列表框，点击 "收付款" 按钮，如图3-68所示。

▲ 图3-67 点击右上角的 "➕" 图标　　　▲ 图3-68 点击 "收付款" 按钮

步骤 ③ 进入 "收付款" 界面后，点击 "二维码收款" 按钮，如图3-69所示。

步骤 ④ "二维码收款" 如图3-70所示。

当客户需要向你付款的时候，打开这个界面，就能顺利完成收款了。

收款之前，可以自定义收款金额，对方扫描你的二维码时就可以直接支付他所需要支付的金额了。

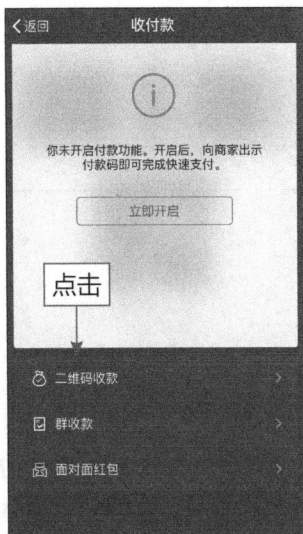

▲ 图 3-69 点击"二维码收款"按钮

▲ 图 3-70 "二维码收款"示意图

当然，如果不能和客户面对面地进行资金转移，也可以把二维码保存至手机相册然后发给对方，此时哪怕长距离也能完成营销了。

第4章

软文营销：
呈现精彩营销内容

学前提示

在营销过程中，如何将商品描述得准确得体而又引人注目，是一个自始至终贯穿销售过程的重大问题，它决定着销售的整体水平，我们必须重视它。本章将介绍多种方法助你厘清头绪，整理出真正适合营销的软文写作方式。

要点展示

034 找准方向：内容定位是成功的关键

在营销过程中，商户们必须意识到，朋友圈文案内容的好坏会影响到有效客户的数量。

如何让朋友圈的朋友们喜欢你所发的内容，并愿意和你互动，是商家做好朋友圈营销首先需要思考的问题。

所以，一定的文字功底和素材积蓄是商家经营朋友圈必不可少的。当然，也不需要你文采斐然、博古通今，但至少要能够将自己的商品介绍清楚，比如它的功能、它的优点等。

首先我们必须明白，纯广告、硬广告肯定是会让人厌烦的。朋友圈是私人空间，大家用这个功能和身边的人分享经历与心路历程，结果时不时看见一堆广告，谁乐意呢？

所以我们应该采取委婉的方式来写广告内容。比如添加一些个人的经历或感受，抑或加入一些有意思的科普性质的内容。总之，怎么有趣怎么来。

在发布朋友圈时，我们必须弄清楚我们的微信好友会对什么感兴趣，其次是这一次的宣传到底想要达到一个怎样的效果。将这两个问题思考清楚之后，再来定位文本的内容。

图 4-1 所示给出了 10 个可以引人关注的文本内容。

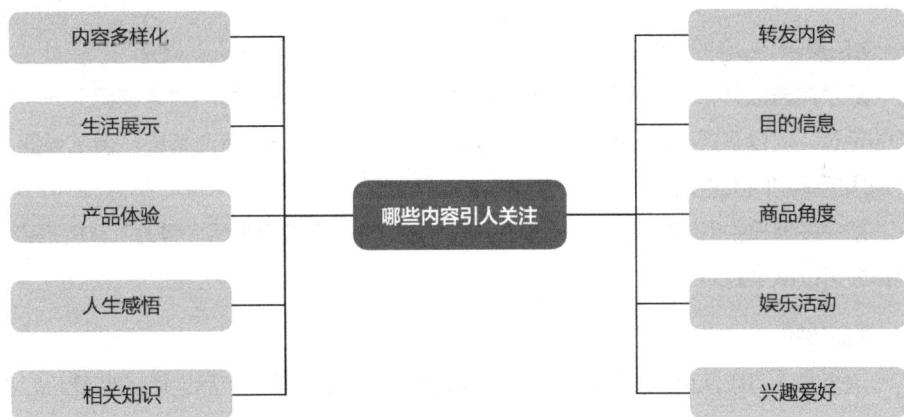

内容多样化 — 转发内容
生活展示 — 目的信息
产品体验 — 哪些内容引人关注 — 商品角度
人生感悟 — 娱乐活动
相关知识 — 兴趣爱好

▲ 图 4-1　朋友圈发哪些内容会引人关注

接下来详细介绍一下这些内容的具体要求。

1. 内容多样化

由于朋友圈中的每一个人的生活、工作圈子几乎都不能完全重合，所以在刷朋友圈时，我们会看到多种多样的生活方式与信息。

商户们可以利用这一点，将广告信息变得更加多样化。除了做广告以外，还可以适当地科普一下关于这类产品的信息。

比如 OPPO 手机，在朋友圈里就可以介绍一下它的基本信息，如屏幕、内存等，如图 4-2 所示。

▲ 图 4-2　介绍手机基本信息的朋友圈

2. 生活展示

除了广告以外，为了吸引客户对商家的关注，让客户在脑海中对商家留下一个清晰的定位，可以多展示自己的生活。让客户感受到你也是一个有血有肉、偶尔遭遇挫折却永远客观向上的人。

所以多展现生活中的美好十分重要。给对方树立一个积极生活、努力工作的形象，这样才可以感染到对方。

3. 产品体验

这个方法可以从两个方面来体现：一是自己亲自使用某个产品之后的感受；二是使用过的客户对此的评价。

很明显，后一种比前一种更加能够得到他人的信任。因此对于商家来说，持续跟进客户以了解产品方面的反馈是很有必要的。

直接公布关于产品评价的聊天记录是一种十分有用的方式。因为人们都有一些从众心理，某种产品的好评越多，其他人对该产品的印象就越深刻，如果其未来需要购买此类商品，就会条件反射地选择这个品牌了。

4. 人生感悟

这一点比较好理解，简而言之就是心灵鸡汤。可是这种朋友圈也是要挑人的，发这类朋友圈时最好屏蔽一些反感"鸡汤"的客户。

5. 相关知识

在为自己商品打广告的同时，不要吝啬自己关于这方面的知识储备。比如销售护肤品时，可以和大家分享一下护肤心得，或是提醒用户平时有一些容易忽略的可能会损害皮肤的细节等。

6. 转发内容

自己经常编辑文案，可能也会有知识内存不够、写不出东西来的时候。这时我们应该尽量去微信公众号寻找好的内容来转发并且点评。

当然，转发的文章和自己所经营的产品要有些关联。比如销售化妆品的，就尽量多转发一些关于保养类的文章；销售红糖的，就转发关于养生类的文章，在用户心目中树立自己的专业形象，提升客户对你的信任感。

要注意的是，虽然多转发好文章会让人肯定你的品位，但是切记不能在某一个时间段内分享太多的文章，不然朋友圈客户没有好好阅读与消化的时间，就达不到分享文章的目的了。

7. 目的信息

从营销角度来说，我们在朋友圈发布的内容都应该尽量围绕产品来编写，突出销售的目的。比如可以发一些自己对某种产品的使用反馈，又或是某一个客户的具体案例等。

8. 商品角度

发广告的时候，切记不能仅仅站在销售人员的角度。不然发出来的东西很难引起客户的共鸣，不会有人喜欢看，更不会有人买了。

其实在打广告的时候，我们只要换一个角度去看待，广告就会柔和并有趣得多。比如我们可以站在商品的角度，用拟人手法去诉说商品的心路历程，或是用第三人称以故事的形式来描述商品。无论如何，有趣才能让人驻足。

9. 娱乐活动

在朋友圈除了发日常的广告、优质的文章之外，还可以分享一些自己的日常活动，特别是娱乐活动。比如结合营销，可以多分享所在企业举行的活动。一来娱乐大众，二来也为公司打了一个广告，一举两得。

当然，除了企业活动之外，别的有趣的活动同样也可以分享至朋友圈。虽然起不到打广告的作用，但至少能让别人觉得你是一个活泼开朗、乐观向上的有趣的人，给人留下深刻的印象，也可以为未来的营销打下比较坚实的基础。

10. 兴趣爱好

明确自己所喜欢的圈子是十分必要的。这样可以吸引有同样喜好的客户，有了谈资便可以交流感情。而那些没有共同爱好的微信好友同样也会对你留下深刻的印象。因为认真讨论自己喜欢事物的人总是吸引人的。当然，每天发朋友圈的次数不宜过多，最好控制在 3~5 条，因为过度刷屏会招致别人的反感。

035　把握长度：合理控制朋友圈文案字数

在发布营销广告软文时，无论内容是什么，有一点是必须注意的，那就是字数不宜太多。一般来说，108 ~ 200 字的朋友圈就会被系统自动折叠，只展现其中 1/2 ~ 2/3 的信息。超过 200 字的内容就只显示一行字了。超过字数的内容需要用户点击"全文"按钮，才能展示剩下的内容。可是平时大家工作生活都很繁忙，太长的内容一般没有多少人会认真读完。

一般来说，如果有 100 个好友同时看到了需要点开全文才能阅读的信息，愿意点开的人数可能连一半都不到，特别是在显现的文字并不能吸引他们注意时。所以，为了使微信好友都能顺利地读完你的朋友圈，一定要严格控制文案字数。

其实很多时候，100 多字已经足够我们去描述一个产品或一件事了，所以每次在文本内容编辑完成时，应该认真翻看几遍原有的文字，然后进行适当的删减，去除那些啰唆的、并不需要的形容词、副词，用白描手法写出来的东西反而容易让人觉得更加贴近生活，艺术性也更高一些。

但当碰上一些内容丰富、相对较长的文本时，可以采取什么样的方法呢？解决过长文案的方法如图 4-3 所示。

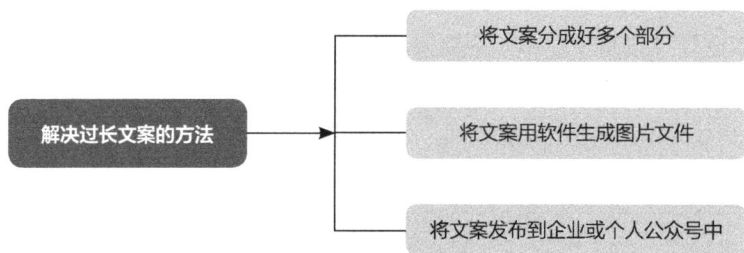

▲ 图 4-3　解决过长文案的方法

下面介绍一下这些方法的具体内容。

1. 将文案分成多个部分

当文案信息内容过长，而确实又没有可以删减的内容时，我们可以将文案分成几个部分分别发送。

在使用这一方法时，文案内容一定要有意思，并且在一段文字的最后，应该写上一些能够吸引微信好友接着看下去的内容，这些文字必须要像说书先生的"且听下回分解"一般牢牢抓住客户的好奇心。

当然，文案各个部分之间的间隔时间不宜过长，不然客户可能会忘记之前的内容，也不会有兴趣重新翻看之前的。此外，方案切割的部分的个数不应太多，最多 3 个部分，不然刷屏也可能会引起一些人的不满。

2. 将文案用软件生成图片文件

简单一点，即用手机自带的文稿编辑功能写完文案后直接截图，其缺点是不太美观。

因此建议用专业的软件来编写，因为相关软件都会有很多不同的模板，除了文字以外也可以加入图片来进行解释，生成异彩纷呈的画面，让人忍不住点开仔细品读。一些专业软件中好看的模板如图 4-4 所示。

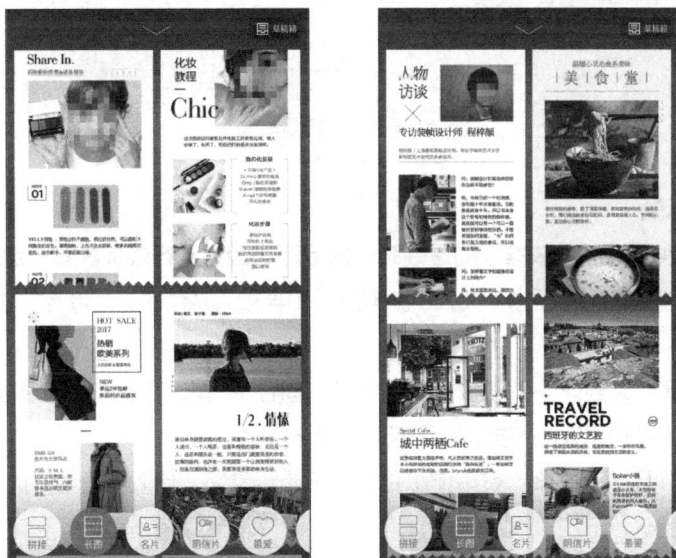

▲ 图 4-4　专业软件中好看的模板

当然，除了图片，我们也应该配合一些文字来吸引微信好友们点开图片来仔细阅读文案。

3. 将文案发布到企业或个人公众号中

如果文章太长，发布到企业或个人公众号也是一个很好的选择，至少可以保证排版的美观大方。当然，前提是一定要取个吸睛的标题，这样才能够吸引读者去阅读。

036 吸睛标题："标题党"的玩法，增加点击量

对于发在朋友圈里的状态，很多人由于工作学习都比较繁忙，能够用于休闲的时间不太多，可能他们在浏览时不会仔细去看文字，甚至会跳过一些不太感兴趣的内容。

商户们在做朋友圈营销时一定要注意这个问题。写作文案的时候如果不顾及顾客的感受，只会使自己写的文案白白被浪费，无论花了多少心血，别人的一句"无聊"就能销毁你的全部心血。

所以要想引起好友的注意、吸引他们的眼球，商户们首先要在标题上下一些功夫，使之变得能够激起微信好友们的好奇心。本节将介绍 3 种实用的标题写法，如图 4-5 所示。

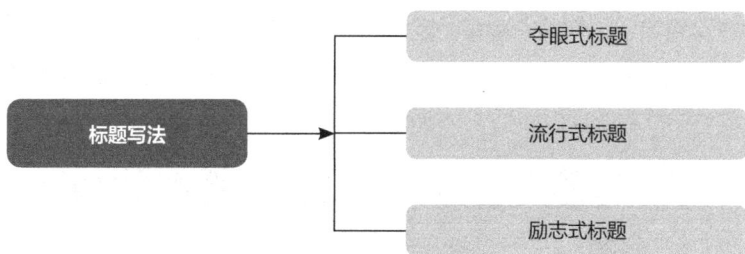

▲ 图 4-5 标题写法

1. 夺眼式标题

在这 3 种标题中比较推荐的是夺眼式的标题，因为流行式标题有一定的时效性，当流行时间过去之后标题也就失去了新鲜感，不再被人认同了。"流行"总是来得快、去得也快。

夺眼，即夺人眼球。夺眼式标题的目的就是利用一些语言上的漏洞或是双关模式，给人造成一种不可思议的感觉，从而吸引人点击阅读。

有着这种标题的文案，其写作思路往往不走寻常路，使人觉得与平时的事物或者道理背道而驰。

比如一篇分享到朋友圈的软文——"摄影的关键，是它，是它，就是它！"的标题，会让人觉得眼前一亮，如图 4-6 所示。

▲ 图 4-6 夺眼式的标题

　　这种标题在写法上一般综合采用多种技巧,这些技巧运用的最终目的就是吸睛。图 4-7 所示为夺眼式标题的诸多写作技巧。

引好奇　　亮经典　　玩吓唬　　扩想象

夺眼式标题的写作技巧

给承诺　　解忧虑　　植热点　　生概念

▲ 图 4-7 夺眼式标题的写作技巧

　　夺眼式标题与普通式标题很容易就能对比出效果。如普通式标题为"软文写作的一些指导意见",夺眼式标题为"他靠一篇软文赚了 800 万!",哪一个更引人注意呢? 对于普通读者来说,能与经济挂钩的话题,一般都能轻而易举地吸引到读者的注意力,吸引其进行深入了解。

　　夺眼式标题一定要放大读者内心的渴望点,若读者需要减肥那就要点明快速减肥、高效减肥(但产品宣传不可言过其实);若读者希望了解育儿技巧那就体现出育儿技巧、轻松不费力等,使得读者的需求与企业软文标题高度契合,从而吸引读者注意力。

> **温馨提示**
>
> 　　夺眼式标题也可以用数据来吸引人，特别适用于电商领域，如"月销 1 000 万的 ×× 产品"，不过这种标题现在运用得过于频繁，且其重点还是以产品自身的优势为主，所以尽量从分析消费者心态、目的性的角度来设置夺眼式标题。

2. 流行式标题

　　所谓"流行式标题"，即拿网络上流传的热门语言为标题噱头。这种朗朗上口的流行语言可以给人一种深刻的印象，在一定程度上能引人注意。对于朋友圈营销来说，使用流行式标题的效果是很好的。

　　比如红极一时的"UC 震惊部"类型的标题，很适合套用在营销中。这个模板很简单，第一个词就是"震惊！"，随即尽量将标题描写得夸张一些。

　　虽然这个模板已经成了人们最熟悉的题材之一，但是看见这种类型的标题很多人还是会忍不住点进去看一下，因为它已经成为一个默认的、隐形的笑点，查看内容是为了鉴别标题到底有多夸张。

　　"UC 震惊部"标题模板如图 4-8 所示。

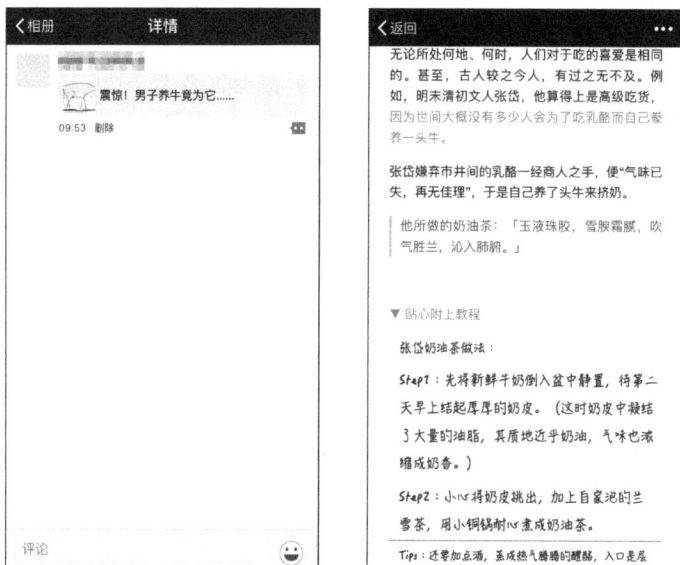

▲ 图 4-8　"UC 震惊部"标题模板

3. 励志式标题

　　励志式标题就是现身说法，用自己或是公司企业奋斗的原型来讲述故事，以此来衬托努力的重要性，起到鼓舞读者的作用。

在现在这个追求高品质生活的社会，很多人都想努力提高自己的生活水平，可很多人并不知道如何才能致富。这时可以给他们看一些励志式的文章，不仅能起到鼓舞士气的作用，还能让他们从中学到那些成功人士的致富法宝。

从标题开始，让读者对你讲述的故事感到好奇，好奇是阅读量的来源。一般商户应该将这种标题取得尽量吸引人眼球，给人一种"速成法"的印象。

有一种模板为"我是如何 ＿＿＿＿＿＿＿＿＿ 的"。

示例：

我是如何利用一个月赢利百万的

当然，模板总归是模板，一旦使用的人多了就会使读者没有太多兴趣仔细阅读了。所以商户们还是应该尽量发挥想象，创造出属于自己的吸引人的标题。

037 最佳展现：标题 + 正文 + 微信公众号

作为销售人士，除了直接发朋友圈广告以外，有时内容比较冗长而复杂的，我们可能会选择用个人或企业微信公众号编辑之后，转发至朋友圈。如同普通文章需要有一定格式一般，在公众号发布的文章也同样需要格式，最佳的格式自然就是"标题 + 正文 + 微信公众号"了。

标题不仅需要放在公众号中作为文章的标题，同样还必须出现在转发所携带的文字中。

众所周知，一篇文章的标题一般是从这篇文章的中心思想中提炼出来的精华。它是正文的主旨与灵魂。并且作为微信好友第一眼就能看见的广告，它还必须有趣且吸引人，只有这样才能给繁忙的都市人一个理由去点开并且阅读它。所以，标题可以说是朋友圈营销的最佳展现区域。

紧接着是正文。正文首先一定要有趣，能够让读者产生接着往下读的欲望。其次格式要美观，东西太乱、内容太杂会让读者觉得没有重点，进而不能好好理解笔者所想表达的意思，所以格式应该尽量分清主次。

最后一点十分重要，那就是在文章的最后一定要带上微信公众号的二维码。因为不管是个人公众号还是企业公众号，都是为某些需要推销的商品服务的，积累粉丝是基础也是最重要的营销策略。图 4-9 所示就是一篇标准软文的写作格式。

▲ 图 4-9　微信软文标准格式

义章水平如果相对来说比较高的话，可能会吸引一些人将这篇文章到处转载。当阅读者阅读完这篇文章即拉到底部时，就可以看见添加微信公众号的提示，方便阅读者关注你的微信公众号。

038　内容呈现：最重要的内容放在前面

在微信营销的文章中，除了要有一个新颖、吸引人的标题之外，还需要有一个让人感兴趣的开头。

其实写营销类的文章有点像记者写新闻，应该采取"开门见山"的方法将重点内容归纳在主旨句——也就是第一句里。

一来防止有些读者在读到重点之前失去耐心。至少"重点前置"可以保证他们顺利了解整篇文章的中心思想，无论他们有没有将文章读完。二来列举出全文的重点也可以引起读者的兴趣。

其实不仅仅是整篇文章，每一段最好都能采取这种办法，将段落重点提炼出来放在第一句里，方便阅读者理解和阅读。

商户们平时在写作时，应该有意识地先用一句话总结接下来要写的段落，再根据这句话进行延伸，完善文章。

不一定每一次写文案时都需要这么刻意地去提炼，但是练习多了之后，就会慢慢养成这种习惯，培养一个比较顺畅的逻辑思维。

其实写文案并不是在进行文学创作，不需要一板一眼地死抠句子和词汇，只要能够做到简洁、流畅、一目了然就很好了。

039　热点效应：结合热点撰写文案

"热点"是什么呢？就是在一段时间内很火的词汇或是某些新闻，甚至是地点、问题和人物。

"热点"之所以"热"，正是由于它的普遍性和全民性。也就是说，这些信息不管男女老幼，几乎是尽人皆知的。所以当用这些"热点"信息作为文案撰写的引入点时，可能会带来更高的阅读量。

当然，在编辑文案时，最好将这些热点植入标题当中。只有标题有意思，才能带来一定的点击率。

举一个例子，前段时间出了一个新节目叫作《中国有嘻哈》。其中某位评委就带火了一句话："请问你有 freestyle 吗？"这句话立马成为了那一周的爆点，各大营销号都拿它来做文章。如图 4-10 所示，这篇文章正是用"freestyle"写的一篇营销软文。

▲ 图 4-10　用"freestyle"写的一篇营销软文

这样的形式，因为本身的有趣，加之热点对人们的吸引力，很容易受到网友们的关注。

所以商户们在写营销软文时，尽量加入一些新鲜热点，这样不仅符合人们的猎奇心理，还有利于经营销售。

但是要注意的是，"热点"这种东西具有一定的时效性，它就像一次性物品，用过一次就不能再用了。

所以商家应该紧紧跟住潮流，了解分析最近的趋势，过了大势的流行用语就不要再拿出来用了，否则只会让人觉得兴味索然。

040　干净整洁：产品陈列页面要简洁

在微信朋友圈中推广产品时，除了发布营销软文等，还可以直接将商户们注册的微店链接放进朋友圈里。所有产品都在店中，排列有序，一目了然，方便微信好友们尽情挑选。

所以，这里的"产品陈列页面"，指的是微店里的界面。

商户在做朋友圈营销的时候，除了人工接单以外，还可以注册一家微店，这样在我们忙于自己的工作生活，暂时没有时间上线管理商品购买事宜时，买家可以通过微店自助下单或者了解商品信息。

微店可以绑定个人微信号或者是微信公众号，只需要在管理界面进行设置即可。而且微店的开张是免费的，也没有什么门槛。毕竟微信都是实名认证的，所以在安全性这一块儿不需要太担心。

在微店注册好之后，商户只需要好好经营与管理自己的微店就可以了。

微店管理有两个途径，一个是网页版，一个是手机 APP 版。微店网页版、手机 APP 版分别如图 4-11、图 4-12 所示。

▲ 图 4-11　微店网页版

▲ 图4-12 微店手机APP版

　　微信好友点击进入商户的"详细资料"界面时可以看见进入微店的途径。当然，商户最好将微店的二维码截出来放在自己的朋友圈里，方便好友查找。

　　微店内的设定自然也要讲究一定的布局。其实微店的布置和实体店铺的布置有一定的相似性，比如都要整洁大方，让顾客一眼就能看见他们所需要的东西等。

　　在微店的布置上，我们一定要遵循"简单为美"的原则，尽量不要将商品信息堆得到处都是，让界面看起来挤挤攘攘。

　　有些商户希望将所有的商品全部堆在页面上，以给人更详细的感觉，但是这种行为可能会导致客户找不到热销产品或自己真正想要的东西，反而被一大堆货物弄得迷迷糊糊，忘掉了自己的本意。

　　所以在布置微店页面时，店主应该尽量将页面简化，留出一些空白部分，让顾客有休息的空间和时间。这样，他们才能够最快速地找到自己想要的东西。

　　如图4-13所示，这是某微店中商品排列的图片。图片大，文字少，留白多，界面看起来很舒服也很清爽。

　　除了界面尽量简单以外，微店还必须将所售卖的物品分门别类，让买家能够迅速找到自己想要的东西。某微店商品分类的界面如图4-14所示。

　　当然，除了最简单地按类型分以外，还可以按照销量、价格等进行一些排列，给买家们一些购物上的简单提示。这是针对"选择困难症"最好的灵药。

　　虽然说微店在一定程度上可以帮助我们腾出一些接待客户的时间，可是想要经营好整个小店，商户们还是必须花上大把时间来调试与管理。

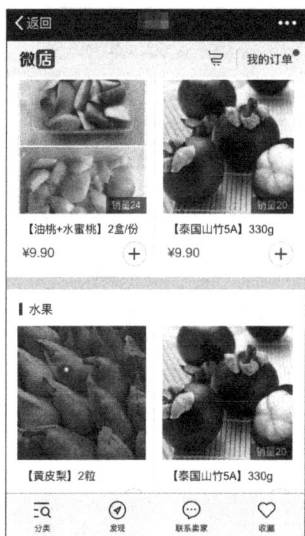

▲ 图 4-13　某微店中的商品排列界面

▲ 图 4-14　某微店的商品分类界面

比如，商品没了要及时补货，断货的要下架，新商品应该大力去推广，根据季节等变化因素不断调整货品与商品情况。总而言之，商户们要做的，就是将微店最好的状态展现给买家们看。

除了需要方便查看、及时更新以外，微店还得装饰得漂漂亮亮、大气合理，这样才能够吸引到更多的客户来购买商品。

当然，在朋友圈中对微店进行推广也是推动商品销量的重要步骤，想尽一切办法去吸引更多的客户关注微店，才算是销售的成功。

所以除了微店本身必须不断地完善以外，用户们对它的推广这一引流方式也必须引起大家的重视。

041　描绘商品：写出特色，吸引购买

在网上购物的用户大多会利用自己的第一印象来确定消费目标，购买欲望的产生往往源于看到产品的第一眼。因此，好的商品描述能够以简单的文字和图片道出产品的特色，吸引广大用户产生购买欲望。

所以三言两语能够将产品描绘得真实又实用，是每个做朋友圈营销的商户应该具备的技能。

撰写产品描述其实很简单，只要学会图 4-15 所示的 3 点技巧，那么商品描述问题就将得以解决。

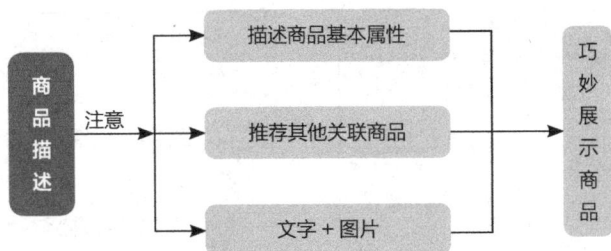

▲ 图 4-15　商品描述分析

下面详细分析以上 3 点。

1. 描述商品基本属性

　　企业店铺在添加商品时，可以选择商品的型号、价格、库存等基本信息，同时还要展示商品的品牌、包装、重量、规格、产地等基本属性。一般企业对这些属性的描述越详细，买家就越容易购买，如图 4-16 所示。

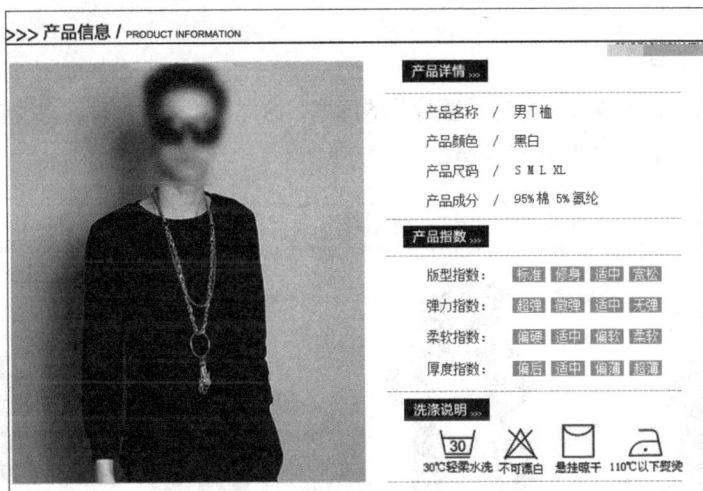

▲ 图 4-16　产品基本属性

2. 推荐其他关联商品

　　消费者都有货比三家的心理，因此店主在描述一件商品时，还可以推荐其他的商品，比如正在进行折扣或优惠活动的商品、近期热销的商品，这样可以有效扩大交易面。切记，推荐的商品需要与产品有关联性，这样才不显得突兀。

　　此外，店主可以对自己的商品进行主动推荐，或者标明哪些产品是值得推荐和购买的，当顾客决定购买商品时，再看到其他推荐商品，很有可能产生购买意向，如图 4-17 所示。

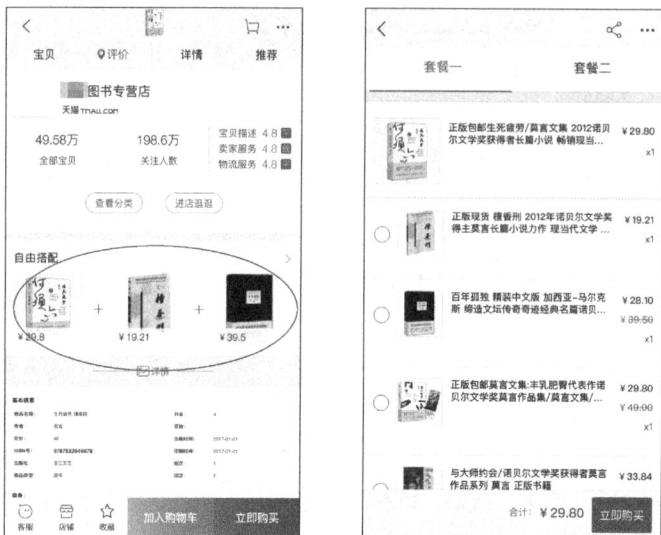

▲ 图 4-17　推荐商品

3. 文字 + 图片

产品描述最好采用"文字 + 图片"的形式，这样看起来更加直观，能够第一时间抓住消费者的心，如图 4-18 所示。

▲ 图 4-18　图文结合的宝贝描述

在产品描述中，感官词和优化词是增加搜索量和点击量的重要组成部分，但也不是必需的。

并且对于网店来说,大量的文字说明会让买家看得很累,不愿意阅读,买家更愿意看图片和文字相结合的形式,这种方式能让人在浏览时很轻松,同时也能更形象地将产品展示出来。

因此在产品描述时,最好采用"文字 + 图片"的形式,这样看起来更加直观,能够第一时间抓住顾客的心。

042 图文并茂:增强阅读的趣味性

在朋友圈做销售一定要学会的事就是熟练地使用朋友圈的各种用法,特别是朋友圈的编辑方法。

确实,相比 QQ 空间或者是腾讯、新浪微博,朋友圈的发布方法比较麻烦,有一些对电子商品不太敏感的人甚至还不知道怎么去发朋友圈。

其实,微信朋友圈的发布模式主要有 3 种,如图 4-19 所示。

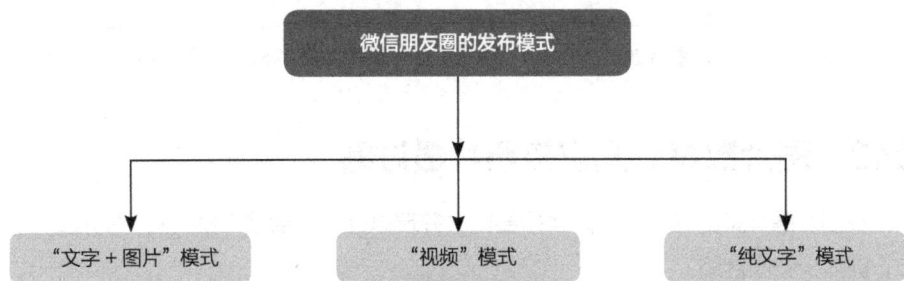

▲ 图 4-19　微信朋友圈的发布模式

下面详细介绍"文字 + 图片"模式和"纯文字"模式,"视频"模式后几章有详细介绍。

图 4-20 所示分别是"纯文字"和"文字 + 图片"模式的朋友圈。

发布"纯文字"模式时,需要长摁右上角的"📷"图标,接下来便会弹出发布界面,供编辑文字后发送朋友圈。

"文字 + 图片"模式相对来说比较简单,轻点右上角的"📷"图标就能够编辑文字和图片,然后发朋友圈。

从营销角度来说,商户们最好选择"文字 + 图片"模式来发朋友圈广告。因为用户一般都不爱看太过冗长的文字广告,当然,也不能全是图片没有文字,因为营销所需要的信息量必须统统放上去才能够称为一个完整的广告。

所以商家在朋友圈发布广告的时候,应该适当带上一些图片,这样会显得更加新颖、更加让人感兴趣。

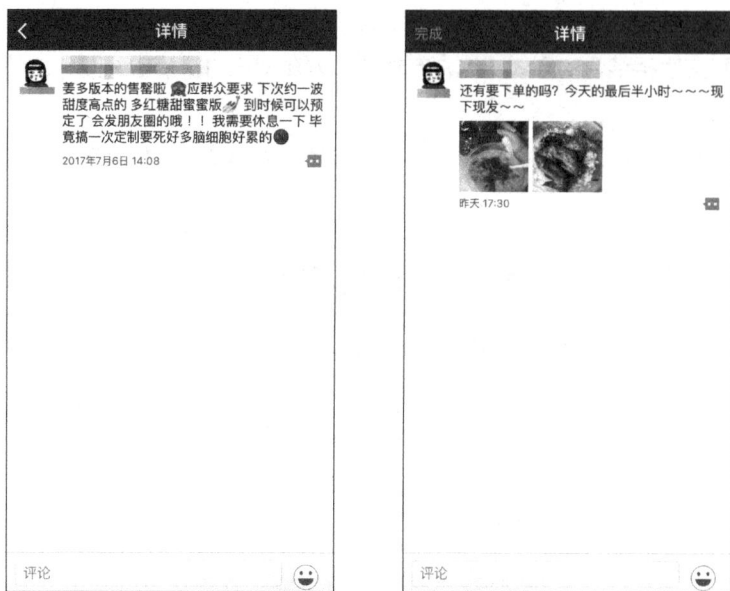

▲ 图 4-20　"纯文字"和"文字 + 图片"模式的朋友圈

043　图片数量：九宫格照片最讨喜

在朋友圈文案的编写中，除了需要图文并茂以外，还要注意图片排列的技巧。比如，配多少张图合适？

一般来说配图最好是 1 张、2 张、4 张、3 张、6 张、9 张。当然，如果可以，9张在营销过程中是最讨喜的。

因为 9 张照片在朋友圈中会显得比较规整一些，版式也会更好看一些。关键是说服力更强，可参考的依据更多。不像 5 张、7 张、8 张那样，让人感觉画面中仿佛缺了一点什么。

图 4-21 所示是两幅贴成九宫图的广告。在第一则广告中，商家列举了他家花店中当季的 9 种花束供客户选择购买。第二则广告则是将罐头的生产地、外观、罐头实物分别拍了照片供人参考和选择。

比起图 4-22 所示的两种非九宫格排图格式，9 张图片在排列时除了比较好看、整洁以外，购买信息也更加全面，可供客户参考与选择的空间也更大一些。

当然，图片排列可能只是一个细节问题，但往往就是这些细节，经常会"逼走"强迫症客户，毕竟缺一角的图片总会让人觉得特别难受。

当然，九宫图虽然好处很多，但是具体配多少张图还是必须以具体内容作为参考，不能为了配图而盲目凑图。

▲ 图 4-21　贴成九宫图的广告

　　一般来说，如果图片的主要内容是为了解释文本信息，那么建议图片不要配得太多，以免引起一些不必要的误会与纰漏。

　　但如果图片内容仅仅是为了丰富文本的可信度，图片自然是越多越好。比如晒单、商品制作的过程、商品原产地的环境等，这时，九宫图的优势就凸显出来了。

▲ 图 4-22　非九宫图的两种贴图格式

044 突出价格：抓住价格优势，吸引客户

在营销过程中，商户们必须弄清楚一个问题：在商品的销售过程中，什么因素是影响商品出售的基本因素呢？其实就是价格。

价格是一般消费者在购买物品时最常考虑的因素。所以商家可以利用消费者的这一心理，在商品价格比较优惠或正在进行打折促销活动时，突出描述价格，进而吸引客户进行购买。

一般突出价格有以下 3 种情况，如图 4-23 所示。

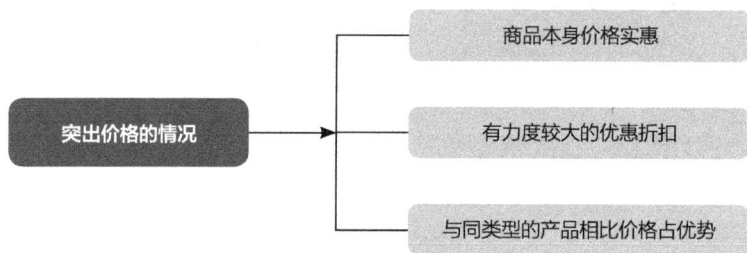

▲ 图 4-23 突出价格的情况

下面具体分析这 3 种情况。

1. 商品本身价格实惠

有一些商品在出厂之前，商家就将其亮点定位在了"价格"上。也就是说，这些商品往往会打着"物美价廉"的标语进行宣传。

商家在为这些商品打广告时，必须将重点放在"价格"上，向顾客介绍它较高的性价比。

当然，宣传时可以选择编辑文本，在价格处打上引号或是后面加上感叹号。由于微信文本表现的单一性，选择用图片突出效果可能会更加合适。因为在图片中，我们可以任意改变字体和文字的大小、颜色，使之更加醒目。

图 4-24 所示是某商户产品——纳米喷雾补水仪的朋友圈广告。它凸显了价格实惠，因此商家能够利用商品定价来吸引购物者的眼球。

2. 有力度较大的优惠折扣

顾客对商品价格的关注会使得短期折扣变成十分抢手的活动。一般来说，折扣活动开展的时间都和节日有一定的关系。

很多商品会针对特别的节日进行大规模的折扣活动。比如女性护肤品可能会在"三八妇女节"当天开展折扣活动。

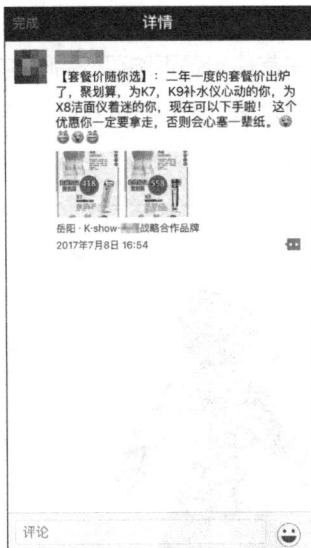

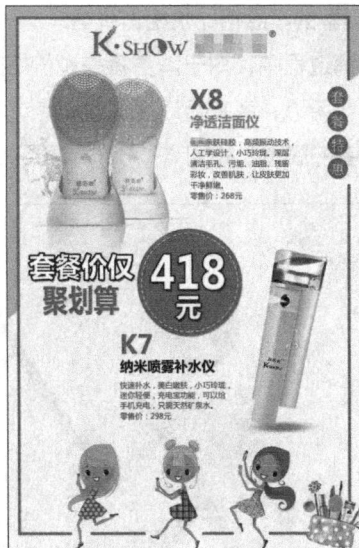

▲ 图 4-24　某商户产品的定价

　　折扣活动不要进行得太过频繁，不然会让顾客产生"这个东西卖不出去"的感觉。但是一旦碰上活动，折扣力度最好能够大一些。图 4-25 所示是某个护肤品打折的活动。必须要注意的是，一定记得将活动前后的价格进行对比，这样才能让客户意识到折扣的力度。

▲ 图 4-25　某护肤品在朋友圈发布的折扣活动

3. 与同类型的产品相比价格占优势

在营销过程中，对于消费者来说价格的高低在其决定是否购买产品时能起到很重要的作用。所以，商家可以抓住这一点，不失时机地来一场价格战，以价格的优势来吸引消费者的眼球，如图 4-26 所示。

▲ 图 4-26　争夺客户的价格战

如图 4-27 所示，这位卖家在推销其产品驱蚊手环时，就提到了其他商户售卖这种手环的价位。用别人的定价来衬托自己商品的廉价，可以吸引顾客注意，引导顾客在心中暗自比对后最终决定购买。

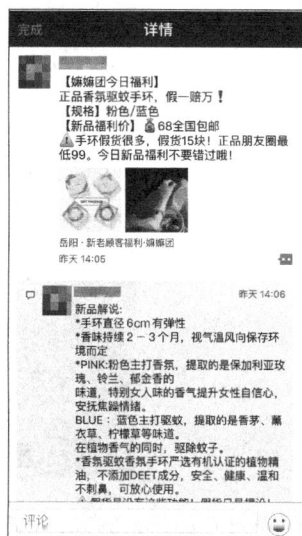

▲ 图 4-27　一条推销驱蚊手环的朋友圈

甚至有人并不需要这个东西,但是通过对比看见了价格的优惠,可能也会基于这一点而购买产品。

045 能量传递:朋友圈多发正能量信息

在分享朋友圈的时候,切记不要发一些消极、负能量的信息。在这个繁忙的社会,工作一天的微信好友们好不容易能够抽出一点时间翻看朋友圈,肯定希望能够享受一个相对轻松和愉悦的环境。

在这种情况下,消极的情绪是不讨人喜欢的。偶尔一两次可能也就算了,可如果次数多了就会引起一些人的反感,进而拉黑或是屏蔽你。所以,用户们与其将朋友圈当作私人社交平台,不如将它当作工作场所,一丝不苟地去对待你的客户,向他们展示你最得体的言行和情绪。

所以在朋友圈中,我们最好发布一些正能量的内容,让人觉得你积极向上,能感受到你个人的热情与温暖。

那么我们应该如何让客户感受到我们的正能量呢?一般有两种模式,如图4-28所示。

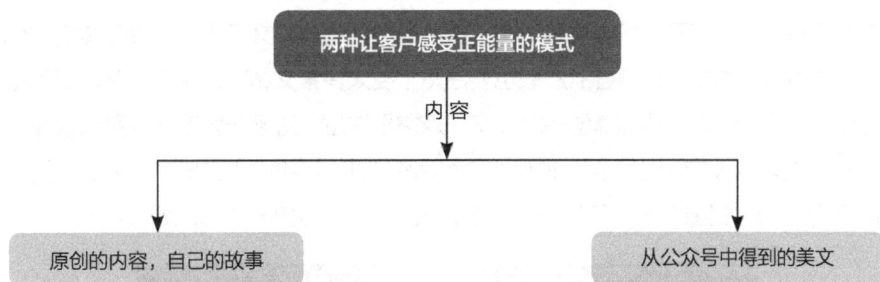

▲ 图4-28 两种让客户感受正能量的模式

1. 原创的内容,自己的故事

"我"最近经历了一些什么样的事情,得到了哪些感受,从中学到了什么,将来会如何具体实现这个想法等内容。一般这种文章不宜过长,不然很多人不愿意读下去;而且对语言文字功底的要求会略高,否则这种题材容易写成"鸡汤"文。所以商户们平日里除了要学习营销经验以外,还得多多阅读与积累。

当然,除了"感受"这种相对来说比较抽象的内容以外,我们还可以将最近学会或是获得进步的某个技能编进文字里。这样比起单纯文字方面的能量更加能够激励到朋友圈中的好友,并且还能提高他人对你的评价与看法。原创正能量朋友圈如图4-29所示。

▲ 图 4-29　原创正能量朋友圈

2. 从公众号中得到的美文

当然，这篇文章要是出自用户自己企业、公司公众号的话更好，因为它除了可以为朋友圈营造正能量以外，还能潜移默化地宣传自己的企业，一举两得。转载的内容也可以，但需要注意不要太多心灵鸡汤文。按照当前的趋势，文章内容跟中国传统文化挂钩倒是个不错的选择，但内容的选取也要注意不要太多繁文缛节。这样既能起到激励人心的作用，又能让人觉得你博学多才。有一点需要注意，对于一些教育背景比较深厚的人来说，心灵鸡汤在他们心中几乎等同于负能量信息，容易惹人生厌。如果实在要发，记得灵活运用朋友圈的限定查看功能。转载正能量朋友圈如图 4-30 所示。

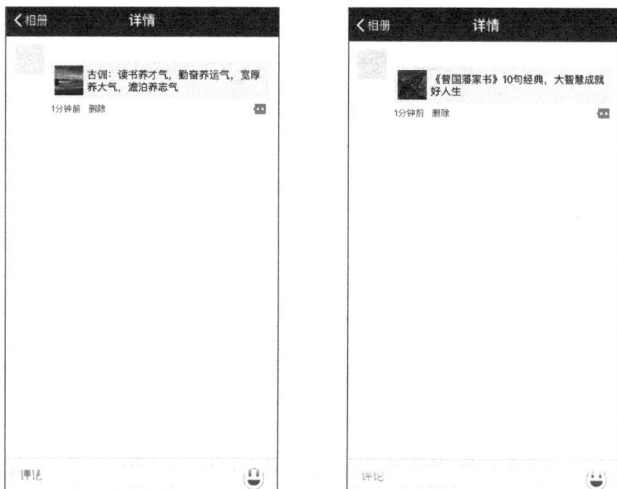

▲ 图 4-30　转载正能量朋友圈

046 增加人情味：让信息成为关注的焦点

我们不能否认的是，在朋友圈一直发广告的人确实是不太招人喜欢的。毕竟当商户们执意要将广告植入他人私生活时，就应该考虑到有可能不被人接受这一点。

聪明的商户在日常的营销中也会尽量融入一些更加充满人情味儿的内容，这样的商户不仅不会引人反感，甚至会让人喜欢上他的文风，期待每天看到他发的朋友圈。

所以，多发一些有人情味儿的内容，会使得你在朋友圈好友中脱颖而出，成为朋友圈中的红人。

如何让自己的朋友圈看起来更加具有人情味儿呢？如图 4-31 所示。

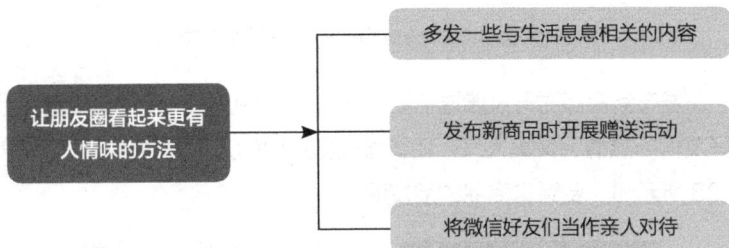

▲ 图 4-31 让朋友圈看起来更有人情味的方法

第一，多发一些与生活息息相关的内容。想要朋友圈中处处充满人情味儿，晒生活是最好的"加持"。并且分享生活中的点点滴滴，也是最容易让别人与你产生互动的方法。

比如你去某个地方旅行，拍几张当地美丽的风景图，自然会有人好奇地来问你：这是哪个地方？值得一去吗？有什么旅游经验值得分享吗？

又或是你今天做了一道菜，把照片拍好看并且稍微 PS 一下发在朋友圈里，也会有人来问：这道菜难做吗？需要哪些材料？做菜的步骤大概是怎样的？等等，这样就很容易拉近彼此的关系。

这些关于生活的对话，一来二去就可以和朋友圈中的一些好友保持一个友好的关系，同样也多了一些聊天话题。图 4-32 是一位商户发的朋友圈，她利用节假日的时间和先生孩子一起出去踏青，享受美好的家庭时间。

虽然这只是一滴生活的水珠，但也可以在他人心中荡起涟漪，让微信好友们感受到她与亲人在一起时的喜悦之情，引起他人的共鸣。这就是所谓的"人情味儿"，它源于生活又高于生活。

▲ 图 4-32　一位商户的节假日朋友圈

第二，在发布新商品时开展赠送活动。这一行为不仅可以起到宣传新商品的作用、激起微信好友们的热情、聚集人气，还能显现出用户的人情味儿。

图 4-33 所示是免费赠送商品的朋友圈。

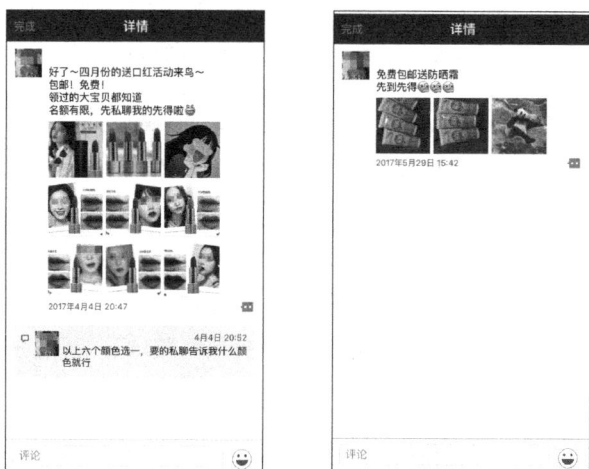

▲ 图 4-33　免费赠送商品的朋友圈

当然，赠送东西也是有限额的，一般可以采取"点赞"的方式，取前 10 或者前 20 名，这样相对来说比较公正透明。

第三，将微信好友们当作亲人对待。很多时候，能够发出有人情味儿朋友圈的前提，就是将受众当作亲人或者是挚友，所发布的朋友圈也尽量能够对对方有一定的帮助。图 4-34 中的第一张图，是这位用户向朋友分享了她自己制作红烧肉的独门秘方，充满了家庭的愉悦与人性的温暖。

她将朋友圈中的各位都当作自己的亲人，毫不吝啬地分享自己的拿手好菜，充满了人情味儿，让大家都翘首企盼她下一期分享的内容。而第二张图我们才发现，原来她是一个营销食品的商户！

▲ 图 4-34　一位用户的朋友圈

从营销角度来说，增加朋友圈的人情味儿可能不会对销售起到直接推动的作用。可是心急吃不了热豆腐，成功的营销不可能一蹴而就，任何细节上的铺垫都不应该被忽视。其实，能够和微信里众多好友中的 70% 建立一个相对友好且互相尊重的关系，离成功的营销就不远了。

047　明星效应：带动人群，引起粉丝关注

现在的中国，粉丝文化已经发展得十分完整了。因此，很多企业高层会选择邀请一些知名艺人代言公司产品，这种做法能够帮助他们收获很丰厚的利润。

明星效应已经对我们的生活产生重大影响，电视里明星代言的广告会对我们产生潜移默化的影响，这些影响如图 4-35 所示。

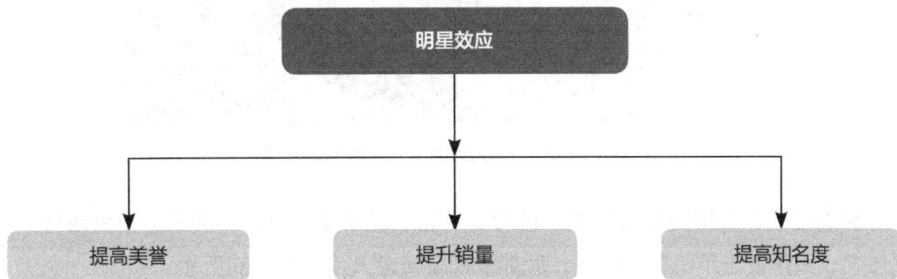

▲ 图 4-35　明星效应

一般来说，投资与收获是成正比的。企业越肯出钱请当红的艺人，能够获得的回报就越丰富。

下面详细解释一下明星效应的 3 个方面。

一个水平很高的明星，往往能够带动整个品牌的格调。而在现在这个人们文化水平越来越高的社会，购买者对"格调"这个词是非常看重的。

除了普通群众以外，该明星的粉丝不仅自己会买偶像代言的产品，还会拉动身边的人一起购买这个品牌的商品。一传十、十传百，慢慢地，购买该商品的群众就会越来越多。

当然，明星身上带有的光环也能够影响到品牌。"某某明星"代言的头衔能够帮助此品牌提高知名度。

所以，商户坚决不能放过明星效应，这种效应可以带动人群，特别是容易引起粉丝们的强烈关注。

048 巧用二维码：包裹外加二维码引流

二维码，已经成为我们日常生活中不可或缺的因素。购物付款时需要用到、添加好友时需要用到、登录某个页面时需要用到、识别某个物品时需要用到……总而言之，它的用途十分之多，在生活与工作之中被广泛使用。扫描二维码已经是生活常态，如图 4-36 所示。

▲ 图 4-36 扫描二维码已经是生活常态

准确地说，二维码是链接的一种形式，它的诞生使得我们不需要再辛苦地记忆网站域名，只用拿出手机轻轻一扫，就能立即跳转进入我们想进的页面。

对于一般大众来说，二维码最熟悉的使用方式是进行收付款行为。但是从营销角度来看，商户们更应该将它的重点放在跳转页面、添加关注这一引导行为上面。通过这些二维码，用户选择关注企业主页的概率可以说是大大提高了。

很多微信公众号将"扫描二维码添加关注"这一增加粉丝的方式贯彻得十分彻底。作为个体商户，也应该学习公众号的这一方式，使用一切办法将自己个人的微信号二维码推广出去。

除了一些比较传统的宣传方式以外，商户们还可以将二维码附在包裹上方便买家扫描。

因为大家在收到商品的第一时间，都会习惯性地检查一下外包裹，看看完整与否。而现在大多数人看见二维码可能都会习惯性地扫描一下。所以商品的包裹就成为了一个非常适合放置二维码的地方。

商户们应该抓住这一点，制作一些比较清楚的二维码图片，张贴在包裹上，以此来增加微信好友数量。图 4-37 所示是一个贴了二维码的包裹。

▲ 图 4-37　包裹上的二维码

那么，在什么样的情况下，需要商户们往包裹上贴二维码呢？如图 4-38 所示。

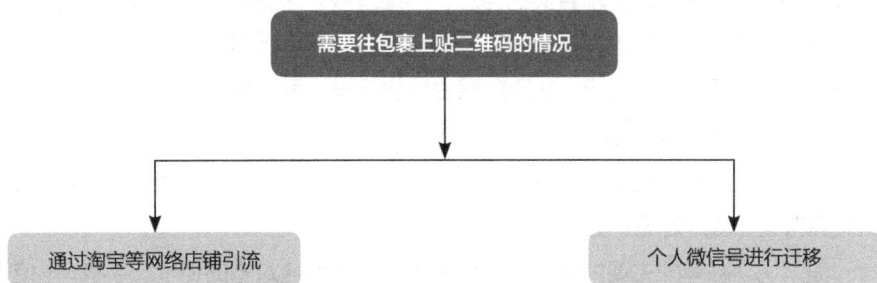

▲ 图 4-38　需要往包裹上贴二维码的情况

有些客户在淘宝、闲鱼等网站上购买了商品，店主为了将普通客户发展成长期客户，就希望将这些客户添加到自己的个人微信朋友圈中，这样不仅方便售后沟通，更能够打通进一步营销的环节。

当然，除了从其他网站进行引流以外，还有可能是某位商户的个人微信号人数已经满了，旧的微信号上由于亲友太多，为了方便营销，干脆重新申请一个微信号专门用来做朋友圈营销，所以需要客户添加另一个账号。

甚至是这位商户又发展出另一门生意来，为了客户的积累，就将原来的老客户又发展成新生意的客户。

无论原因是什么，方便客户查找与添加二维码都是商户们需要考虑的重要因素。在包裹上附上二维码的方式对客户来说确实相当便利。

049 巧妙晒单：让客户心动的有效手段

商户们在微信朋友圈进行营销的过程中，除了需要发产品的图片和基本信息以外，为了让顾客信任，也可以晒一些成功的交易单或者快递单，但是有两个问题在晒单过程中必须要引起我们的注意，如图 4-39 所示。

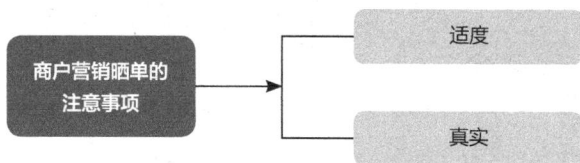

▲ 图 4-39 商户营销晒单的注意事项

一是在晒单的过程中必须要适度。因为微信好友对无谓的刷屏是十分抗拒的，毕竟微信朋友圈是私人社交场所。但正如我们所知，晒单其实是非常必要的，微信好友们看到大量的成交量也会对产品本身产生好奇心。

二是必须要在单据上显示真实的信息，不能造假。这意味着我们必须要将真实信息给微信好友们看，以诚信为本。在朋友圈发物流信息，上面会显示单号和姓名，是比较真实的，如图 4-40 所示。在朋友圈发销售记录，图文并茂，并且带有聊天记录和转账记录，如图 4-41 所示。

从营销角度来看，适度晒一些交易单之类的内容，是可以刺激消费的。那么晒交易单究竟有些什么好处呢？这些好处如图 4-42 所示。

一般来说，晒单的主要内容是快递信息等，其中包含对方的地址、手机，也包括快递信息，比如单号等。晒单可以让买家了解包裹的动向，也能体现出卖家对商品的上心，为以后的合作打下良好的基础。

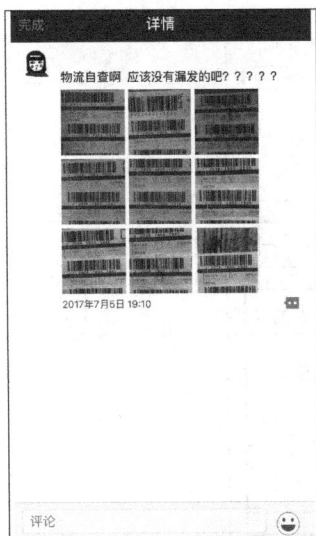

▲ 图 4-40　物流信息

▲ 图 4-41　销售记录

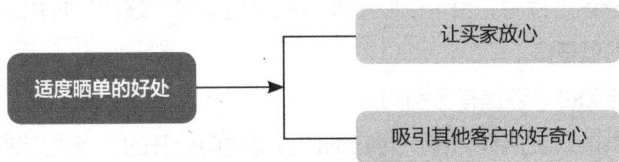

▲ 图 4-42　适度晒单的好处

在一张照片中，商家可以放上几个快递单并且将它们叠加起来再照相，这时卖家应该尽量将照片凑成 9 张，并且强调这是一天或是两天里的销售单。这样就会让其他客户觉得这家店的商品是真的特别受欢迎，进而也想尝试用一下，可以在某种程度上推动销量。

050　晒好评：让事实说话，做有价值的广告

一般来说，提到"好评"，我们立马就会想到淘宝。淘宝购物平台上有一种特别的评价指标，叫作"淘宝卖家信用等级"，信用等级分段如图 4-43 所示。每个买家在与卖家结束一单生意之后，可以给卖家打分，5 分为满分。这个分数包括了商品本身是否符合商家描述、店家的服务态度、物流信息等。

设计"信用等级"这种评价指标，其实是为了给第三方客户一个基本的参考。所以为了在最短的时间内得到相对来说比较高的等级，自然需要更多的满分。而级别越高，用户就会越信任这家店铺，自然购买的人就越多。

淘宝卖家信用等级图

所积分数	等级图标	信誉等级
4分-10分	♥	一星
11分-40分	♥♥	二星
41分-90分	♥♥♥	三星
91分-150分	♥♥♥♥	四星
151分-250分	♥♥♥♥♥	五星
251分-500分	◆	一钻
500分-1000分	◆◆	二钻
1001分-2000分	◆◆◆	三钻
2001分-5000分	◆◆◆◆	四钻
5001分-10000分	◆◆◆◆◆	五钻
10001分-20000分	♛	一皇冠
20001分-50000分	♛♛	二皇冠
50001分-100000分	♛♛♛	三皇冠
100001分-200000分	♛♛♛♛	四皇冠
200001分-500000分	♛♛♛♛♛	五皇冠
500001分-1000000分	♔	一金冠
1000001分-2000000分	♔♔	二金冠
2000001分-5000000分	♔♔♔	三金冠
500001分-10000000分	♔♔♔♔	四金冠
10000001分以上	♔♔♔♔♔	五金冠

▲ 图 4-43　淘宝卖家信用等级图

商户们在营销过程中，也可以吸取淘宝的经验，将“好评”转化成客观的评价标准，增加客户的信任度。

当然，淘宝和微信还是有区别的。

淘宝是公共的线上店铺，客户对它的评价是透明公开的，点进店铺就可以看见。可是微信不同，微信是一个相对来说隐私感比较重的私人社交平台。所以客户给的“好评”，商户们应该发到朋友圈里让所有微信好友都能够看到。

晒好评相当于一次打广告的机会。它利用截图或者一切描述性的语言来介绍某个品牌或商品的信息，以及商品的好评，让看见这条信息的人了解这个商品的好处，增加其购买兴趣。

下面来看几个朋友圈晒好评的例子。

第一个例子如图 4-44 所示，这是两个关于水果罐头的反馈，很明显是十分直白的好评。买家直接以超市里买的罐头进行对比，来衬出卖家货品的优质。这种方式同样也可以很轻易地影响到其他买家的决定。

除了直接的好评以外，卖家也可以加强售后工作，通过长期的跟踪询问来得出关于商品评价的信息。

图 4-45 所示是一位做红糖生意的店主和一位客户关于红糖的谈话。小姑娘每次来月事的时候，肚子都会剧烈疼痛，结果吃过一段时间的红糖之后症状有明显的好转。

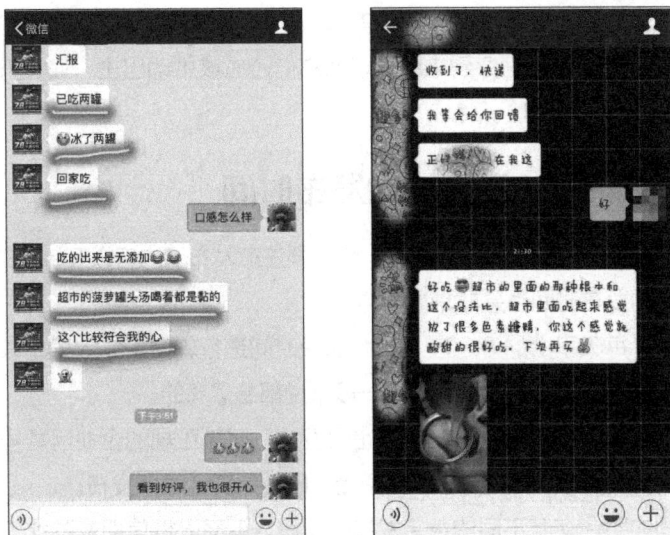

▲ 图 4-44　关于水果罐头的反馈

　　这种好评历时较长，大概一两个月才能收到明确的反馈。但这种不明显的"好评"带来的销量却是可观的。因为相比随手给的好评，这种类型的反馈真实性更高，更加能够鼓动有类似倾向或者情况的买家。

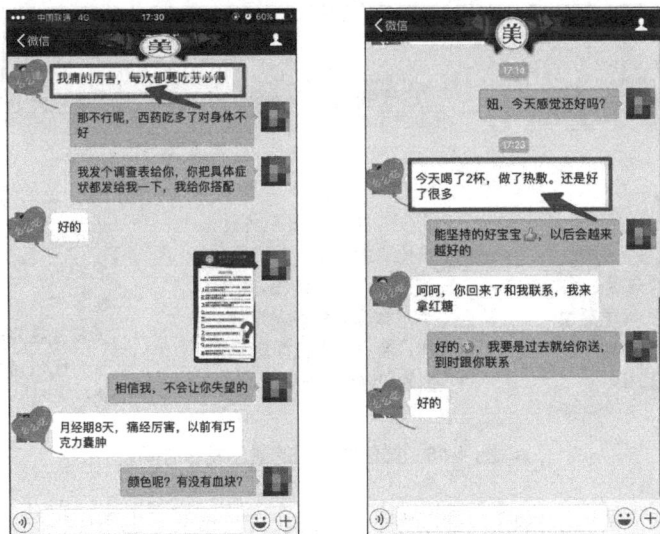

▲ 图 4-45　一个关于红糖的反馈

　　晒好评和一般的广告不同，因为它不是自说自话，自卖自夸。它将主动权交到了客户手中，商户自己变成了第三方，不干涉商品与买家之间的直接接触。这样所得来的好评，价值要远远大于商户的自卖自夸。

当然，除了被动等着好评到来以外，商户们还应该主动出击，通过打折、送礼物等方式，去鼓励客户写评价。

051 推文时间：把握软文发布时间

商户在朋友圈进行软文营销推广时，除了要注意发布的内容以及针对的受众以外，选择一个合适的发布时间也是非常重要的。

一般来说，每天早上的 8:30 ~ 9:30 这段时间进行软文发布效果比较好。因为这个时间段，无论是阅读量还是转载量，一般来说都是最高的。

其实我们在阅读微信公众号的时候也会发现，比较正规的企业运营号，其信息发布时间都是后台设定好了的，几乎都在早上、晚上的黄金时段发布。

不过不同的平台有着不同的黄金发布时间段，下面以微信朋友圈软文的发布时间为例进行详细说明，如图 4-46 所示。

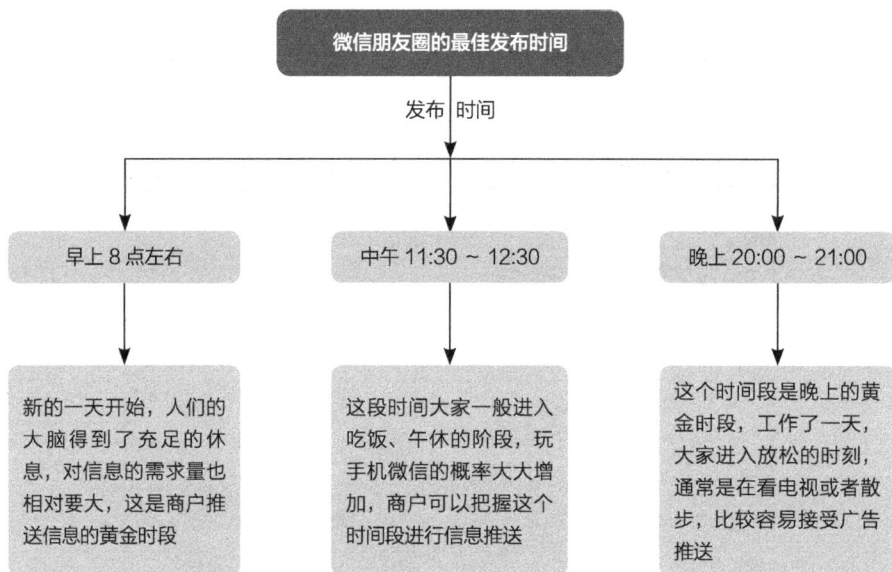

▲ 图 4-46　微信朋友圈的最佳发布时间

不同的软文营销项目和不同的产品选择的软文发布渠道也不尽相同，商家要因地制宜，根据自身产品的情况结合软文特点整合几种形式。并且软文的发布时间并非一成不变，没有必要严格按照推荐时间进行发布。

关于微信朋友圈内容推送时间的技巧如图 4-47 所示。

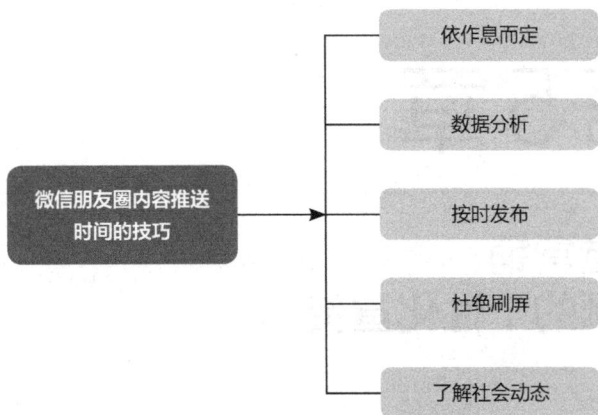

▲ 图4-47 微信朋友圈内容推送时间的技巧

下面，针对这些技巧进行详细分析。

第一，依作息而定。对不同的营销对象，商户要制定不同的推送时间，由于微信里很多好友都是自己熟悉的朋友，对于朋友们的作息时间一般都能掐准，所以，很容易做到因人而异。

第二，数据分析。这一步骤是企业针对不熟悉的好友而做的，这样做是为了成功把握好友活动的时间，进而利用合适的时间进行微信内容推送，效果往往会事半功倍。

第三，按时发布。对于一个想要塑造品牌形象的商户而言，在保证微信内容质量的同时，最好形成按时发布的习惯，这样能让用户避开那些骚扰信息，定时地去翻看企业的微信。

第四，杜绝刷屏。要根据固定的时间进行软文的推送，不要出现刷屏现象，这样只会伤到朋友情谊。

第五，了解社会动态。商户必须随时关注社会动态，当遇上重大事件时，可以根据具体情况改变推送微信的时间。

💡 温馨提示

要想写出好的软文，还是有许多技巧需要学习的，推荐两本含金量高的软文图书：《软文营销从入门到精通》《软文营销实战108招：小软文大效果》，均由人民邮电出版社出版。

第 5 章

视觉营销：
新颖的个性化宣传

学前提示

在营销过程中，除了软文具有利于营销的作用以外，产品图片同样也是客户对产品的直观认识。为了使客户第一眼的评价能够达到最高标准，我们应该学会精修产品图片，使之更引人注目。本章将介绍多种修图、拼图的方法，使产品图片达到一个比较高的水准。

要点展示

- ≫ 052 编辑照片：对产品画面进行剪辑
- ≫ 053 美化照片：让产品更具吸引力
- ≫ 054 增强质感：让产品变得更精彩
- ≫ 055 一键美颜：造就全新人像代言之美
- ≫ 056 多图组合：一键拼图，独具个性
- ≫ 057 文字水印：给产品加上个性化说明
- ≫ 058 漂亮模板：给产品穿上漂亮的"外衣"
- ≫ 059 产品抠图：打造令人惊叹的视觉效果
- ≫ 060 海报效果：一秒打造视觉大片

052 编辑照片：对产品画面进行剪辑

在营销过程中，商户们除了要写得一手引人注目的文案以外，在产品照片的处理上也得下一定的功夫。

因为漂亮的图片总是比枯燥的文字更加引人关注。所以，能够修得一手好照片，也是身为一个销售人士的必备技能。

一般来说，照片其实并不非得用电脑才能修得好看。现在智能手机 APP 之发达，已经足以满足一些基本的修图需要了。

下面介绍使用"美图秀秀"APP 裁剪手机照片的操作方法。

步骤 ① 在"美图秀秀"APP 中打开一张照片，点击左下角的"编辑"按钮，如图 5-1 所示。

步骤 ② 执行操作后，进入"裁剪"界面，如图 5-2 所示。用户可以通过自由裁剪或按一定比例裁剪的方式来裁剪照片。

▲ 图 5-1　点击"编辑"按钮

▲ 图 5-2　"裁剪"界面

步骤 ③ 其中，按比例裁剪方式中的"比例"包括 1:1、2:3、3:2、3:4、4:3、9:16、16:9 等多种形式。另外，用户也可以选择自由裁剪模式，点击"自由"按钮后拖曳预览区中的裁剪框，选定要裁剪的区域即可，如图 5-3 所示。

步骤 ④ 在裁剪照片的过程中，如果用户对裁剪效果不满意，也可以随时点击"重置"按钮恢复照片原貌。确定裁剪区域后，点击"确认裁剪"按钮，即可完成照片裁剪操作，效果如图 5-4 所示。

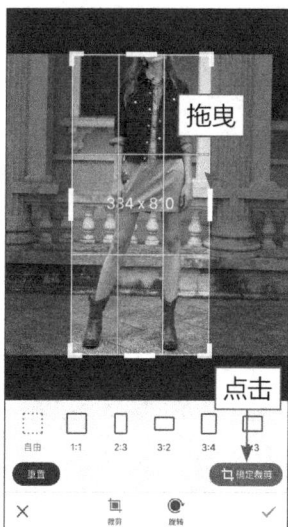

▲ 图 5-3　选定裁剪区域

▲ 图 5-4　自由裁剪照片效果

💡 温馨提示

　　上述案例中，照片经过裁剪二次构图处理后，着重拉长了照片比例，可以使画面中的模特看上去更加高挑，给买家造成这身衣服穿上去显腿长的感觉。

053　美化照片：让产品更具吸引力

　　在产品销售过程中，给用户展示形象最为精美的一面是促进销售的一个关键步骤。

　　所以，商户在将产品照片放进朋友圈进行营销之前，应该用修图软件进行基本的裁修，使之看起来更加精致。

　　"美图秀秀"APP 具有非常强大的智能美化功能，可以帮助用户快速调整各种类型的照片，以实现不同的效果。

　　精通修图的用户可以选择自助修图的方式，选择喜欢的滤镜与模式。而不太熟悉修图过程的用户则可以使用"自动美化"的功能，一键搞定。

　　下面介绍使用"美图秀秀"APP"自动"模式美化照片的操作方法。

步骤 ❶ 在"美图秀秀"APP 中打开一张照片，点击左下角的"智能优化"按钮，如图 5-5 所示。

步骤 ❷ 执行操作后，进入"智能优化"界面，默认使用"自动"模式调整照片参数，效果如图 5-6 所示。

▲ 图 5-5　点击"智能优化"按钮

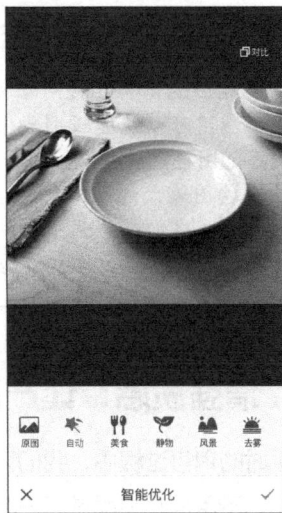

▲ 图 5-6　"自动"模式效果

除了"智能优化"模式以外，美图秀秀还有很多种不同的美化方式，一般用于产品最多的模式就是"静物"模式。

下面介绍使用"美图秀秀"APP"静物"模式美化照片的操作方法。

步骤 ❶ 在"美图秀秀"APP 中打开一张照片，点击左下角的"智能优化"按钮，如图 5-7 所示。

步骤 ❷ 执行操作后，进入"智能优化"界面，点击"静物"按钮即可使用该模式调整照片参数，效果如图 5-8 所示。

▲ 图 5-7　点击"智能优化"按钮

▲ 图 5-8　"静物"模式效果

💡 温馨提示

中央构图就是将拍摄对象放置在画面的正中央。横画幅或者竖画幅都可以采用中央构图，可以快速吸引欣赏者的视线，而且这种构图形式比较容易学习和掌握，使用范围也比较广。

中央构图最大的缺陷就是主体可能不够突出，欣赏者难以看出拍摄者的主题表达。因此，我们在使用中央构图拍摄时，最好寻找一些背景比较简洁的画面，这样才能更好地体现主体，传递我们的思想。

054 增强质感：让产品变得更精彩

在平时的销售过程中，我们可以通过手机镜头随手拍摄身边的产品或是和产品相关的信息，不用担心画面过于简单，完成拍摄后加上滤镜特效就可让照片更有意境和魅力。

"美图秀秀"的"清新时光"特效可以快速打造出小清新风格的照片色调，下面介绍具体的操作方法。

步骤 ❶ 在"美图秀秀"APP 中打开一张照片，点击底部的"特效"按钮，如图 5-9 所示。

步骤 ❷ 执行操作后，进入特效处理界面，默认选择的是"清新时光"滤镜模式，效果如图 5-10 所示。

▲ 图 5-9 点击"特效"按钮

▲ 图 5-10 特效处理界面

步骤 3 点击不同的特效缩略图，即可应用该特效。图 5-11 所示分别为"海街日记"
和"四月物语"效果。

步骤 4 此外，在应用相应特效后，再次点击该特效的缩略图，还可以通过"美颜
程度"和"特效程度"选项对效果进行微调。图 5-12 所示分别为"白兔糖"
的默认效果与微调效果。

▲ 图 5-11　应用滤镜特效

▲ 图 5-12　微调特效参数

步骤 **5** 保存修改后，照片的最终效果如图 5-13 所示。

▲ 图 5-13　照片的最终效果

LOMO（Let Our Life be Magic and Open，让我们的生活开放、有魔力）已经成为一种经典的影像效果，通过手机 APP 即可实现。我们拍出的照片边缘通常会有暗角，"美图秀秀"的"趣玩 LOMO"特效则可对其进行调整，不但可以将照片打造成具有年代味的效果，还能让照片看起来更加有质感。

在"美图秀秀"APP 的特效处理界面选择"趣玩 LOMO"中的特效，即可快速给照片添加各种 LOMO 效果，堪称一个"百搭"滤镜，如图 5-14 所示。

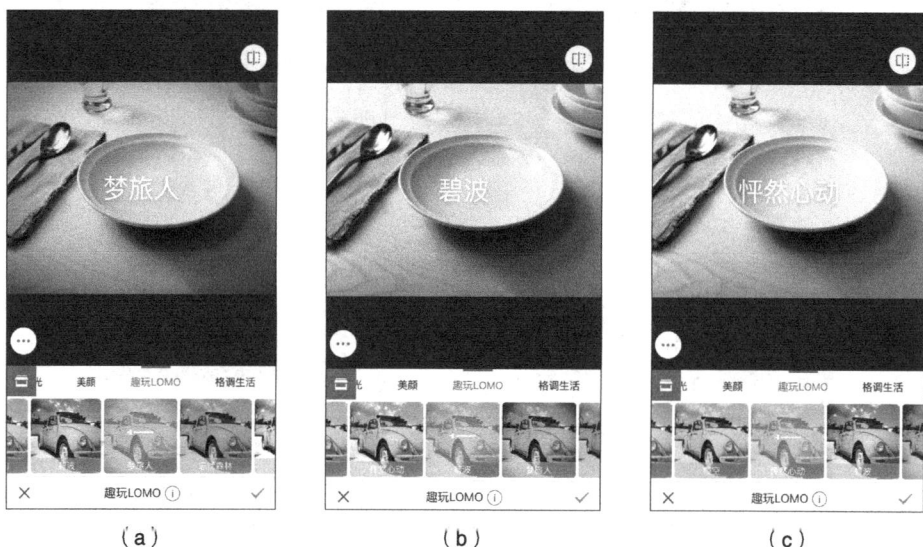

（a）　　　　　　　　　　（b）　　　　　　　　　　（c）

▲ 图 5-14　各种 LOMO 效果（1）

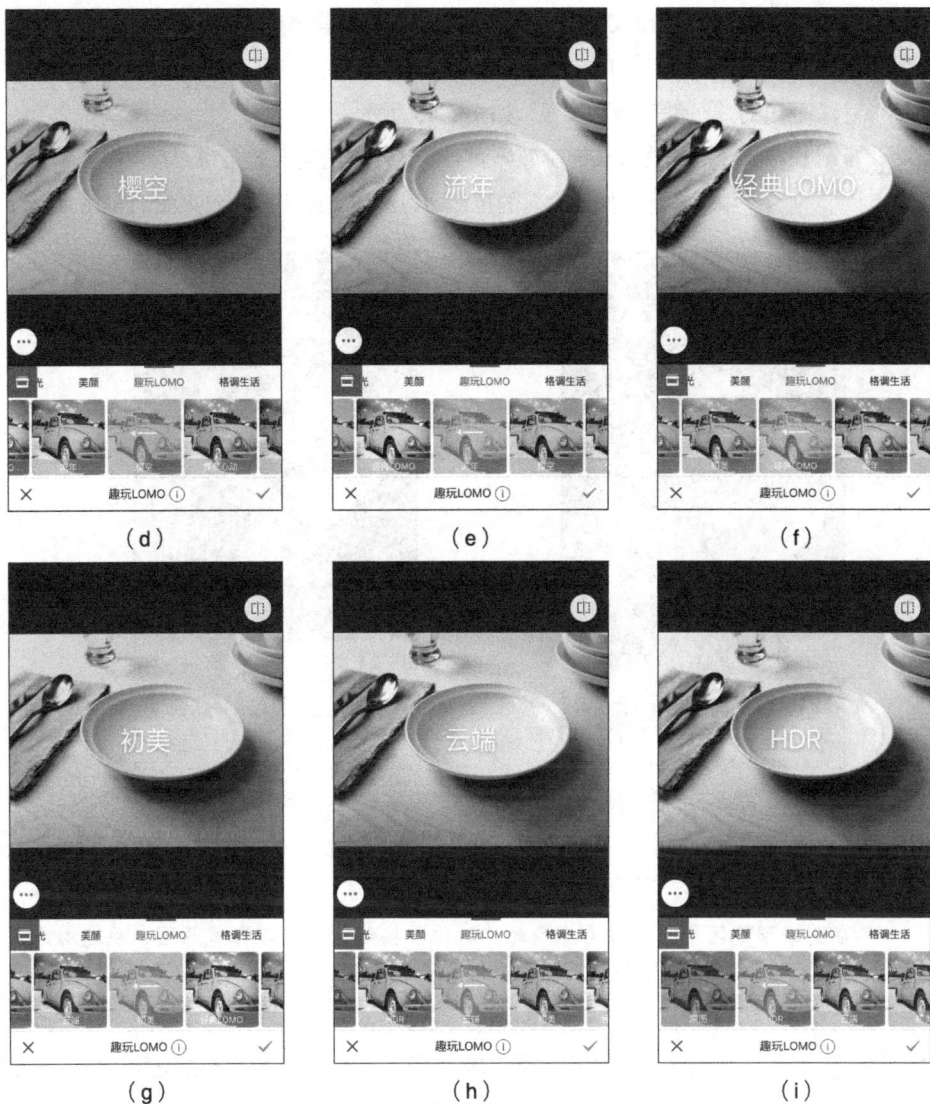

▲ 图 5-14　各种 LOMO 效果（2）

055　一键美颜：造就全新人像代言之美

在产品销售过程中，除了商品本身需要适当修图使之更美观以外，利用人物给产
品代言或是买家为产品进行售后反馈需用到人物照片时，我们都应该适当地将图中的
人"修"一下，使之看起来更健康好看。

"美图秀秀"APP 的"一键美颜"功能可以一键让人物照片的肌肤瞬间完美无瑕，
傻瓜式操作，并提供多个美颜级别，量身打造美丽容颜。

"美图秀秀"可以轻松实现"一键美颜"的功能,具体的操作方法如下。

步骤 ❶ 在"美图秀秀"APP 主界面选择"人像美容"打开一张人像照片,点击左下角的"一键美颜"按钮,如图 5-15 所示。

步骤 ❷ 执行操作后,进入一键美颜界面,默认使用的美颜效果为"自然"、美颜级别为"中",上下拖动右侧的拉杆即可设置美颜程度,效果如图 5-16 所示。

▲ 图 5-15 点击"一键美颜"按钮

▲ 图 5-16 "中"度美颜

> **温馨提示**
>
> 在图像预览区中,按住右上角的"对比"按钮,还可以预览原图,快速对比调整效果,如果效果太过的话可以适当降低美颜程度。

步骤 ❸ 另外,我们还可以选择"低"或"高",来降低或者增加美颜程度,满足不同的需求,效果分别如图 5-17 和图 5-18 所示。

步骤 ❹ 选择合适的美颜级别后,点击右下角的确认按钮,即可快速美化人像照片,效果如图 5-19 所示。

步骤 ❺ 保存修改后,最终效果如图 5-20 所示。

> **温馨提示**
>
> 人像照片拍久了容易让人感到乏味,难以找到新意。其实,多准备一些拍摄小道具,就可以让模特告别两手空空、不知所措的窘境,同时还可以为照片增添不少乐趣。本例中的模特就使用一朵小花遮挡住左眼,可以显得更加天真、活泼、可爱。

▲ 图 5-17 "低"度美颜

▲ 图 5-18 "高"度美颜

▲ 图 5-19 美颜效果

▲ 图 5-20 照片效果

056 多图组合：一键拼图，独具个性

拼图功能即将一组手机照片进行拼接组合，以制作出特殊的拼图效果。在"美图秀秀"APP 中，用户可以进行自由拼图，随意排列照片效果；也可以将照片进行拼接，横向或竖向固定排列一组照片。

"模板拼图"功能为用户提供了多种照片拼图模板，用户可以将自己喜欢的照片添加到模板中，然后将编辑好的图片保存或分享，具体操作方法如下。

步骤 ① 在"美图秀秀"APP 主界面，点击"拼图"按钮，如图 5-21 所示。

步骤 ② 在手机相册中选择要拼图的多张照片，最多可同时选择 9 张照片，如图 5-22 所示。

▲ 图 5-21 点击"拼图"按钮

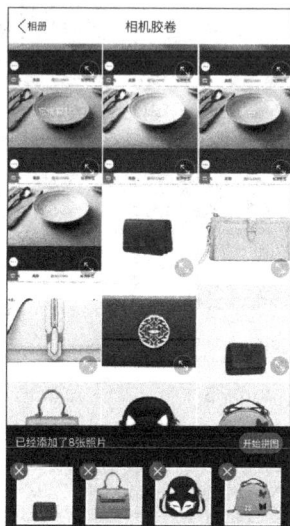

▲ 图 5-22 选择照片

步骤 ③ 点击"开始拼图"按钮，即可使用模板自动拼图，如图 5-23 所示。

步骤 ④ 点击"选边框"按钮，进入"边框列表"界面选择边框，点击相应边框即可应用该边框，如图 5-24 所示。

▲ 图 5-23 拼图效果

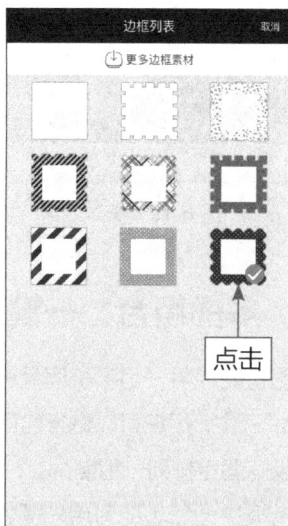

▲ 图 5-24 点击相应边框

步骤 ⑤ 点击"选模板"按钮，在底部会出现相应的模板缩览图菜单，点击相应的缩览图即可应用该模板，如图 5-25 所示。

步骤 ⑥ 点击预览区左右两侧的"◀"按钮和"▶"按钮，也可以快速切换使用不同的模板，如图 5-26 所示。

▲ 图 5-25　应用模板

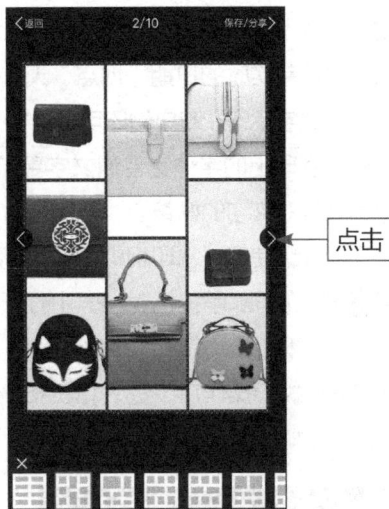

▲ 图 5-26　切换模板

步骤 ⑦ 点击预览区中的相应照片，还可以执行更换照片、旋转照片与镜像处理等操作，照片操作菜单如图 5-27 所示。

步骤 ⑧ 选择合适的模板并保存修改后，最终效果如图 5-28 所示。

▲ 图 5-27　照片操作菜单

▲ 图 5-28　照片效果

057　文字水印：给产品加上个性化说明

有时图片上除了产品照片以外，还需要用文字来描述产品的基本特征或是公司企业的 LOGO 等信息。

使用"水印相机"APP，我们可以在手机上分享的照片基础上，同时印上特色、心情、人像、天气、地点、时间、美食 7 大类不同款式不同特色的水印，而且 APP 还会自动更新实时的日期、地点、天气等信息。

通过文字水印，商户们还可以给照片上的产品添加广告用语或是基本的商品描述。

由于水印上的字体比普通文字更加可爱，而且添加在照片上像是装饰品，这样更能吸引顾客对文字的好奇心，进而去认真阅读它，是非常好的广告宣传区域。

下面介绍使用"水印相机"APP 添加特色水印效果的操作方法。

步骤 ① 在"水印相机"APP 中打开一张照片，首先调整照片的画布幅度，点击右下角的"完成"按钮，如图 5-29 所示。

步骤 ② 执行操作后，进入相机拍摄界面，并点击右下角的添加水印按钮"☺"，如图 5-30 所示。

▲ 图 5-29　点击"完成"按钮

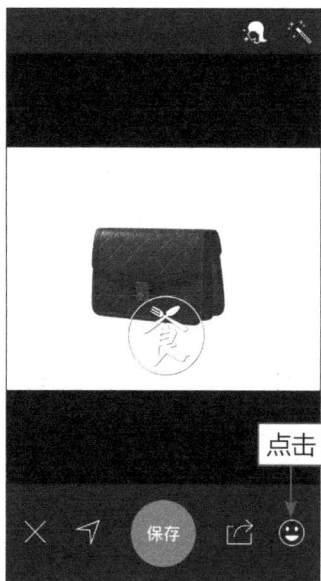

▲ 图 5-30　点击添加水印按钮"☺"

步骤 ③ 选择一个水印效果，如图 5-31 所示。

步骤 ④ 添加后效果如图 5-32 所示。

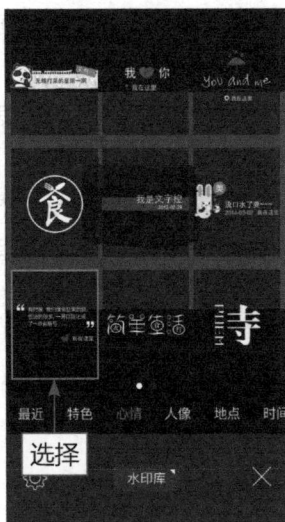

▲ 图 5-31　选择一个水印效果

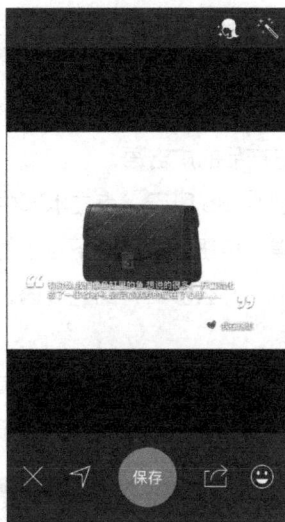

▲ 图 5-32　添加水印后的效果

　　如果你对于水印的地点定位不满意，没关系，"水印相机" APP 可以轻松自定义水印地点。"水印相机" APP 可以实时更新地点信息，打开 "水印相机" APP，在水印中一般有两个地方可以修改地点，具体方法如下。

步骤 ① 在 "水印相机" **APP** 中打开一张照片，并添加相应的包含地点信息的水印效果，点击屏幕中的地点信息或者下方的 "📶" 按钮，如图 5-33 所示。

步骤 ② 你可以在推荐地址中选择一个，或者点击上面的文本框，输入你想写的地址，如图 5-34 所示。

▲ 图 5-33　点击地点信息

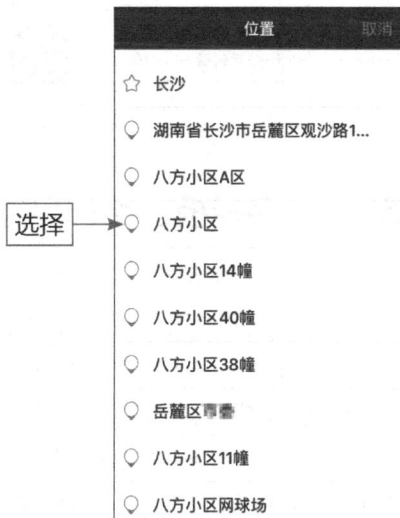

▲ 图 5-34　选择推荐地址或输入地址

"水印相机" APP 不但具有丰富的水印模板，还能自定义水印内容，让你的创意尽情发挥。

有时候商家也可以利用水印部分打一个小广告，比如印上这个品牌的宣传语或是配合这份产品的广告语。

如图 5-35 所示，点击水印中的"心情文字"，就可以进入编辑界面。然后，点击"编辑"按钮就可以写下自己的心得体会。笔者在这款女式包照片的水印里打上了"一个包，怎么够？"的宣传语。不过需要注意的是宣传语不能太长，因为通常会有字数限制。

也可以在下方选择模板中的其他文字内容，完成之后点击"完成"按钮就可以用自己的专属水印了，如图 5-35 所示。

▲ 图 5-35　修改水印的文字内容

058　漂亮模板：给产品穿上漂亮的"外衣"

有时，我们需要给产品加上一些特殊的装饰性材料，使之更加吸引人的注意，这时我们就可以用到"美图秀秀" APP 里的"素材中心"功能了。

"美图秀秀" APP 的"素材中心"功能可以帮助我们更好地管理特效、马赛克、边框、贴纸、文字、拼图等素材样式。

在"美图秀秀" APP 主界面点击"素材中心"按钮，如图 5-36 所示。执行操作后，进入"素材中心"界面，包括"美化"和"拼图"两个板块，其中包含了我们在处理照片时常用的各种素材，如图 5-37 所示。

▲ 图 5-36 点击"素材中心"按钮

▲ 图 5-37 "素材中心"界面

下面以"艺术风情"特效为例，介绍下载应用单个素材的操作方法。

步骤 ① 在"特效"素材中选择"艺术风情"后进入其界面，在下方点击"艺术风情"特效即可下载该素材，如图 5-38 所示。

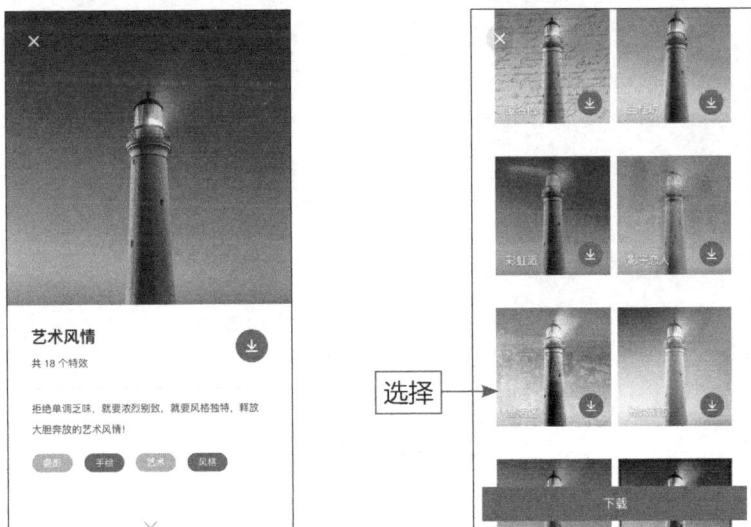

▲ 图 5-38 选择"艺术风情"特效

步骤 ② 再次点击"艺术风情"素材，选择相应的照片并打开，如图 5-39 所示。

步骤 ③ 打开照片后，自动进入特效处理界面，应用"艺术风情"特效素材，如图 5-40 所示。

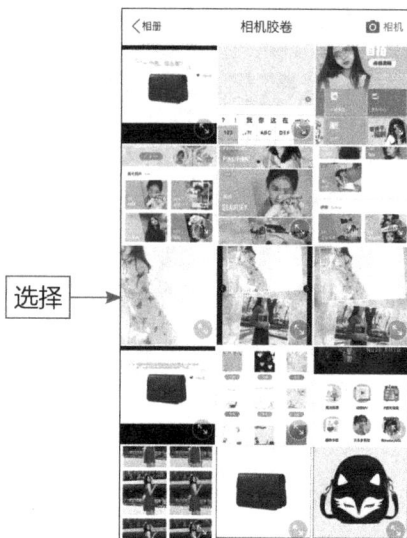

▲ 图 5-39　选择照片

▲ 图 5-40　自动应用"艺术风情"特效素材

步骤 4 保存修改后，最终效果如图 5-41 所示。

▲ 图 5-41　照片效果

059　产品抠图：打造令人惊叹的视觉效果

在拍摄产品的过程中，有的时候产品背景比较复杂，场面看起来很凌乱，不够精致漂亮。这时，我们可以利用手机的抠图功能将产品从图中剥离出来，配上比较干净、合适的背景图片。

抠图就是利用各种工具将所需的主体从图片或素材中选取出来。抠图的方法非常多，不同的素材用到的抠图方法也不一样。其中，"天天 P 图" APP 具有"魔法抠图"功能，对于喜欢用手机修图的用户来说特别实用。

💡 温馨提示

"魔法抠图"主要是利用涂抹工具和橡皮工具来抠取背景较为复杂、发丝不算太长的人物图片，方法也比较简单，包括场景、3D 和艺术等不同的背景样式；也可以使用自定义的背景来替换。

下面介绍使用"天天 P 图" APP 制作场景抠图效果的操作方法。

步骤 ① 在"天天 P 图" APP 主界面点击"魔法抠图"按钮，如图 5-42 所示。

步骤 ② 默认进入"艺术"界面，选择合适的艺术模板，如图 5-43 所示。

▲ 图 5-42　点击"魔法抠图"按钮

▲ 图 5-43　选择艺术模板

步骤 ③ 选择要抠图的照片，并确认裁剪区域，点击确认按钮"✓"，如图 5-44 所示。

步骤 ④ 使用涂抹工具涂抹要抠图的区域，并使用橡皮工具擦除多余的部分，确认抠图区域，如图 5-45 所示。

步骤 ⑤ 在手机中选择一个背景图片，将产品抠图置入自定义背景模板中，如图 5-46 所示。

步骤 ⑥ 适当调整抠图部分的大小和位置，效果如图 5-47 所示。

▲ 图 5-44　确认裁剪区域

▲ 图 5-45　确认抠图区域

▲ 图 5-46　置入场景素材

▲ 图 5-47　合成图像效果

060　海报效果：一秒打造视觉大片

　　"海报工厂"的主要风格包括清新、时尚、简约，它引领了照片新玩法，重新定义了拼图方式。前面也介绍过"美图秀秀"的海报拼图功能，但如果你比较喜欢或者经常进行拼图操作，那么笔者推荐你另外安装一个"海报工厂"APP，因为它能够提供更多的海报素材，而且风格也非常多，制作的效果也更漂亮。

下面介绍制作清新风格海报的操作方法。

步骤 ① 在"海报工厂"APP 主界面点击"开始制作"按钮，如图 5-48 所示。

步骤 ② 执行操作后，进入"相机胶卷"界面选择相应的多张照片，点击"开始制作"按钮，如图 5-49 所示。

▲ 图 5-48　点击"开始制作"按钮

▲ 图 5-49　"相机胶卷"界面

步骤 ③ 执行上述操作后，即可自动应用清新风格的海报拼图处理，效果如图 5-50 所示。

步骤 ④ 拖动其中的照片，可以调换它们的位置，如图 5-51 所示。

▲ 图 5-50　制作海报效果

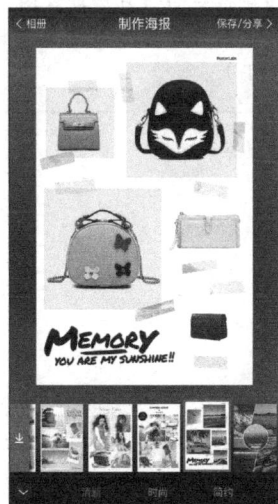

▲ 图 5-51　调整位置

步骤 ⑤ 点击下方的海报模板缩略图，可以快速切换海报效果，同时改变照片的色彩色调、文字排版等样式，效果如图 5-52 所示。

▲ 图 5-52　应用其他清新风格的海报效果

💡 **温馨提示**

　　如果想用手机快速拍出大片，推荐看一下人民邮电出版社出版的这两本书：《手机摄影大师炼成术》（侧重手机摄影功能挖掘）、《手机摄影高手真经》（侧重手机摄影技巧）。

　　如果想全面学习后期修图，可以看看这一本手机摄影修图 APP 大全——《手机摄影：不修片你也敢晒朋友圈？！》（书中讲了 30 多款应用最为热门火爆的修图 APP）。

第 6 章

视频营销:
动态的产品包装

学前提示

在营销过程中,商户们必须意识到,动态营销比静态营销更能吸引人们的关注,视频动画等生动的介绍往往比文字更吸引人的眼球。本章将介绍多种视频营销的方法与注意事项。

要点展示

061 微信小视频：怎么拍产品都有范儿

一般商户在进行朋友圈营销时都会用到"图片＋文案"的组合方式来对产品进行介绍。除了文案和图片，微信朋友圈中小视频的拍摄也可以对产品起到一定的营销作用。

一个报纸上刊登的广告和电视上有图像有声音的广告比起来，哪个更能吸引用户呢？自然是视频广告类。现代广告业中的这一现象同样反映在朋友圈的广告营销里。在朋友圈营销中，小视频所具有的营销潜力有时甚至能够超过图片。

为什么说视频的营销潜力能够超过图片呢？

首先如我们所知，图片是可以后期精修的，很多时候，精修出来的图片会失去一定的真实性，可是视频下的产品几乎可以让人摆脱这种疑虑。

其次，视频可以更加直观地告诉客户某种产品的具体用法和用途，不需要买家拿着说明书花时间进行对比和研究再得出结论。

那么在朋友圈中如何放置小视频呢？下面介绍详细步骤。

步骤 ① 进入"朋友圈"界面，点击右上角的"📷"图标，如图 6-1 所示。

步骤 ② 点击后下方会弹出一个列表框，点击"拍摄"按钮，如图 6-2 所示。

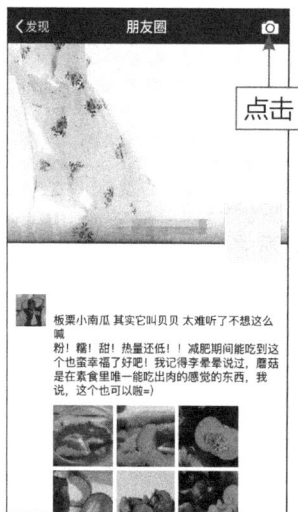

▲ 图 6-1 点击右上角的"📷"图标

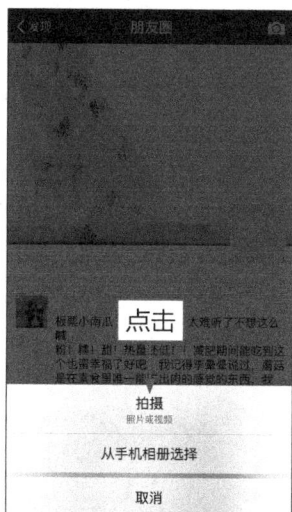

▲ 图 6-2 点击"拍摄"按钮

步骤 ③ 进入"拍摄"界面，长按下方的"📷"图标就可以进行视频的拍摄了，如图 6-3 所示。

步骤 ④ 进入编辑界面，下方有编辑视频、加入表情、加入文字、剪辑视频的功能，如图 6-4 所示。

▲ 图 6-3 长按下方的"🔘"图标

▲ 图 6-4 编辑界面示意图

除了可以直接拍摄以外，还可以从手机相册里面选择已经拍摄好的视频，只是过长的视频需要进行剪辑，因为放在朋友圈中的视频不能超过 10 秒。

用微视频的拍摄方式进行产品宣传的前提，是学会如何拍好一个小视频。

拍摄小视频需要注意如图 6-5 所示的几个方面。

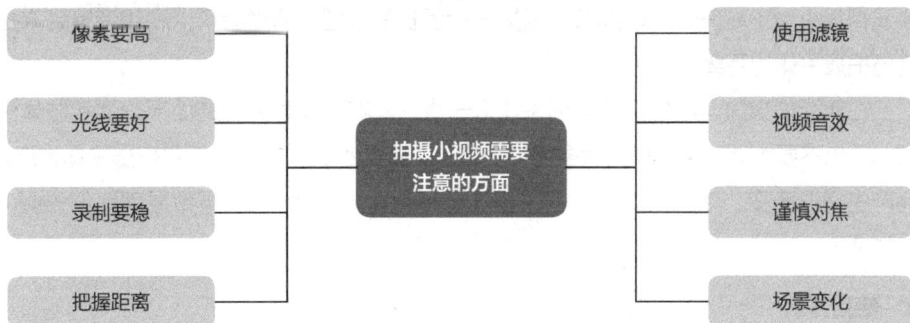

▲ 图 6-5 拍摄小视频需要注意的方面

1. 像素要高

要录制一段好的视频，高手机像素是最基本的要求，成像质量有 50% 取决于手机像素。现在不少手机在摄像方面是可以选择分辨率、画质等级和格式的，用户们在拍摄视频时，应该尽量选择高分辨率、高画质和易于编辑的格式，以保证最好的品质。

2．光线要好

手机摄像头尺寸很小，所以感光元件所能感应的光线相对较少，感光能力有限。因此在光线不足的环境中拍摄时，相机会自动调高 ISO 感光度，来提高感光能力。

但是，提高 ISO 会导致噪点明显增加，影响画质。如果手机摄像头有主动降噪功能，虽然噪点会得到一定的控制，但是画面会变得模糊，同时色彩方面也会损失严重。因此，摄像者需要仔细观察拍摄环境，避免暗光、逆光等光影，同时可以利用录像白平衡模式来保证画质。

3．录制要稳

大多数手机摄像头是在机身的背部，镜头的视角是垂直于机身的，因此轻微的晃动也会引起视角比较大的变化，造成场景晃动得比较厉害。所以在拍摄时，一定要求稳，最好用双手同时稳住机身两端，手臂均匀用力。不少手机还有防抖功能，摄像者可以开启该功能。

还要注意，应尽量避免走动。走动时，晃动会更厉害。如果条件允许，最好能把手机放在稳固的物体上或是选购一款三脚架，以保证最佳的稳定性。

4．把握距离

大多数人在拍摄时，都会习惯性地离拍摄主体较远。其实这种习惯是不妥的。不要离拍摄主体太远，因为手机视频分辨率有限，场景比较小，如果间隔太远，主体就会显得很小，不能充分展示细节。根据一般手机的设置，摄影者可以利用音量键来拉近与拍摄主体的距离。

在实际拍摄时，还是要适当离主体近一点，尤其要注意人物的面部表情和肢体语言。但也不要太近，手机镜头大多是广角设计，焦距都比较短，如果离拍摄主体太近，会产生桶形畸变，就是俗称的"鱼眼"效果，类似于哈哈镜，会导致局部比例失调，人物变形。

5．使用滤镜

一般手机都带有默认滤镜，在录视频时同样可以使用。如果摄像者想要追求不一样的拍摄效果，可以在拍摄设置中选择滤镜类型。

6．视频音效

视频的另一个重要因素就是声音，目前很多手机都号称具有立体环绕声，不过真正具有如此强大功能的手机并不多。通过网上很多网友拍摄的视频也可以看出，如果环境复杂，手机拍摄视频的声音会很嘈杂。因此，如果想要使拍摄效果更完美，应尽量选择比较安静的地方进行拍摄。

7. 谨慎对焦

由于手机摄像头的对焦效果并不如摄像机的手动对焦效果好，所以假如在拍摄视频的过程中重新选择对焦点时，会有一个画面由模糊到清晰的缓慢过程，这一步很容易影响观看者的注意力。所以如果不是刻意为之，在按下摄像键之前，最好关掉自动追焦的功能。可以先找好对焦点，避免在拍摄的过程中再次对焦，以保证画面的流畅。

8. 场景变化

拍摄视频时，往往需要跟着拍摄主体移动。除非做后期处理，否则不可能像电影里那样一瞬间切换场景。

因此，在拍摄视频时要做到完美的"过渡"。在需要调整镜头方向时，不要忽快忽慢，要尽量保持一样的速度，忽快忽慢的镜头移动会让人感到眩晕。

总而言之，我们在拍摄微信小视频来推销产品时，一定要记得将小视频拍摄得清晰大方，只有这样，买家们才能够知道营销的内容。

062　直接套用：内容不同的小视频模板

如果不太懂后期制作且没有专业的相机工具，自己拍摄的视频可能不够精美大方。而在营销过程中，任何广告类内容的发布都是为了吸引微信好友的注意，以此来增加商品的销量。所以我们必须想办法让自己制作出来的视频更加吸引人们的眼球。

想要拍摄视频广告的用户可以选择去网上寻找小视频模板，直接将模板套用在产品上，当然，必须要选择适合产品特质的模板，这样制作出来的视频比较精致，也更加引人注目。

下面以几个模板为例进行说明。

如图 6-6 所示，这张图是关于高科技产品的视频模板。商户的销售产品如果是手机、电脑、平板设备等电子产品，这个模板就可以起到作用，而且单从界面来看，相对来说还是比较高端的。

如图 6-7 所示，这个模板可以用于儿童产品的广告，比如儿童服饰、儿童玩具甚至是儿童乐园等，因为它充满了童趣与愉悦的气氛。

当然，一般在网上找的免费模板可能不够好看或是制作不够精细，或者模板上面有制作视频的用户的水印。

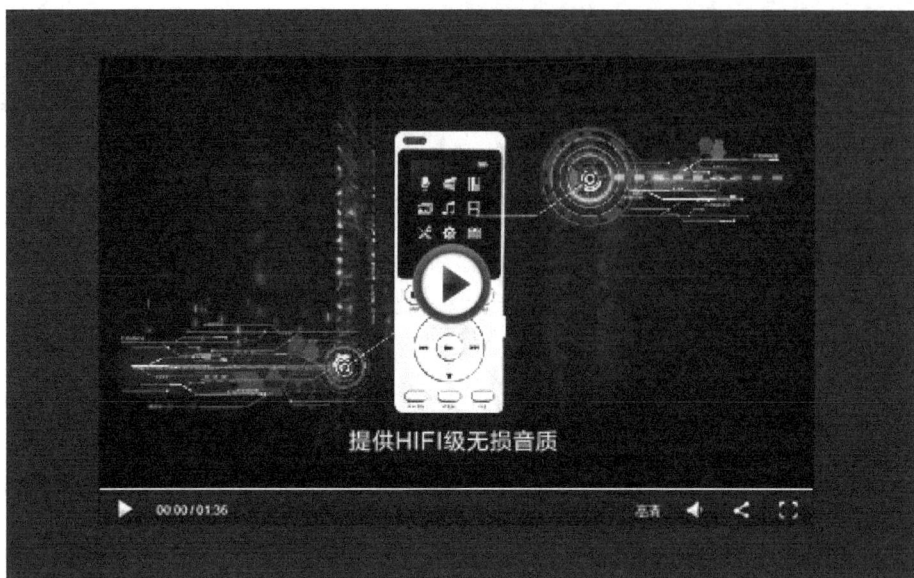

▲ 图 6-6　关于高科技产品的视频模板

▲ 图 6-7　适合儿童产品的视频模板

　　这时商户们最好去网上寻找一些制作微信小视频模板的商家，一般淘宝等平台都会有。

　　让专业人士来帮忙制作更加完美的模板，这样才能做出优质的视频。

063　剪裁小视频：完善小视频的拍摄画面

　　在微信朋友圈发营销产品的视频时，除了可以直接录制以外，还可以选择手机中
已经录制并制作好的视频传送到朋友圈里。

　　上传朋友圈的视频数据的大小必须控制在 1 兆字节以下，视频的时长一般是在 10
秒以内。这就意味着太长的视频需要后期裁剪，留下比较重要的部分。

　　裁剪可以在微信界面或是各种视频软件中进行。下面介绍一下直接用微信进行视
频剪辑的方式。

步骤 ① 进入"朋友圈"界面，点击右上角的"🖸"图标，会弹出列表框，点击"从
　　　　手机相册选择"按钮，如图 6-8 所示。

步骤 ② 进入相册界面后，选择需要裁剪的视频，下方会出现一行小字："朋友圈
　　　　只能分享 10 秒内的视频，需进行编辑"，点击右下角的"编辑"按钮，如
　　　　图 6-9 所示。

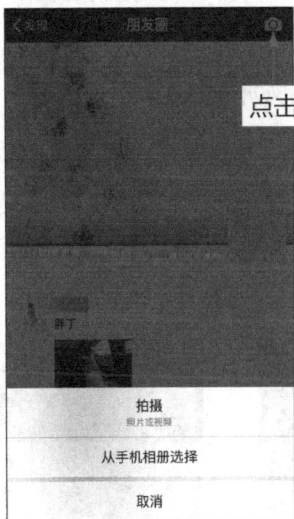

▲ 图 6-8　点击右上角的"🖸"图标　　　▲ 图 6-9　点击右下角的"编辑"按钮

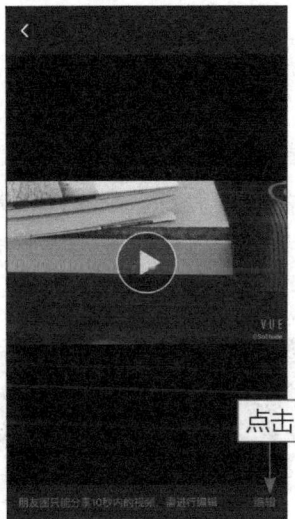

步骤 ③ 进入"编辑"界面，将需要展现给微信好友看的段落放入白色裁剪框内，
　　　　并点击右下角的"完成"按钮，如图 6-10 所示。白色裁剪框默认长度为 10
　　　　秒，可以拉动边框缩短时间。

步骤 ④ 裁剪完毕之后发送视频，如图 6-11 所示。

　　当然，裁剪视频在很多视频软件中也可以实现，过程与用微信裁剪相差无几，处
理完毕之后再分享至朋友圈就可以了。

▲ 图 6-10　点击右下角的"完成"按钮

▲ 图 6-11　视频示意图

064　多种效果：使用 Vue 制作视频特效

在营销过程中所拍摄的小视频，是为了广告而用，太过粗糙和随意的内容不会有人愿意点开看，所以，商家应该使用一些好用的视频软件来制作吸引人眼球的特效。

使用软件 Vue 可以拍摄出十分漂亮精致的镜头。它可以往视频中加入各色滤镜，如图 6-12 所示。

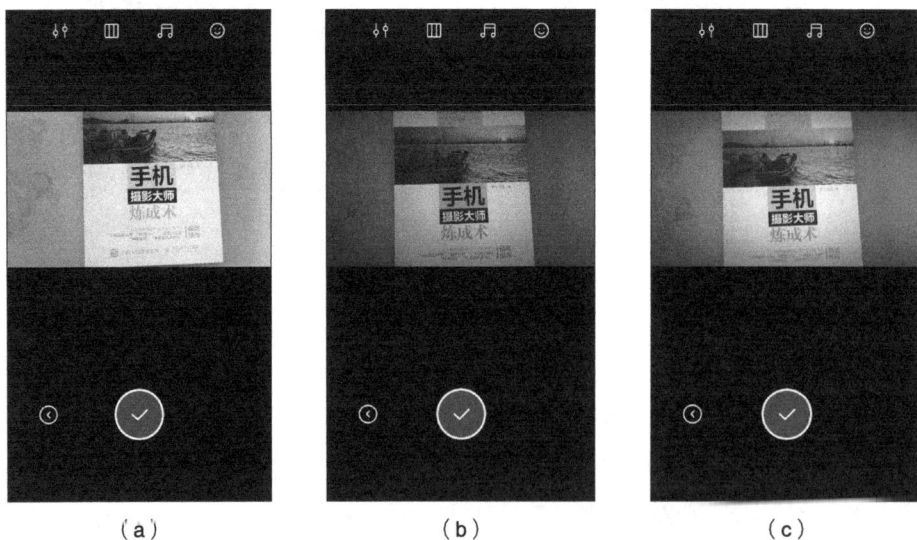

（a）

（b）

（c）

▲ 图 6-12　Vue 的几种基本滤镜模式（1）

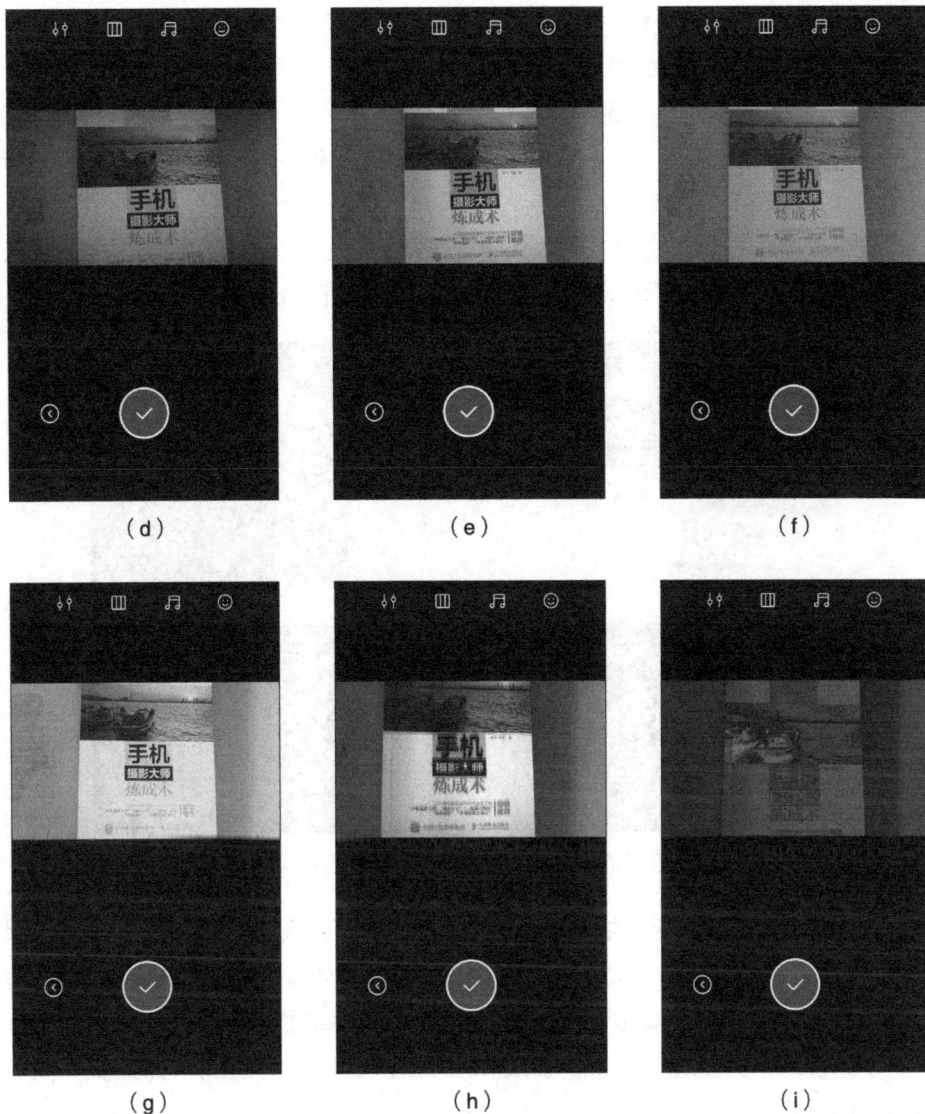

▲ 图 6-12　Vue 的几种基本滤镜模式（2）

　　除了滤镜的选择以外，Vue 的功能还有分镜头拍摄、加入音乐、调节视频画面、选择镜头切换模式、调整镜头记录速度等。拍摄好的视频可以传送至微信朋友圈。

　　要想将产品视频拍摄得高端大气，可以选择使用这个软件进行编辑。接下来介绍这个软件的基本功能，特别是视频特效功能。

　　进入软件后就能看到拍摄小视频的界面，上方的"🖼"图标可以调节以选择不同的滤镜，如图 6-13 所示；或者滑动屏幕也可以变换滤镜。

视频可以选择时长（秒）和分段数，点击右下方"视频设置"的任务框，可以调节镜头尺寸、视频时长和分镜头次数。

视频长度可以录制 6 ~ 60 秒，一般系统默认时长是 10 秒。由于微信朋友圈只能上传 10 秒以内的小视频，而视频太短通常不能传达足够多的内容，因此笔者还是推荐选择 10 秒长度的小视频。

在视频界面中点击上方的"▤"图标，在弹出的任务框中可以设置镜头速度和开启美肤模式，如图 6-14 所示。快动作和慢动作都可以拍摄出有意思的镜头。

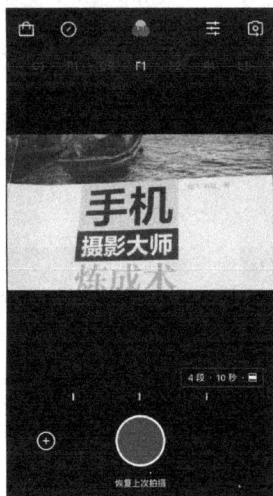

▲ 图 6-13　"■"图标的功能　　　▲ 图 6-14　"▤"图标的功能

比如慢镜头可以将雨滴的坠落过程拍得清清楚楚，那么这个想法就可以运用于尿不湿的广告，拍摄水被尿不湿吸进去的全过程，让人们感受到它强大的吸水性能。快镜头在拍摄滑板、单车等需要快速度的广告时则可以发挥它的作用。

美肤模式对于需要真人出场的视频来说是必不可少的，特别在产品内容是护肤类商品的情况下。

在进入"视频编辑"界面之后，也有很多可以调节画面的功能键，如图6-15所示。在顶端有一些按钮，第一个图标"▨"可以进行画面参数的精确调整，比如画面亮度、对比度、饱和度、色温、暗角、锐度等，如图6-16所示。

第二个图标"▥"可以调整视频的分段内容，如图6-17所示。因为利用 Vue 软件可以分段拍摄视频，为了使每个小视频之间的过渡更自然，最好打开"过渡"的开关，系统会给过渡段落叠黑，当然也可以调整镜头的排序。

除了过渡，这个按钮同样也能使数码变焦，简而言之就是可以通过这个软件拉远或拉近镜头。当用户们想将镜头拍得尽量磅礴大气的时候——当然，这和产品本身还是有一定关联的，比如比较高端的产品——就可以用到这种镜头模式。

在拍摄过程中，除了画面可能还需要一些串场的台词，所以字幕也是必不可少的。在这个界面的最下面有个"▣"图标，可以往视频中加入文字。在这个设置里，我们可以选择字体和字幕的位置。

第三个图标"♫"可以选择音乐加入视频中。安卓系统除了软件自带的音乐，还可以选择本地的音乐；iOS 系统除了自带的音乐，其他只能导入 iTunes 的音乐，如图 6-18 所示。

▲ 图 6-15　调节画面的功能键

▲ 图 6-16　图标"♦♦"的功能

▲ 图 6-17　图标"▥"的功能

▲ 图 6-18　图标"♫"的功能

最后一个图标"⊚"，通过它可以在视频中加入可爱的小贴图或是一些说明类的文字，如图 6-19 所示。

▲ 图 6-19 图标"⊚"的功能

💡 温馨提示

　　还有许多编辑小视频的 APP，不仅可以美化拍摄视频，还可以进行视频长度的修剪，添加滤镜特效、背景音乐、字幕效果等。这里推荐几款常见的：美拍、小影、优拍、秒拍、美摄、快秀、乐秀、巧影、爱剪辑、imovie 等。

065　添加水印：为小视频添加标签，防止盗用

Vue 除了含有基本的视频编辑功能，还可以往视频里添加水印。给自己的视频取上一个好记又能起到宣传作用的水印名字也是营销中不可或缺的一步，可以给客户树立一种品牌印象，这也算是品牌效应。

当然，除此之外最重要的是，加水印还能防止自己辛辛苦苦做的视频被别人盗用或是二次转载到其他平台上。

有营销思维的商户还会在水印里附上自己的微信号，在视频不停地被转载的过程中，如果有人喜欢这个视频，就可以方便地互相添加好友。总之，聪明的商人会想尽一切办法吸引粉丝。

下面详细介绍用 Vue 软件设置水印的方法。

步骤 ① 进入视频录制界面，点击上方的"▤"图标，如图 6-20 所示。

步骤 ② 在弹出的列表框中点击"设置"按钮，如图 6-21 所示。

▲ 图 6-20 点击上方的"▤"图标

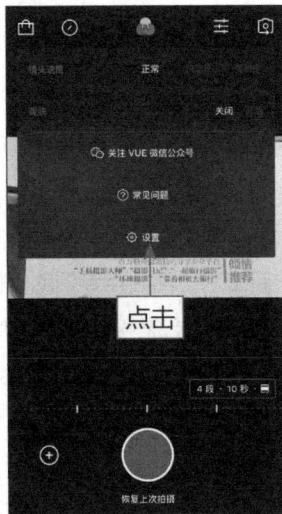

▲ 图 6-21 点击"设置"按钮

步骤 ③ 进入"设置"界面，点击"水印"按钮，如图 6-22 所示。

步骤 ④ 进入"水印"界面，在"你的名字"框中输入想要显示在水印上的信息，如图 6-23 所示。

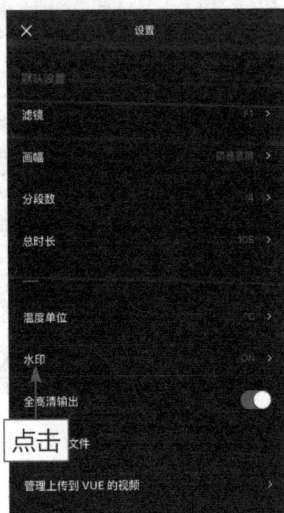

▲ 图 6-22 点击"水印"按钮

▲ 图 6-23 输入想要显示在水印上的信息

除了默认模板以外，还可以进入商城选择其他模式的水印，都是比较简约大气的风格。在视频上加上大方漂亮又不影响观看还能证明身份的水印，能起到吸引粉丝、增加销量的作用，何乐而不为呢？

066 修改声音：重新为产品小视频配音

商户们在视频录制结束之后，会发现由于手机没有专业的拾音设备，所以后期音源比较嘈杂，录进了很多杂音。而这样粗制滥造的视频是绝对没有办法吸引客户眼球的。

因此，要想制作出一个比较完美的视频广告，最好在音源方面重新下功夫，比如可以后期重新配音，然后用专门的软件将音源与视频整合起来。

视频要消除掉原来的声音并重新配音，这么精细的效果手机软件是实现不了的。在这种情况下，我们可以选择使用电脑软件来进行处理。

一般的视频剪辑软件都能进行这种处理。接下来介绍一款十分常用的视频制作软件——"会声会影"。

在"会声会影"X10中，用户不仅可以从硬盘或光盘中获取音频，还可以使用"会声会影"软件录制音频。

下面介绍从"会声会影"中录制音频的操作方法。

步骤 ① 进入"会声会影"编辑器，在视频轨中插入一段视频，如图 6-24 所示。

▲ 图 6-24　插入视频

步骤 ② 在时间轴面板的上方点击"录制/捕获选项"按钮，弹出"录制/捕获选项"对话框，点击"画外音"按钮，如图 6-25 所示。

步骤 ③ 弹出"调整音量"对话框，点击"开始"按钮，如图 6-26 所示。

步骤 4 执行上述操作后，开始录音。录制完成后，按"Esc"键停止录制，录制的
音频即可添加至声音轨，如图 6-27 所示。

💡 **温馨提示**

"会声会影"X10 除了支持 mpa 格式的音频文件外，还支持 wma、wav 以及
mp3 等格式的音频文件。

▲ 图 6-25 点击"画外音"按钮

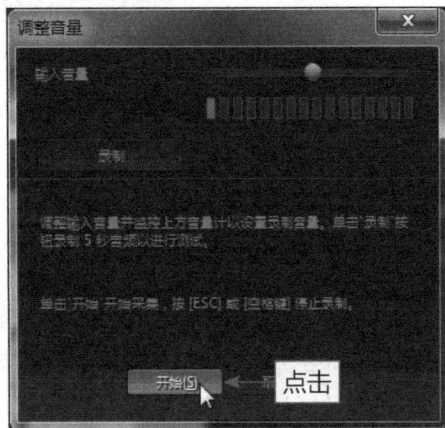

▲ 图 6-26 点击"开始"按钮

▲ 图 6-27 添加至声音轨

💡 **温馨提示**

"会声会影"是处理小视频非常方便快捷的软件。笔者再推荐一本好书：《会
声会影 X9 DV 影版制作、编辑、刻盘实战从入门到精通》（人民邮电出版社），
根据需要去学，很快就能学会添加字幕、背景音乐等特效。

067 添加背景音乐：打造高大上的广告背景

有时，商户们拍完一个营销广告的小视频后发现背景杂音太多，但确实也没有什么其他的话可以当作旁白，这个时候，往视频里面加入音乐是最好的选择。往广告中加入背景音乐有什么好处呢？如图 6-28 所示。

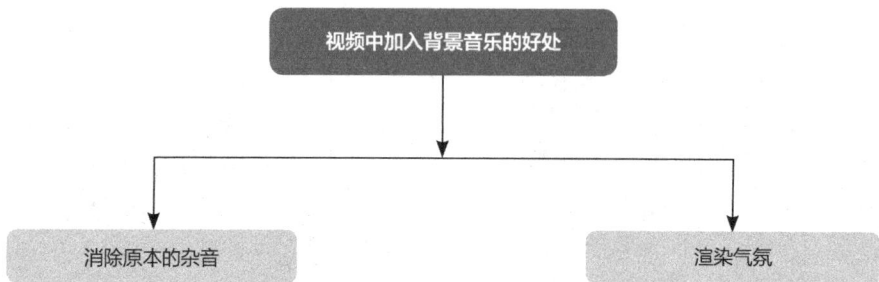

▲ 图 6-28 视频中加入背景音乐的好处

要给视频添加背景音乐，手机和电脑都可以完成这一操作。首先介绍用手机软件添加背景音乐的方法，当然，用到的软件还是 Vue。

步骤 ① 拍摄一段视频之后进入编辑界面，点击上排的"🎵"图标，如图 6-29 所示。

步骤 ② 进入"音乐"界面后，点击"舒缓"按钮，如图 6-30 所示。当然，用户也可自由选择 iTunes 里面的音乐。

▲ 图 6-29 点击上排的"🎵"图标

▲ 图 6-30 点击"舒缓"按钮

步骤 ③ 选择一首合适的音乐并点击下载，如图 6-31 所示。

步骤 ④ 进入"编辑音乐"界面，如图 6-32 所示。用户可以选择音乐选段，也可以通过最下方的音量平衡来调节背景音乐与本身拍摄时音频之间的大小关系。

▲ 图 6-31　选择音乐并下载

▲ 图 6-32　"编辑音乐"界面

接下来介绍用电脑上的软件"会声会影"制作背景音乐的步骤。

"会声会影"X10 提供了向影片中加入背景音乐和声音的简单方法,用户可以将自己的音频文件添加到素材库,以便以后能够快速调用。这里主要介绍 4 种添加音频素材的技巧的操作方法。

添加素材库中的音频是最常用的添加音频素材的方法,"会声会影"X10 提供了多种不同类型的音频素材,用户可以根据需要从素材库中选择。下面介绍从素材库中添加现有音频的操作方法。

步骤 ① 进入"会声会影"编辑器,在视频轨中插入一段视频素材,如图 6-33 所示。

▲ 图 6-33　插入视频素材

💡 温馨提示

在"会声会影"X10 的"媒体"素材库中，显示素材库中的音频素材后，点击"导入媒体文件"按钮，在弹出的"浏览媒体文件"对话框中选择需要的音频文件，点击"打开"按钮，即可将需要的音频素材添加至"媒体"素材库。

步骤 ❷ 在"媒体"素材库中点击"显示音频文件"按钮，会显示素材库中的音频素材，选择"背景音乐"音频素材，如图 6-34 所示。

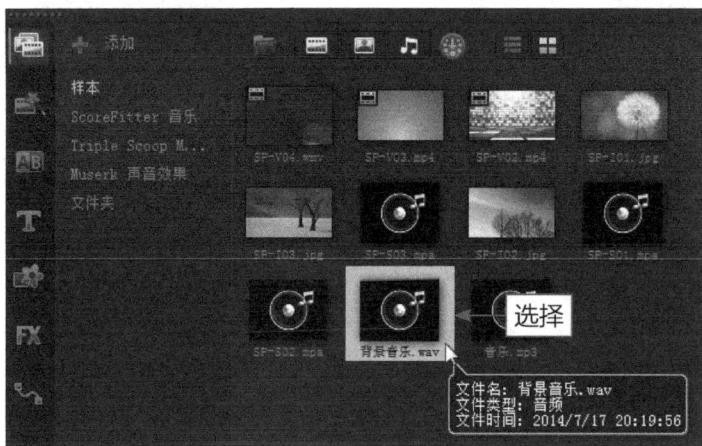

▲ 图 6-34　选择音频素材

步骤 ❸ 按住鼠标左键将音频素材拖曳至声音轨中的适当位置，如图 6-35 所示，点击"播放"按钮，可以试听音频效果。

▲ 图 6-35　添加音频素材

068 添加表情：使用 Philm 处理视频

　　Philm 是一款十分炫酷的 APP，它有着丰富的滤镜和贴图素材。比起 Vue 的清新风格，Philm 更加贴近现在的潮流走向，更符合年轻人的审美与喜好。当商户们所销售的商品比较符合年轻人的特质时，可以选择这款软件来进行小视频的拍摄，吸引客户的注意。这款软件的滤镜功能十分丰富，而它最神奇的地方还不在于滤镜，而是表情贴图。可以添加表情贴图的软件有那么多，Philm 凭什么能够脱颖而出呢？这是因为这款软件有一个"跟踪"位置的功能。

　　下面详细介绍一下贴图的用法。

步骤 ① 进入视频编辑界面，点击下方任务栏中的"⊙"图标，如图 6-36 所示。

步骤 ② 进入"贴图"界面，选择需要的贴图，如图 6-37 所示。

▲ 图 6-36　点击下方任务栏中的"⊙"图标

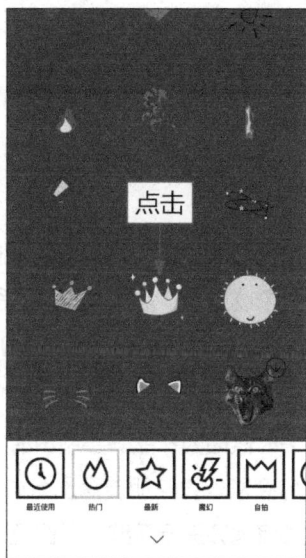

▲ 图 6-37　选择需要的贴图

步骤 ③ 将所选的贴图放在需要放置的位置，如图 6-38 所示。

步骤 ④ 点击贴图框右上角的"⚲"图标，可以选择要不要跟踪位置，如图 6-39 所示。开启之后贴图会自动定位所在位置并一直固定在它被定位的地方，不会跟着镜头移动；如果关闭，贴图则会跟着镜头移动。

　　软件会自动识别需要用贴图贴住的地方，因此视频在不断运动中也不会丢失目标。

　　比如有商户想拍摄一个产品教学小视频，需要真人出镜。可是当时刚好没有模特，商户本人又不太想曝光自己的长相，这时就可以使用这个软件，选择一个贴图贴在脸上。这样，不管商户本人如何在镜头中移动，他的脸都不会被暴露出来。

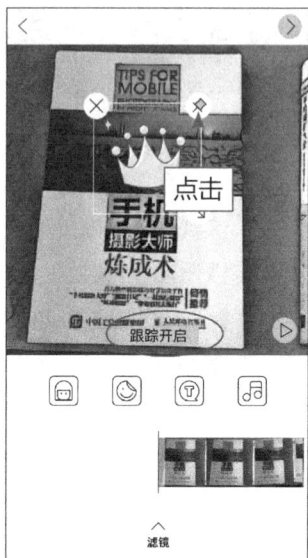

▲ 图 6-38　将所选的贴图放在需要放置的位置　　▲ 图 6-39　点击贴图框右上角的"💠"图标

除了能够起到保护隐私的作用之外，贴图本身的形象也非常有意思，让人看着忍不住捧腹大笑。

有趣的东西往往会更加吸引人的关注。所以作为一个营销人士，自然要努力打造有趣的形象或效果，这样才能给人留下深刻的印象。

069　压缩小视频：减少小视频的发送容量

很多时候因为产品需要展示的内容较多，商户们拍摄的小视频很容易超过 10 秒，这时我们会发现微信朋友圈没有办法上传了，因为视频太大了。对此，我们可以利用压缩软件将视频进行压缩，以保证它能顺利上传至朋友圈。

视频压缩可以选择手机或者电脑。一般来说，电脑压出来的视频清晰度会比手机高得多，但手机相对来说比较方便，不会有那么大的软件负担，两者各有利弊。但是有一点需要注意，无论是手机还是电脑，压缩后的视频和音频的清晰度都会有一定的损失。

接下来介绍一款电脑压缩软件，叫作"丸子压缩"。当我们想在小视频里添加水印且视频时间有些长的话，手机压缩很难压到很小，并且清晰度也十分低，这时候可以借助"丸子压缩"。

下面介绍"丸子压缩"的详细用法。

步骤 ❶ 压缩之前先将视频的宽度和长度比设置为 240×160，如图 6-40 所示。

步骤 2 首页有"点我设置音频参数"8个蓝字，点击进入，把码率改成30，如图6-41
所示。

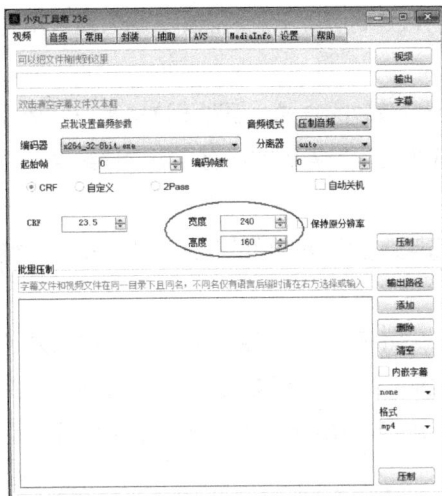

▲ 图 6-40 设置视频的宽度和长度比

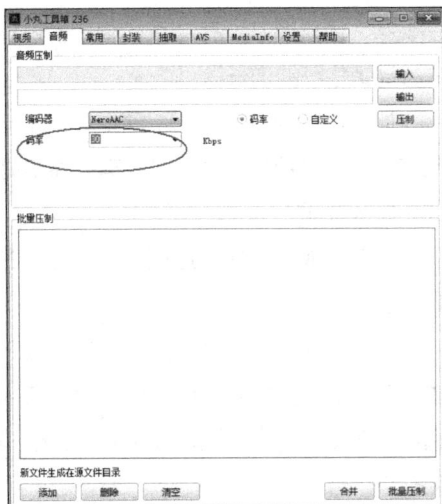

▲ 图 6-41 设置码率

步骤 3 点回首页，将需要压缩的视频拉进软件并点击"压制"按钮，如图6-42
所示。

步骤 4 经过以上步骤，压缩后的视频内存就会小于1兆，如图6-43所示。

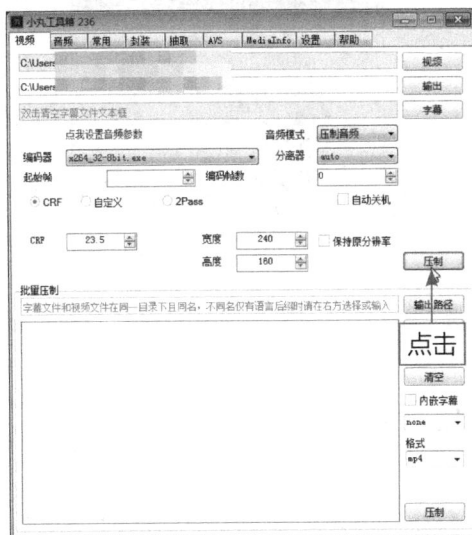

▲ 图 6-42 点击"压制"按钮

▲ 图 6-43 压缩后的效果

070 转发小视频：提高产品的宣传力度

前几节都在详细讲述如何拍摄和制作广告小视频，但我们必须意识到，学会制作小视频之后事情并没有结束，商户们还要将它有效地应用于营销当中，想方设法用它去拉动销售额的增长。

把广告视频发布在朋友圈中看似是一种十分有效的方式，但对于这些商户们精心制作的广告营销小视频，可能有些微信好友压根儿没有看到或没有点进去仔细看，对此该怎么办呢？

毕竟完成整个视频是花了很多心血的，而且广告存在的目的就是让别人看到并被影响。

从营销的角度来看，为了保证视频万无一失地被所有微信好友看到，同时也为了提高产品的宣传力度，商户们不仅要将视频发送到微信朋友圈，还可以选择将这个视频广告直接通过朋友圈转发给众位微信好友，点名道姓地精确到个人，让他们仔细看完整个广告。

那么，如何将朋友圈的小视频发送给众多微信用户呢？接下来详细介绍转发小视频的步骤。

步骤 ❶ 打开一条带有视频的朋友圈，如图 6-44 所示。

步骤 ❷ 长按视频，会弹出一个列表框，点击"收藏"按钮，如图 6-45 所示。

▲ 图 6-44　打开一条带有视频的朋友圈

▲ 图 6-45　点击"收藏"按钮

步骤 ❸ 退出朋友圈，进入"我"界面，点击"收藏"按钮，如图 6-46 所示。

步骤 4 进入"收藏"界面,找到收藏的微视频,如图 6-47 所示。

▲ 图 6-46　点击"收藏"按钮

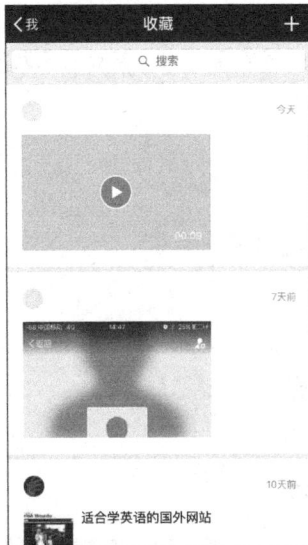

▲ 图 6-47　找到收藏的微视频

步骤 5 长按微视频,弹出列表框,点击"转发"按钮,如图 6-48 所示。

步骤 6 进入"选择联系人"界面,选择需要发送微视频的目标好友,点击"确定"按钮,如图 6-49 所示。

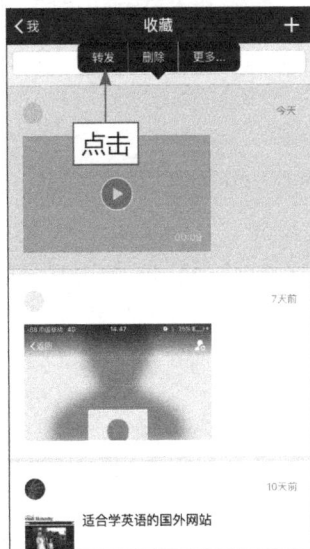

▲ 图 6-48　点击"转发"按钮

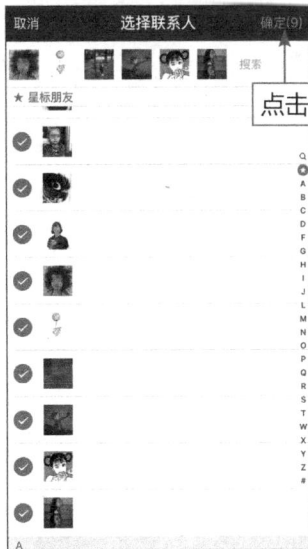

▲ 图 6-49　点击"确定"按钮

💡 温馨提示

　　在电脑里编辑加工好的小视频，可以登录微信电脑版，利用"文件传输助手"发送并保存至手机，然后发送到朋友圈，如图6-50所示。

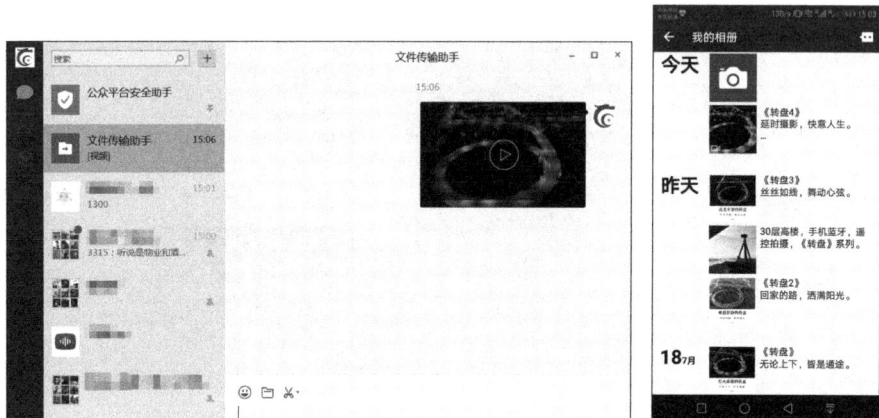

▲ 图6-50　将编辑好的视频通过电脑发送到手机，然后发送至朋友圈

第7章

广告营销：
完美的多样化呈现

发朋友圈的广告，其实有很多种不同的形式。做朋友圈营销的商户应该去了解与总结这些信息内容，然后选择合适的广告方式，这有利于品牌未来的发展与定位。这一章会介绍多种朋友圈广告发布方式，并归纳其优缺点与重点，为商家选择广告定位提供理论性指导。

要点展示

071 短图文式：常见的朋友圈广告形式

在现代社会，微信几乎成了我们生活中不可缺少的一部分。同样，作为微信附属工具的朋友圈也日益重要。

随着朋友圈的不断普及，各种广告纷至沓来，成了我们生活中习以为常的一部分，如图 7-1 所示。

▲ 图 7-1 朋友圈广告已成为生活的一部分

在朋友圈营销中，有很多种不同的广告形式，有难有简，甚至还有价格上的区别。很明显，一分钱一分货，那些成本较高的广告，往往传播面会更大，影响到的人群更多，广告本身的形式也比较高端，版面高雅大气，如图 7-2 所示，往往能够给顾客树立一个相对高品质的品牌印象。

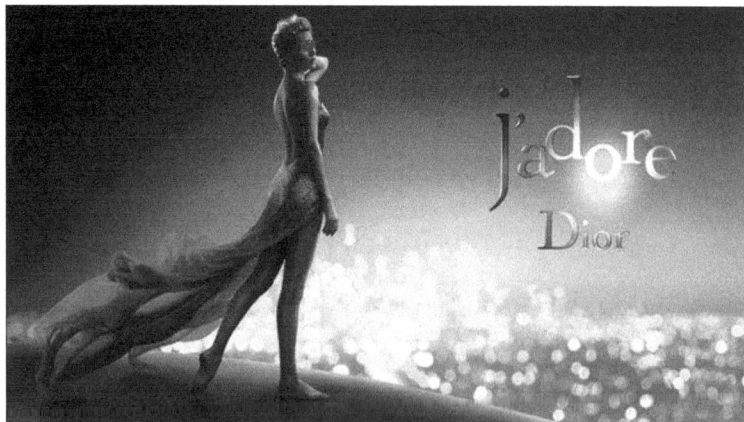

▲ 图 7-2 高雅大气的广告

这一章专门介绍在朋友圈营销中可以采用的广告形式，讲述的方式是从简到繁。首先，让我们一起来看看最简单的广告方式——图文式。这一广告形式也是我们最常见的形式。

那么哪些品牌适合图文式的广告呢？如图 7-3 所示。

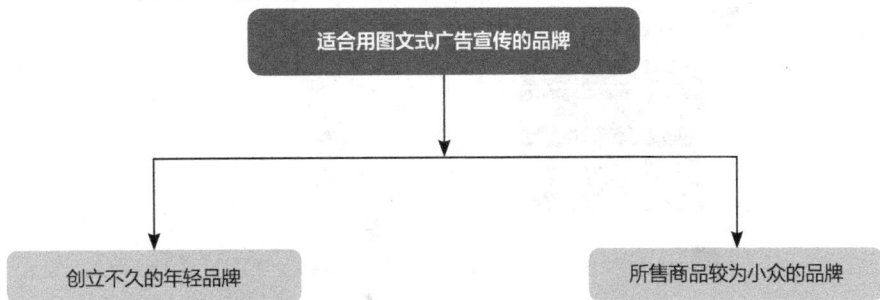

▲ 图 7-3　适合用图文式广告宣传的品牌

下面详细介绍这两种品牌的图文式广告形式。

1. 创立不久的年轻品牌

简单便宜的广告也并非一文不值，它的成本比较低，不需要付出太多的金钱，操作形式简单，适合不太懂得电子设备和电子软件的人使用。更重要的是，在一个品牌的初始阶段，相对基础的广告其实更为重要。"心急吃不了热豆腐"，在企业没有稳扎稳打的阶段，商户们最好还是从"一对一"的贴心服务开始做起，在朋友圈使用最简单却又最贴近用户的广告形式，如图 7-4 所示。

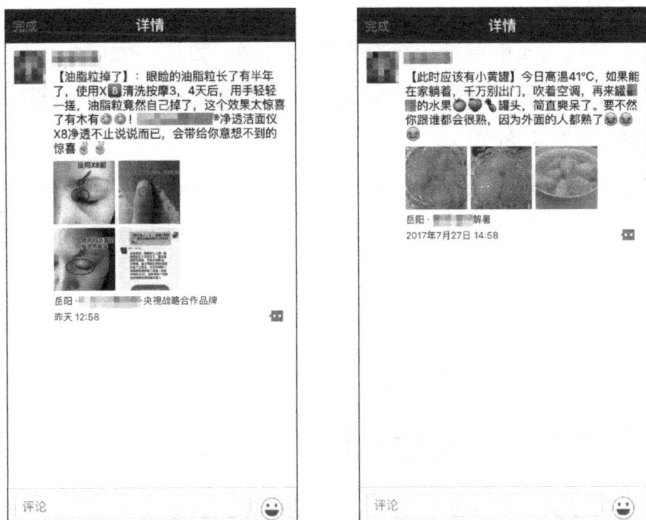

▲ 图 7-4　最简单的图文式广告

2. 所售商品较为小众的品牌

除了年轻企业品牌的宣传以外，个人创立的品牌也可以先从这种最简单的广告形式做起，如图 7-5 所示。

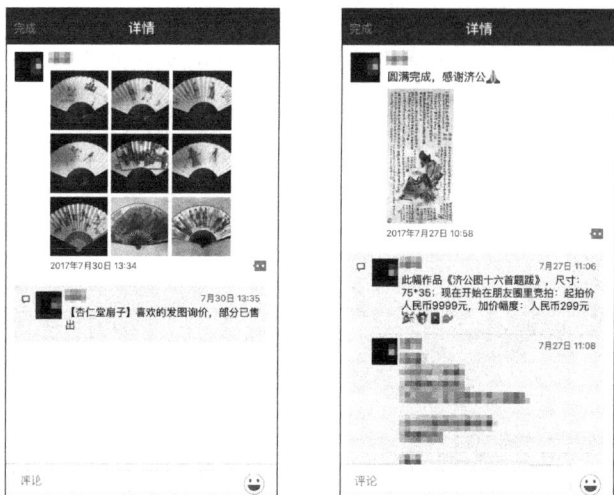

▲ 图 7-5　个人品牌的朋友圈营销

图 7-5 中的这位商户创立了一个属于自己的艺术品牌。他精通写字、画画等艺术创作，很有这方面的天分，并且作品也确实深得圈中权威人士的认同。

于是这位先生自己开了一家微店，又在朋友圈中做一些基础的营销广告，将自己的优秀作品带给其他人，给人美的享受，使人觉得赏心悦目，也在一定程度上提高了微信好友们的艺术修养。

简单来说，这位先生的营销策略选得十分正确。暂且不提他自己开的这家小店的盈利够不够通过中间商打一次广告，只说其所售卖商品的特殊性，就决定了他不可能通过大型营销赚取太大的利润。

因为艺术相对其他基础日常商品来说是小众的，它针对的可能是文化修养水平比较高端的人群，所以大规模投放广告的效果可能还不及针对某些特定群体进行营销的效果好。

通过以上案例我们可以知道，商家在选择不同形式广告的时候，一定要从品牌自身的实际情况出发，努力去寻找正确的广告模式，而不是盲目投入。

072　长图文式：广告信息被折叠

图文式广告其头还有另一种形式，即长图文式。其实两者也并无太大的区别，主要在于"字数"上有些许不同。

长图文式广告往往因为商家想要在文字中传递更多的信息，所以才会造成广告内容被折叠。折叠的广告主要有两种形式，如图 7-6 所示。

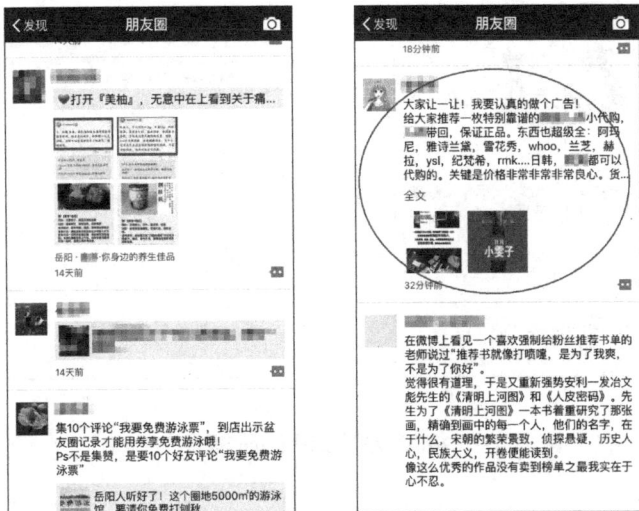

▲ 图 7-6　被折叠的广告

第一种被折叠得只剩一行，第二种被折叠了一半。这是因为微信系统对文字数目有要求，太长不利于用户读到其他好友的信息，所以会将长内容进行折叠。

但一般有经验的商户都会将过长的信息复制，粘贴全评论处，如图 7-7 所示。

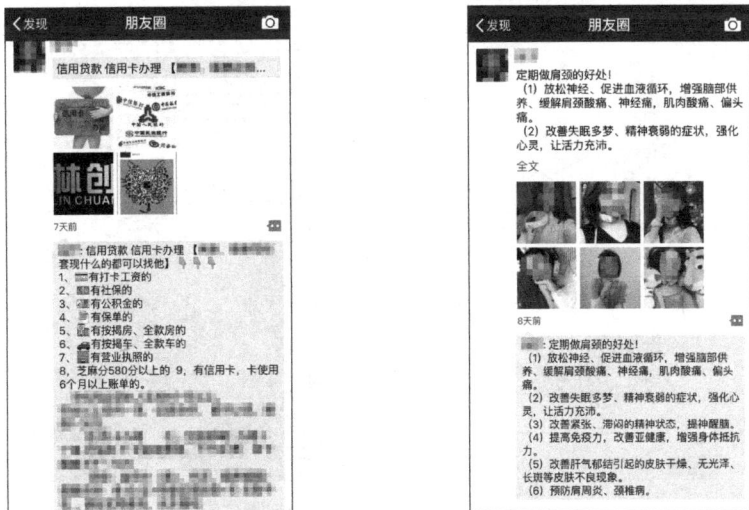

（a）　　　　　　　　　　（b）

▲ 图 7-7　将内容粘贴至评论处的折叠广告（1）

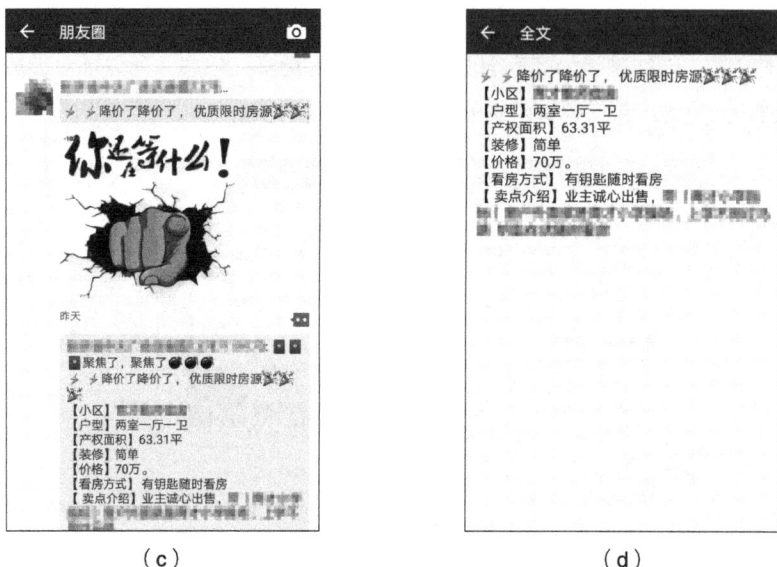

（c）　　　　　　　　　　　　　　　（d）

▲ 图 7-7　将内容粘贴至评论处的折叠广告（2）

073　长图片式：图片与文字的重新组合方式

在朋友圈发送广告，除了最传统的"图片 + 文字"以外，还有一种形式，那就是直接放一张后期制作好的长图片，如图 7-8 所示。

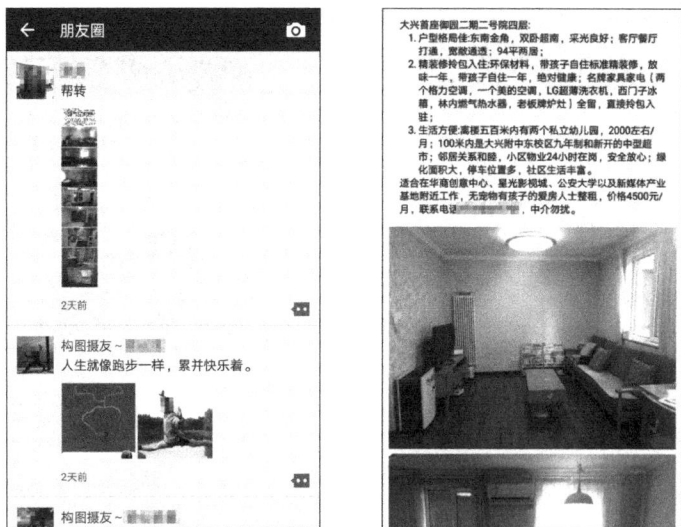

▲ 图 7-8　长图片形式的朋友圈广告

那么用长图片的好处有哪些呢？如图 7-9 所示。

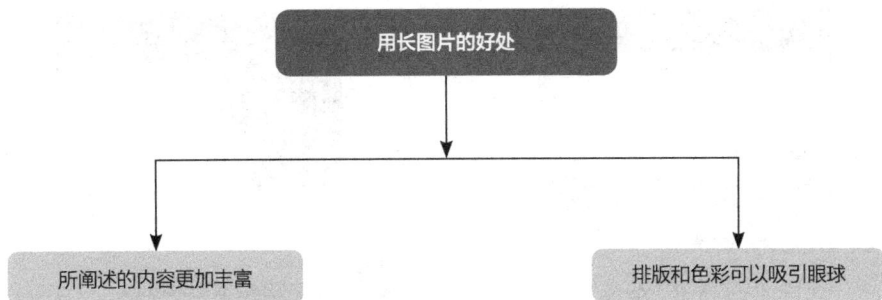

▲ 图 7-9　用长图片的好处

1. 所阐述的内容更加丰富

比起折叠式需要用户动手点开，长图片显然更加简单易行，并且所包含的内容可以更加多种多样。

任何想要在广告中表达的信息，商户们都可以通过长图片阐述出来，而不用担心字数的限制。

2. 排版和色彩可以吸引眼球

比起"文字 + 图片"的传统模式，长图片式可能会更加引人注目。因为它可以往里面添加许多可爱的图标与贴画，文字和图片也可以穿插出现，直观性更强。

甚至商家还可以将产品画成漫画的形式，用长图片呈现出来，发送至朋友圈。这种营销方式新颖独特，容易引人关注。

074　专业广告：通过官方平台推送优质广告

微信用户在刷朋友圈时，经常会看到本该是好友状态的那些栏目变成了广告商位，如图 7-10 所示。

> **温馨提示**
>
> 一般而言，不存在本地推广、原生推广页广告单独存在的情况。它们更多是为了配合小视频广告和图文广告所存在的一种附加形式。
>
> 而小视频广告和图文广告若不配合本地推广广告或者原生推广页广告一起使用，广告的效果就会大打折扣。
>
> 所以，商户们在购买朋友圈广告为自己的品牌或产品进行推销时，一定要注意自己所选择的广告形式，力求能够获得最大效益。

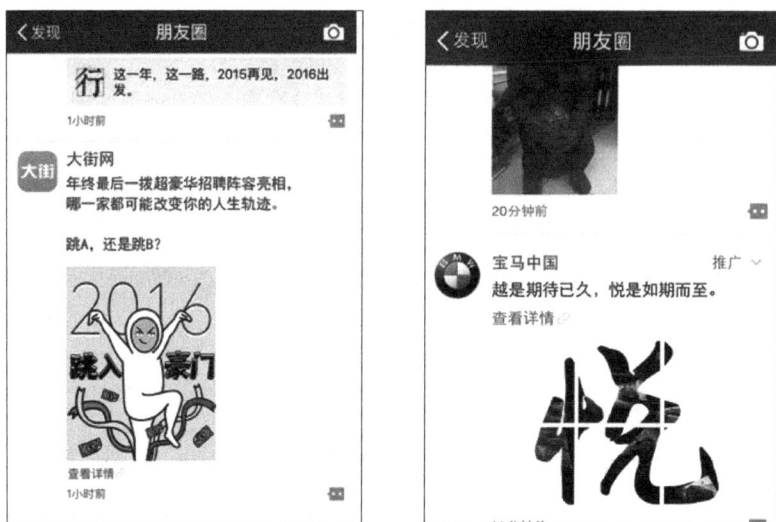

▲ 图 7-10　朋友圈中的广告商位

具有商业头脑的商户们应该明白，这些镶嵌在朋友圈中避无可避的广告，商业价值是巨大的。因为使用微信的人数非常庞大，而这么多人都会看见这些广告。一般来说，这种广告分为 4 种类型，如图 7-11 所示。

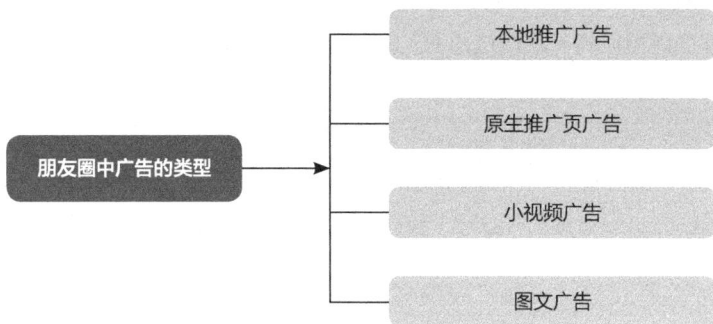

▲ 图 7-11　朋友圈中广告的类型

1．本地推广广告

这种广告模式借助了 LBS 技术，通俗来说也就是定位系统。系统可以根据店铺位置，将广告推送给距离定位地点 3000 ～ 5000 米的人群。

一般来说，这种广告方式最常用于有促销活动的时候，或者是商家本身就是经营餐馆或是甜品的。

它们利用价格优惠与地理位置优势来吸引周边用户前来消费。本地推广广告模式如图 7-12 所示。

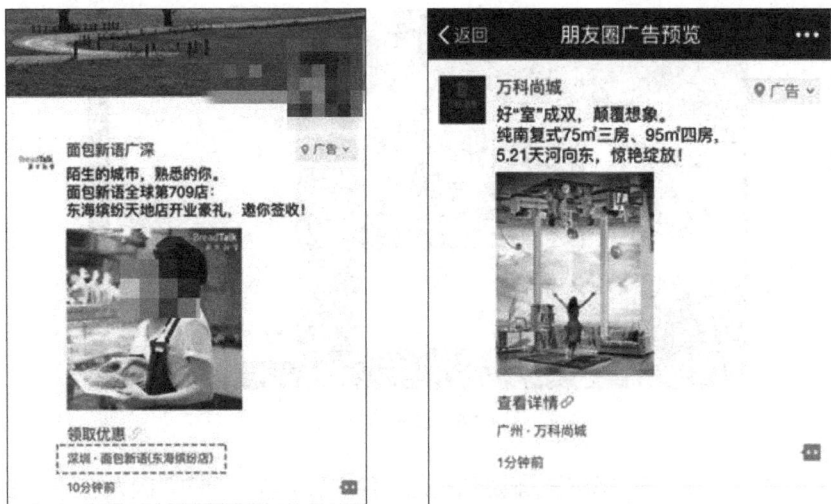

▲ 图 7-12　本地推广广告模式

　　再来看一个火锅店的例子。这家火锅店名叫"炊二哥老火锅"，如图 7-13 所示。这家店在开张时，选择了使用朋友圈营销当中的本地推广广告来宣传新开张的店面。当然，在介绍过程中自然着重宣传了新开张的优惠政策和其中附送的代金券，因此吸引了很多顾客光顾。

▲ 图 7-13　炊二哥老火锅

2. 原生推广页广告

　　原生推广页广告，简单来说就是在朋友圈打广告的同时附上原来网页的链接。这样能够让用户对商家有更加深刻的了解，甚至还可以点进网页领取优惠券、代金券等一些对客户有吸引力的东西。图 7-14 所示就是原生推广页广告。

▲ 图 7-14　原生推广页广告

　　一般来说，原生推广页广告都是和其他几种广告结合出现的，因为它针对的只是广告携带的链接，并没有规定广告的形式。

3. 小视频广告

　　这种广告形式一般见得最多。顾名思义，小视频广告就是携带着视频简介的广告。而视频的好处主要就是可以将广告生动灵活地展现出来。

　　在朋友圈中默认播放的视频广告是有时间限制的，一般点击进入就可以看到视频广告的完整版。小视频广告如图 7-15 所示。

▲ 图 7-15　小视频广告

　　下面介绍一个视频广告。必胜客曾经推出过一款榴莲比萨。配合新产品的上市，商家投入资金在微信朋友圈投放了一个让人印象十分深刻的小视频，刺激了食客对这一款新食品的期待，起到了强大的宣传作用。同样，这个广告还和原生推广页广告相结合，使用户能够点击进入链接，领取必胜客的优惠券。这一优惠行为也同样在某种程度上刺激了消费。在朋友圈展示的必胜客榴莲比萨的广告如图 7-16 所示。

▲ 图 7-16　在朋友圈展示的必胜客榴莲比萨的广告

4. 图文广告

图文广告的形式十分简单，就是与平时发朋友圈的形式一样，图片配文字；当然，也可以带上链接。

这种形式虽然比较普通，但它的包容性也最强，内容可以多种多样。图 7-17 所示就是朋友圈中的图文广告。

▲ 图 7-17　朋友圈中的图文广告

075 转载链接：公众号，不知不觉地植入广告

平时在刷朋友圈时，除了个人编辑的内容以外，商家们还能看见许多被分享至朋友圈的链接，如图 7-18 所示。一般来说，由公众号分享过来的内容是最多的。

很多时候，由于好奇心或是对文章本身的内容比较感兴趣，微信好友们会选择点进去阅读全文。

可是有些商户或许没有注意到，在整篇文章的底端，都会有一些广告位，如图 7-19 所示。这些广告一般都是一些大大小小的微信公众号甚至是微店的广告，读者可以直接点进去并关注这些商家。

▲ 图 7-18　被发送至朋友圈的公众号文章

▲ 图 7-19　微信公众号文章中的底部广告

而这些小小的广告其实也有不同的类型，一般来说可以分为 3 种类型，如图 7-20 所示。

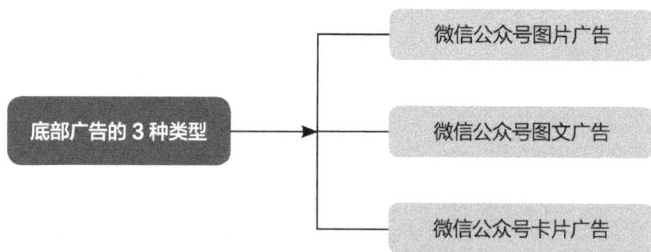

▲ 图 7-20　底部广告的 3 种类型

1. 微信公众号图片广告

顾名思义，图片广告就是以图片为主的广告形式，即在图片中配上一些重要信息，看上去颜色感更强烈，引人注目。

2. 微信公众号图文广告

这种广告形式循规蹈矩，就是很常见的图文配合，文字信息相对第一种来说比较丰富，只是图片没有那么吸引眼球。

3. 微信公众号卡片广告

这种形式没有照片类的信息，不过会有企业 LOGO，信息也相对完整。优点是最后有"一键关注"的按钮，比较方便。

以上三种形式的广告如图 7-21 所示。

▲ 图 7-21　微信公众号中底部广告的 3 种形态

底部广告可以在浏览完文章后看到，如果文字信息足够吸引人，自然会有用户愿意成为微店或公众号的粉丝。

哪怕对方并没有加关注的倾向，但广告发布得多了，大部分用户也会对这个品牌产生深刻的印象。广告如果足够高端，甚至还能提升品牌形象，这对未来的长远发展是有意义的。

在营销过程中，为了吸引更多的客户，商户们也可以试着给自己的品牌或公众号在一个浏览量较大的公众号里投放广告。

一般来说，直接登录"腾讯社交广告"网站就可以与对方的工作人员取得联系，讨论将广告投入微信各个适合发布广告的角落。

"腾讯社交广告"首页如图 7-22 所示。

▲ 图 7-22　"腾讯社交广告"的首页

广告费用会因为广告投放的位置、时间等因素有高低之分。但是可以肯定的是，在广告方面投入越多，取得的效果也会越好。不过商家还是应该以店铺经营状况为前提妥善考虑。

除了可以在其他企业的公众号中发布广告以外，商户们还可以撰写关于品牌或是某个商品的软文，直接刊登在自己的微信号或者是其他浏览量比较大的微信公众号上，往文章中植入品牌或商品的介绍，如图 7-23 所示。

▲ 图 7-23　植入广告的公众号软文

图 7-23 所示的两篇文章都是在介绍手机摄影的基本知识，文章作者为了推广自己的书籍，在文章中植入了这两本书。而刚好在学习这方面知识且苦于无门路的微信用户便会对这两本书产生购买的欲望。

再举一个例子，图 7-24 所示是一个关于网课的广告。

▲ 图 7-24　植入课程广告的营销软文

　　作者在前半部分着重介绍了关于中华传统文化的一些内容，比如古人"姓、名、字、号"等的区别，并且告诉大家如何用"名"来取一个属于自己的"字"，从而吸引了一些读者，再适时抛出传统文化的课程来，并且为了加强课程的可信度，还专门列举了主讲导师们的工作与地位，可以说是一篇写得十分成功的营销软文了。

　　当然，植入广告的文章有一点必须要注意，那就是文章内容得有意思或者有深度，一定要在文章中体现出商品的价值来，不然客户不可能心悦诚服地接受软文中推荐的商品。

　　不管是微信公众号的底部广告还是直接做软文营销，都应该从企业的实际情况出发，去考量投入的多少和性价比是否合适，深思熟虑之后再去选择最适合自己品牌的广告形式，而不是盲目地随波逐流。

076　转载链接：头条号，利用火热的新媒体平台

　　今日头条媒体平台，是由"今日头条"推出的一个媒体／自媒体平台，可以帮助各种企业、个人创业者以及机构等电商运营者扩大自身的影响力，增加产品的曝光率和关注度。所以现在很多自媒体或商家会选择头条号来作为宣传品牌或者商品的中介。而且作为网页，它同样也可以被分享至朋友圈。头条号和微信公众号的界面十分相像，也都是放置文章的地方。所以头条号也可以像微信公众号一样，发表一些营销类软文，再由商家转发至朋友圈，让好友们点击阅读。

　　图 7-25 所示是一篇被转载至朋友圈的头条号文章。打开这篇文章，如图 7-26 所示，可以看见最上面有三个红色的加粗字"头条号"。

▲ 图 7-25　头条号的文章被转至朋友圈

▲ 图 7-26　被转载的头条号文章

一般来说，在头条号中，适合发布广告的地方也有好几个，如图 7-27 所示。

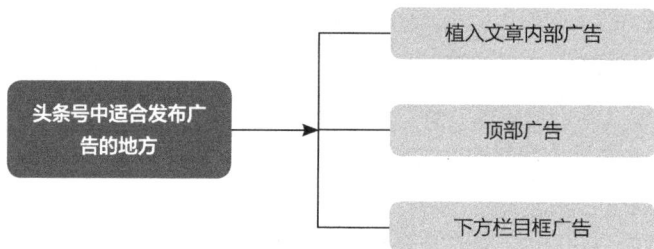

▲ 图 7-27　头条号中适合发布广告的地方

> **温馨提示**
>
> 这类转载的详情链接广告，除了今日头条外，一点资讯、百度、搜狐等也可投放，商家再充分运用起来。

1. 植入文章内部广告

这个很好理解，其实就和微信公众号内部的软文营销一样，即将商品编写进文章里，但又不能太明显，一定要在不知不觉中影响到读者，让他们从潜意识里认识某种品牌或商品，如图 7-28 所示。

▲ 图 7-28 被植入广告的头条号文章

在图 7-28 所示的这篇文章里，作者介绍了一些拍摄方面的小技巧，然后顺着这些技巧给读者推荐了几本自己写作的关于摄影方面的书籍。

2. 顶部广告

头条号中除了可以做软文营销以外，同样也留有广告位给那些付过基本费用的广告商，其中一处就是头条号顶部的流动广告栏，如图 7-29 所示。

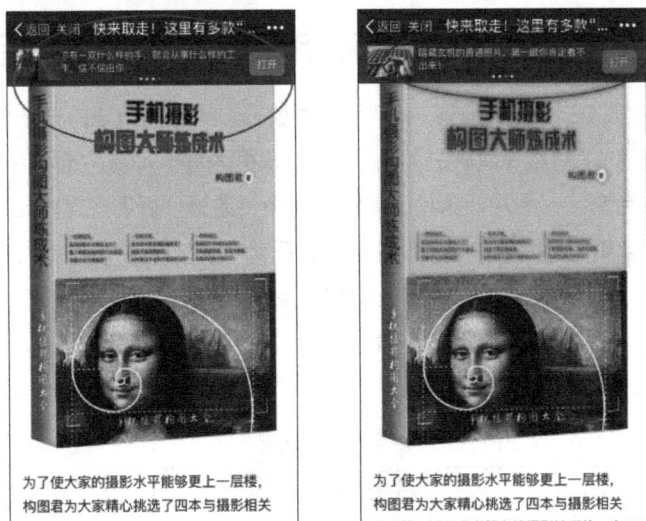

▲ 图 7-29 头条号中的顶部广告

在图 7-29 顶部用圆框圈起来的就是顶部广告，其后有快捷键，点击就能打开页面，但一般用于宣传文章与头条号，没有直接用于营销当中。

3. 下方栏目框广告

在头条号文章的下方，会有一些链接直接连接到其他文章，也就是说读完这篇文章之后，系统会给用户推荐相关的内容。而在这些栏目框中，就有一个专门的广告位供付费的商家们投放广告，图 7-30 所示是京东投放的广告。

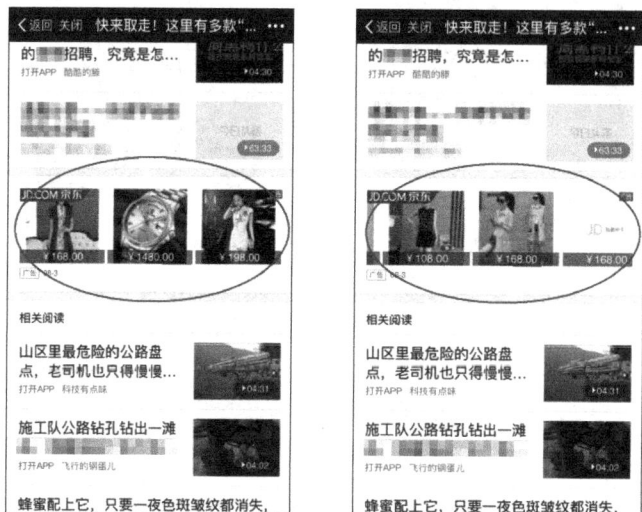

▲ 图 7-30　下方栏目框中的广告

077　转载链接：H5 页面，用动态页面宣传产品

H5 页面是现在十分常用的数字产品。通过它，用户们可以打开新媒体运用平台而不用下载任何 APP 或是跳转进入浏览器。H5 页面基于云端，无须下载，它能够在一个界面中融合文字、图片、音频、视频、动画、数据分析等多媒体元素，还能在后台实时获取阅读和传播情况，给决策者提供数据。

一般来说，H5 常见的功能如图 7-31 所示。

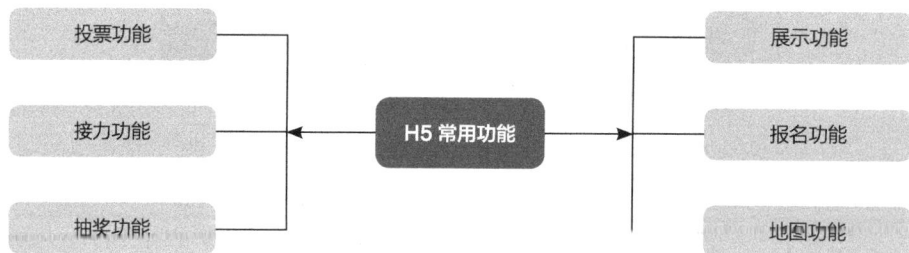

▲ 图 7-31　H5 常用功能

在 H5 页面上，允许滑动、点击等基础手势动作，所以 H5 页面上的内容除了可以看以外，还可以手动参与互动。基本的投票与抽奖等功能也都可以做到。

H5 页面同样可以分享至朋友圈进行广告宣传，如图 7-32 所示。

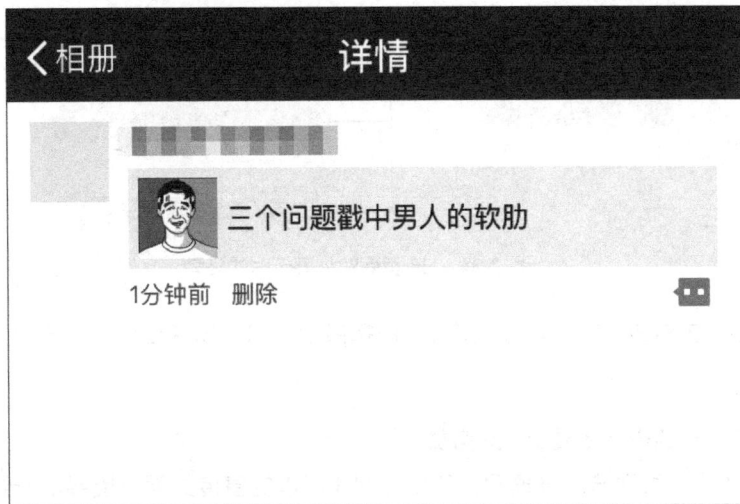

▲ 图 7-32 分享至朋友圈的 H5 页面

一般来说，商家要想制作一个 H5 页面来宣传自己的产品和品牌，有两种渠道可以选择，如图 7-33 所示。

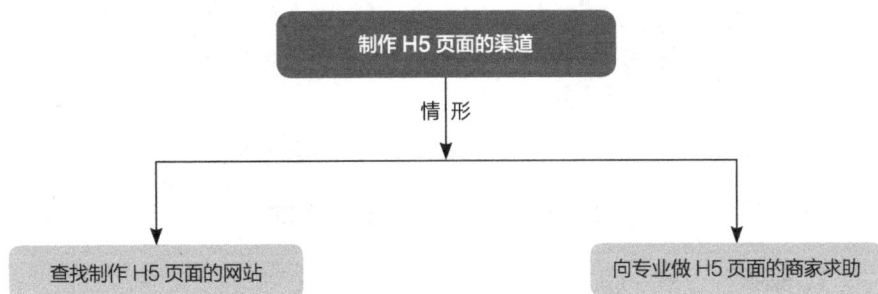

▲ 图 7-33 制作 H5 页面的渠道

不过很明显，专业人士制作的 H5 页面自然更加精致，而且也不需要商家自己花费太多时间。两种渠道各有优缺点，商家可以根据自身的情况酌情选择。

当然，不管选择的是哪种渠道，商家在制作 H5 页面时，都要站在微信好友的角度来思考问题，要去分析他们想要看什么，然后尽量发挥想象力，将要写的东西描述得更有意思一些，这样才能吸引微信好友注意，起到宣传商品或品牌的作用。

H5 页面在对外展示时也可以分为几种不同的类型，如图 7-34 所示。

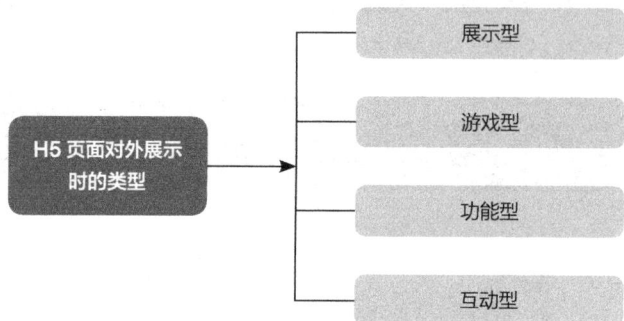

▲ 图 7-34　H5 页面对外展示时的类型

商家们应该细心对比这几种形式，选择最适合自己品牌或企业的宣传方式进行宣传。

1. 展示型：广告中直接展示产品信息

展示型 H5 页面非常好理解，就是指制作出来的宣传页面直接展示所要介绍的内容。

一般来说，展示型 H5 页面最常用到 3 种制作方式，如图 7-35 所示。

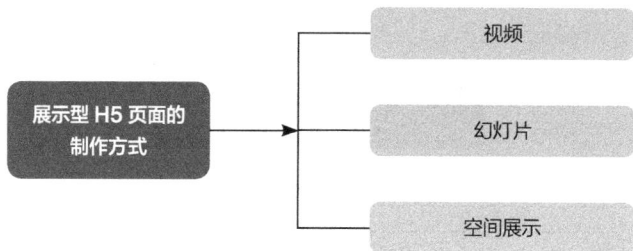

▲ 图 7-35　展示型 H5 页面的制作方式

（1）视频

视频的展示方式十分简单，也就是说用户点击进入一个 H5 页面，它就会开始播放一段视频，一直到视频结束，如图 7-36 所示。

如果在 H5 页面插入了视频，就不能再放置太多的文字或者图片信息进去了，所以最终宣传效果怎么样，就单靠这个视频的质量了。因此，要求选择这种 H5 页面的商家们对视频尽量上心些。

▲ 图 7-36　带有视频的 H5 页面

（2）幻灯片

幻灯片应该是最常见的 H5 页面模式了，很多企业或公众号做年底总结的时候都会用到这种模式。

简而言之，幻灯片就是选用一些比较富有代表性的照片，将重点文字标注在图片的空白处，伴随着背景音乐自动或是通过点击屏幕进行不断的变化。图 7-37 所示是网易公司下属两个 APP 为网友们做的年终总结。

▲ 图 7-37　网易公司的年终总结

不少商户会选择用这种方式做产品介绍，但是有一点必须注意，幻灯片的数量不能太多也不能太少。幻灯片太多，观看者会嫌花的时间太长、内容太啰唆，容易不耐烦；太少则有可能对商品的重点没有都展示出来，幻灯片的内容也不易出彩。所以，一般在制作幻灯片型的 H5 页面时，商户最好将幻灯片的数量保持在 6 ~ 10 张，这个数量才能让大多数顾客认同。

（3）空间展示

这种 H5 页面的制作方式较为复杂一些，一般的商户要想自己完成恐怕会有些难度，而且也要花费很多时间。如果想要这种效果的 H5 页面，商家们最好找专业人士帮助。

空间展示就是说所制作的页面空间感很强，不再是平面的画面，而是用 3D 效果的空间图来展示。有时甚至会运用"一镜到底"这种专业摄影技术来制作。所打开的 H5 页面包含了多种信息内容，可以通过点击、滑动等手势来选择需要查看的模块。空间展示型的 H5 页面如图 7-38 所示。

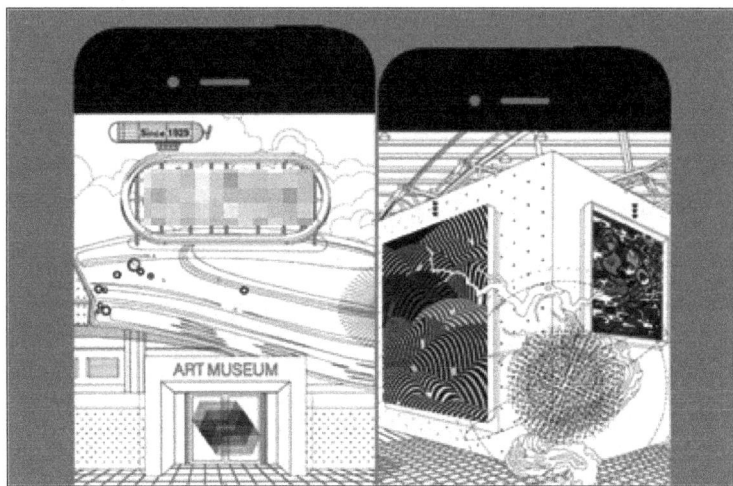

▲ 图 7-38 空间展示型的 H5 页面

2. 游戏型：以游戏的方式代入产品信息

现在市面上的广告类型越来越多，各种形式早已不新鲜，所以很多商家都在另辟蹊径，想找寻一些更加有意思、能引起更多人注意的广告形式。

而近几年，越来越多的人迷上了游戏，特别是手游。慢慢地，游戏开始被各个年龄阶段的人所接受，而不再仅仅是年轻人的消遣活动。

聪明的商家就盯上了这个未被开发且参与人数众多的领域，纷纷开始将广告植根于游戏之中，让用户在参与游戏的过程中潜移默化地被广告所影响。

有些企业直接寻求广告商的帮助，要求对方制作一个专属于自己企业的小游戏。这类游戏中所有的设备、道具等都有品牌的痕迹。当然，这种游戏就属于 H5 页面的小游戏。

而且这种小游戏还能通过朋友圈直接分享给微信好友，无须下载，点进去就能玩，既可以让对方在闲暇时消磨时间，又可以起到宣传品牌的作用，何乐而不为呢？

图 7-39 所示是广告商专门为奥贝婴幼玩具设计的小游戏。这款游戏简单又有趣，砸蛋随机出现奖品，一般都是店铺的代金券，领完后可以直接从游戏界面跳转进入店铺。

▲ 图 7-39　奥贝婴幼玩具游戏界面

其实现在游戏广告领域尚未挖掘完毕，所以商户们应该抓住这一机会，在自己力所能及的范围内寻找广告资源，不断地提高自己品牌的知名度。

3. 功能型：主要介绍产品的功能和作用

功能型 H5 页面，顾名思义，重点在于"功能"二字。也就是说，这一款 H5 页面可能不如别的类型画面那么精致，因为它重点强调的是其功能和作用。准确地说，功能型的 H5 页面设计出来就是为了让人们反复利用而不是看完就弃掉的。这一设计理念就要求这种 H5 页面必须有它存在的意义，能够方便人们的生活，甚至可以达到非它不可的程度，那就成功了。

图 7-40 所示是一个针对地铁涨价所做的 H5 页面，它可以根据用户每天的行程来计算所需要的交通费，并且还能在页面上显示也在利用该 H5 页面的用户的留言。

▲ 图 7-40　针对地铁涨价所做的 H5 页面

可以看出，这个 H5 页面很明显不是仅起到一次性宣传作用的工具，它可以供用户反复利用。当用户需要出行时，打开它计算地铁费用并早些准备好零钱，方便出行。

一般的 H5 页面被设计出来主要是用于商品或品牌的宣传，有时是打折季，有时是新品上市季，总之都有一定的时效性；过了这段时间，用户便会淡忘之前看过的宣传内容。

而功能型 H5 页面不一样，它并没有特别强调时间的概念，也没有特别注重形象的设计，它更加注重的是后续的经营。

应该把 H5 页面当作一个轻应用来设计，让它可以在用户的生活中占有一席之地，而不是像一份随手发放、随手被丢弃的宣传册。

其实这种想法也是一种升级，它转换了商户们的思考角度，将宣传融入实际用途，让 H5 页面的实用性更高，让宣传的时效性更长。

4. 互动型：以互动方式呈现产品、增加乐趣

其实互动型和展示型有一些相似，唯一的区别就是加入了一些互动的功能让用户也能参与进来，不至于因为觉得展示内容太过沉闷而厌烦或是不耐烦。

一般的互动型 H5 页面最常用于全方位地展示一个完整的故事，因为担心用户不喜欢太过复杂或是老套的故事，进而设计一些互动的环节来增强故事的趣味性。

当然，所有的这些互动都只是一些较为简便、基础的操作方式，所以也不会给用户带来太过麻烦的体验。图 7-41 所示是一个互动型 H5 页面的例子。

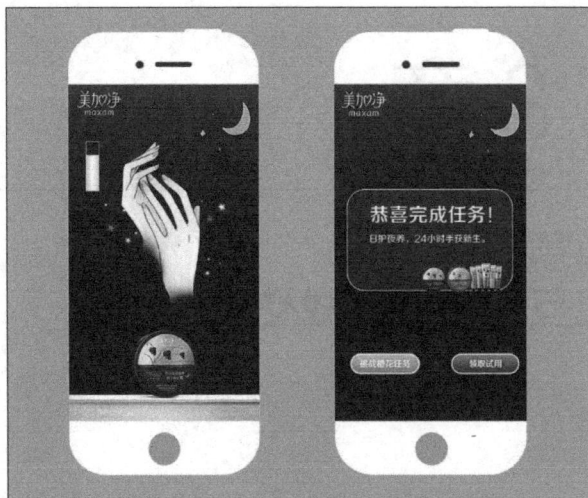

▲ 图 7-41　互动型 H5 页面的例子

　　这个广告需要参与者拖动手霜或是精油等东西帮助保养和滋润封面上的手。一来让用户参与了手部保养的全过程，二来又于无形之中宣传了自己品牌的护手霜，而且整体画面纤细精致，让人欣赏不已。

第8章

价值营销：
互惠互利，提高成交

中国有一句古话叫作"舍不得孩子套不着狼"，意思就是在处理问题的过程中必须要付出成本才能有所收获。营销也是如此，商户们若想赢得客户们的信任，就必须做出让利行为。本章将介绍多种让利方式，帮助商家通过"舍"赚取"得"。

学前提示

要点展示

078   强调利益：激发客户的购买欲

在营销过程当中，为了使对方愿意购买商家所推出的商品，商户们必须花大把时间和精力来激发客户的购买欲。

一般来说，要想激发客户的购买欲，有图 8-1 所示的几个方法。

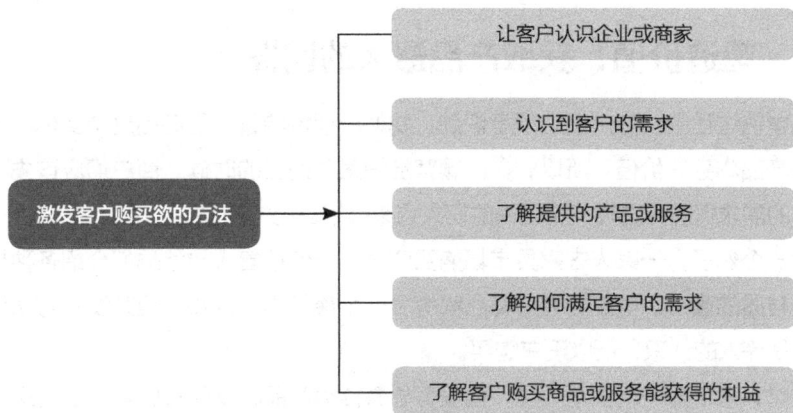

▲ 图 8-1　激发客户购买欲的方法

在激发客户购买欲方面，企业或商家首先应该要做的是接近客户，只有这样，才能在了解对方需求和购买力的基础上最大限度地激发客户的购买欲。除了上述方法，在微信朋友圈营销过程中，更重要的是要对推出的产品或服务能够给客户带来的利益进行介绍，一切从"客户利益"这一中心点出发，针对商品或服务做相应的信息推送，如图 8-2 所示。

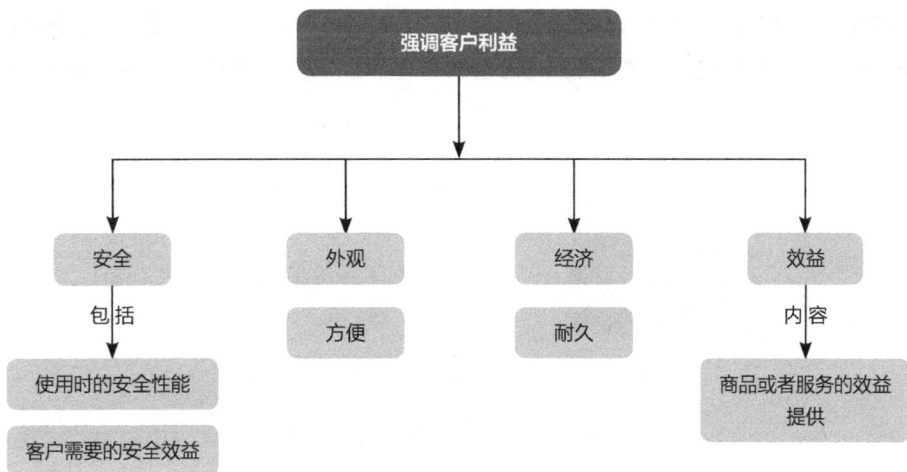

▲ 图 8-2　营销时的客户利益分析

也就是说，在"客户利益"这一点上，商户们应该重点强调商品的安全性能、外观设置、经济实用、能给用户带来的效益等。从客户所得利益出发，不断为客户分析他们能从商品本身得到的好处，这样才能激发客户的购买欲望。

当然，在营销过程中，商户们也可以将自己的产品与对手的产品进行对比分析，让客户看到自家商品的优点。不过，要根据事实数据进行比较，不能抨击竞争对手。

079 塑造价值：获取产品最大的回报

在营销过程中，商户们必须意识到，我们所销售的看似是商品这个实体，实则售卖的是产品本身的价值。所以，在向顾客推销某些商品的时候，商户们应该先仔细询问用户的需求情况，选择一个正确的切入点来推销自己的商品。

举一个例子，一家人去家具市场购买窗帘，一位销售人员给他们介绍各种规格、图案、材质的窗帘。虽然顾客对商品都有了一个最基本的认知，但并没有对商品有很清晰、很深入的认识，所以没有购买。

这时，来了另一个推销人员，他没有急着推销产品，反而和顾客聊了起来，问他们窗帘买了是给谁用的，所安装的房间窗户朝向哪个方向，使用者喜欢哪一种颜色，整个房间的布置是什么风格的，等等。在聊天过程中，这位销售人员大致摸准了这一家人的品位与需求，于是对症下药给他们介绍了一款产品，大致符合他们的所有要求；又以自己为例，向对方介绍他自家的装修风格和这家顾客的装修风格十分相像，他自己也选择了这款窗帘，十分搭调，还拿出手机向对方展示自家窗帘安装后的效果。最后，顾客选择了这款窗帘。

从上面的例子中可以看出，窗帘本身是商品，那么面对多种多样的类型为什么顾客独独选了其中的某一款呢？这是因为被选中的商品背后所体现的价值吻合顾客的需求。那么，我们应该从哪些方面抓住顾客的心理需求，为商品塑造价值呢？如图 8-3 所示。

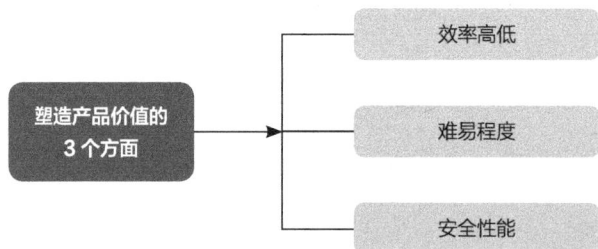

▲ 图 8-3 塑造产品价值的 3 个方面

1. 效率高低

在如今这个讲究效率的社会，能够快速见效的东西往往会更加受到用户的欢迎。时间就是金钱，所有的人都希望可以在最短的时间内收到最大化的回报。

比如培训机构，如果打出"一个月掌握新概念英语""20节课雅思上6.5分"之类的广告，肯定会更受家长们的青睐。又如减肥产品，能够越快瘦下来的肯定越受用户关注。

所以，要想让顾客购买商品，一定要将商品的高效率功能体现出来，为商品塑造效率上的价值。

2. 难易程度

这一点很好理解，越容易上手的产品自然越受欢迎。特别是高科技产品，由于它自身的高端性导致这些商品的操作方式比较复杂。

以手机为例，现在的智能手机年轻人基本上都能随意使用，可是年纪稍微大一些的、用惯了原来的带键盘手机的人或许不太习惯。这时，越方便的智能手机自然越让人倾心。

比如苹果手机，自带智能机器人siri，用户可以通过和机器人的交谈来实现一些程序的操作，如图8-4所示。

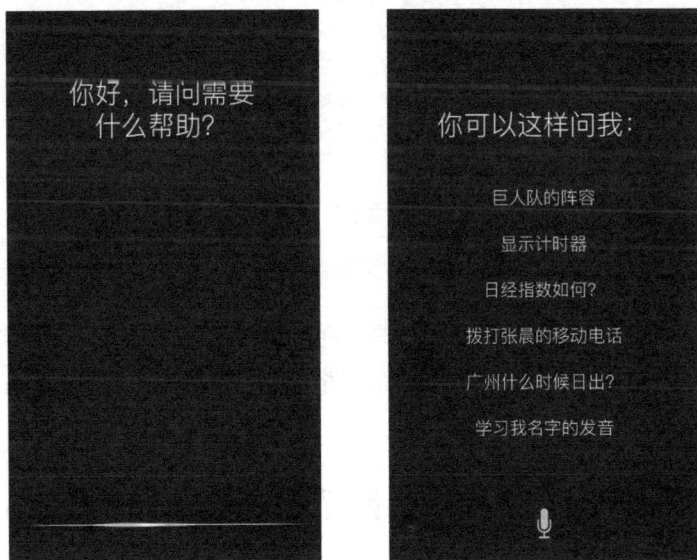

▲ 图8-4 智能机器人siri的界面

所以，销售人员在推销产品的过程中一定要提到产品容易操作、容易上手的优点，以此来塑造产品的价值，让顾客倾心。

3. 安全性能

安全对于商品特别是电子商品来说，是一个非常基本的评价标准。安全是基础，也是最重要的部分。换句话来说，这就要求商家所售卖的商品不能对购买者造成任何伤害。

如果商家可以保证产品对人体本身不会造成任何伤害，那么商品的成交率就会大大提高。

以门窗产品为例，如果商家在朋友圈里仔细介绍门窗产品漆面采用的品牌，并且说明这种漆面是环保材料，那么自然可以吸引人来购买，如图 8-5 所示。

▲ 图 8-5　门窗产品的广告

所以，商户们在一对一介绍商品或是在朋友圈发送商品广告时，都应该尽量从以上 3 个方面出发，运用好塑造商品价值的思路，这样才能促进商品的销售，不断提高产品的销量。

080　赠送产品：让客户有赚了的心理

商户们要学会从生活中去感受营销。相信大部分人都很乐意接受各种各样的礼物，一来可以感受到赠送礼物的人对自己的感情，二来免费得到充满惊喜感的礼物总是让人心生愉悦。

让我们把这种情绪运用到营销上。在对方购买商品时，适当赠送一些礼物，那么客户是不是同样也有生活中收到礼物的喜悦感？

比如一般女士去逛护肤品店并购买商品时，商家都会选择赠送一些"护肤小样"给客户，如图 8-6 所示。

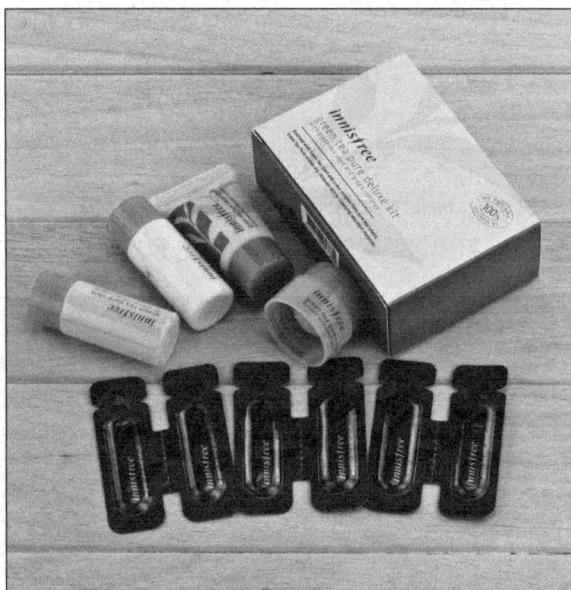

▲ 图 8-6　赠送一些护肤"小样"

这些护肤小样一般分量不大，也就能用 2~3 天，平时短期出门时可以当作旅行装。正是因为额外获赠这些护肤小样，客户们才会觉得自己买的东西很值，因为赠品很多，很有惊喜感。

但实际上正如我们所知，这种"值"的感觉只是一种错觉，而正是这种错觉，往往会激发客户想要购买更多商品的欲望。道理很简单，买得越多，送得越多，满足感也就会逐步加深。

接下来分析一下随购买赠送产品的好处，如图 8-7 所示。

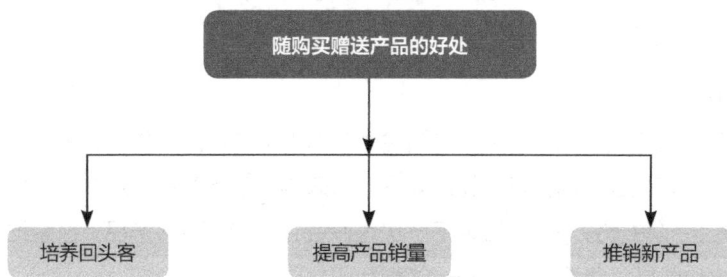

```
          ┌─────────────────────┐
          │  随购买赠送产品的好处  │
          └─────────────────────┘
    ┌───────────────┼───────────────┐
    ▼               ▼               ▼
┌─────────┐   ┌─────────┐   ┌─────────┐
│ 培养回头客 │   │ 提高产品销量 │   │ 推销新产品 │
└─────────┘   └─────────┘   └─────────┘
```

▲ 图 8-7　随购买赠送产品的好处

1. 培养回头客

在客户购买商品之后，商户主动赠送一些小礼品，哪怕只是一把小扇子，也会让购买者觉得自己赚了，因为他用买一件商品的价格得到了两份甚至是多份商品。在购买过程中感受到惊喜且觉得划算的用户，自然会将这家店铺划至"值得重新购买"的区域。

2. 提高产品销量

有时对方可能不需要买某件商品，可是当商家告诉他买某件产品就能获赠另一件产品时，客户往往会心动，哪怕他可能根本不缺也不需要这件产品。如图 8-8 所示，这是一家卖皮靴的店铺，打出了"买皮靴满 800 元送 500 元皮靴"的广告。

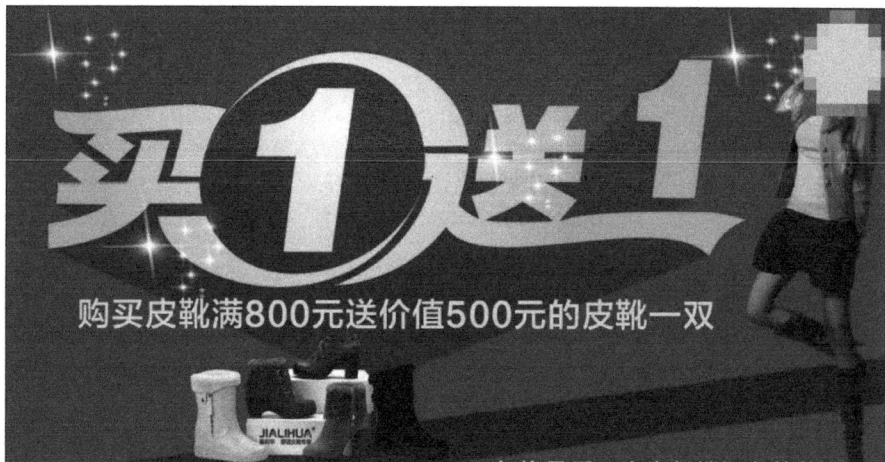

▲ 图 8-8　皮靴店铺的广告

除了这种比较常见的"购买赠送"活动，还有另一种方式——分层级赠送，即购物满多少元之后，所赠送的商品会比上一个层面的更贵也更精美。

比如购物满 200 元赠送一个随身饮水杯，满 400 元赠送一个烧水壶，满 600 元赠送烧水壶和饮水杯等，以此类推。在这种情况下，客户为了得到更好和更多的赠品，就会买得更多一些。

3. 推销新产品

有的商户在赠送商品时，会选择赠给客户新上架的商品小样。这种方式其实能够一举两得，一来让客户因获赠礼品而满意，二来推广了新产品。用户在使用过新产品之后，可能会觉得十分好用，那么下一次也许就会直接购买该产品，甚至推荐给周边的朋友，这也算是免费给商家做了一个宣传。

既然送赠品能够给商家带来那么多的好处，商家不妨在准备赠品的环节上下点功夫。随便送一些顾客平日里用不着的小玩意儿肯定不会对提高销量起太大作用。商户们应该仔细思考：哪些东西才是客户真正需要且能够配合其刚刚所买的商品使用？

还是以护肤品为例。当客户在商家的店里买了爽肤水和乳液时，商家可以选择送一些眼霜、面霜、洗面奶等产品小样，这样可以让整个护肤过程完整无缺，让客户享受到全套护肤的完美效果，这样不仅满足了客户的需求，也能够带来回头客对不同产品的需求。

简而言之，赠品就是一个说服客户继续信任此商家的产品。为了不断为企业、为个人创造利润，商家应该合理地利用好"赠品"这一有效的推广方式。

081 促销活动：针对新老顾客的优惠福利

一般来说，能增加销量的活动促销方式有图 8-9 所示的 12 种。

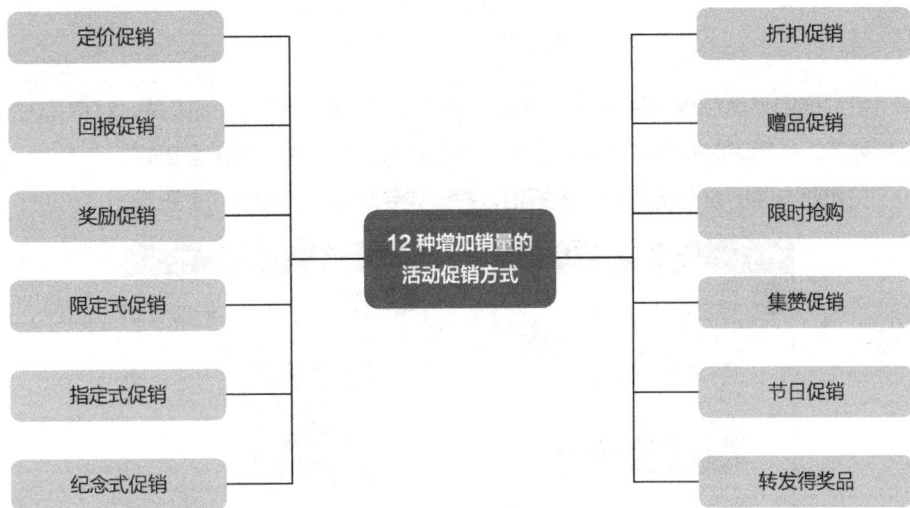

▲ 图 8-9　12 种增加销量的活动促销方式

下面详细介绍其中的 3 种促销方式。

1. 折扣促销

折扣促销又称打折促销，是在特定的时期或是举行活动时，对商品的价格进行让利，从而得到用户的关注，达到促销的效果。折扣促销有利有弊，其作用机制以及效应主要体现在两个方面：一方面，可以提高商品的竞争力、刺激消费者的消费欲望、创造出"薄利多销"的机制；但另一方面，也会导致消费者不愿意购买正价商品，折扣次数过多还容易降低品牌的形象，也容易降低商家的市场获利能力，造成未来市场需求的提前饱和。

折扣促销有优势，也存在缺陷，因此要做好折扣促销的策划，主要有图 8-10 所示的几种方式。

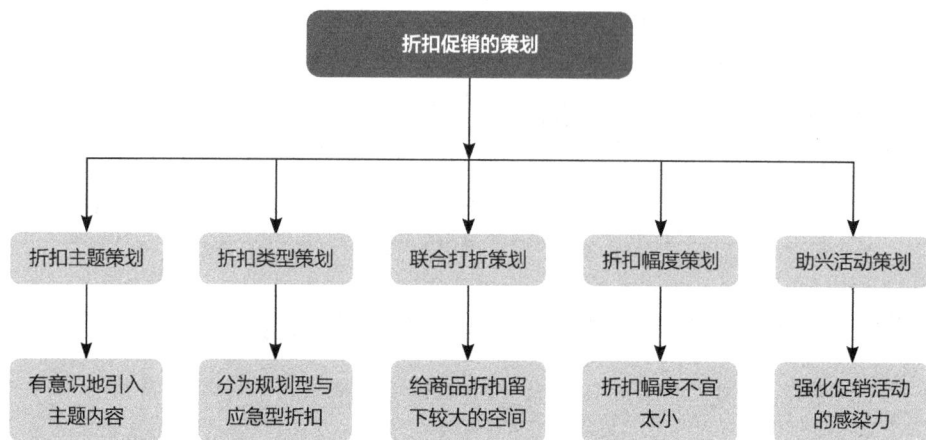

▲ 图 8-10　折扣促销的策划

折扣促销是微信朋友圈里比较普遍的销售模式，在一定的时间段内，对商品进行打折处理，使用限时打折往往能够引起好友的好奇心和关注，效果会更好。

例如朋友圈的食品折扣和水果折扣，都比较受欢迎，如图 8-11 所示。

▲ 图 8-11　食品折扣和水果折扣

2. 集赞促销

微信集赞是现在很流行的　种营销方式，即通过好友的点赞来得到关注，微信集赞活动可以号召众多好友来参与其中，通过活动来让好友关注产品本身，了解自己的品牌，达到促销的目的。集赞的朋友圈如图 8-12 所示。

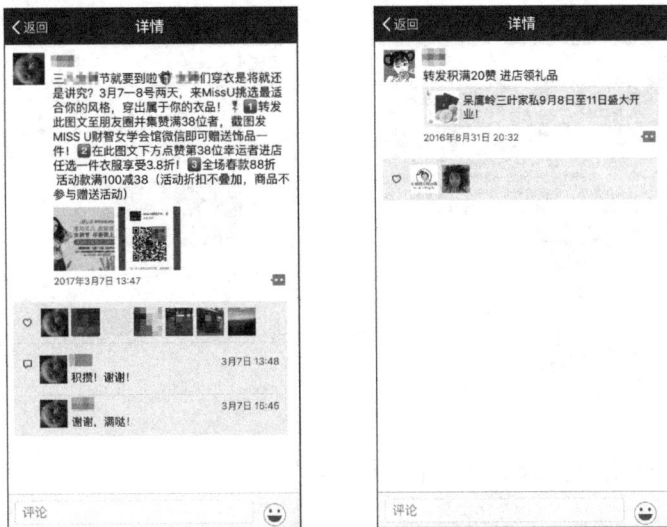

▲ 图 8-12　集赞的朋友圈

3. 指定式促销

指定式促销是指促销对象或者产品是指定的，如图 8-13 所示。

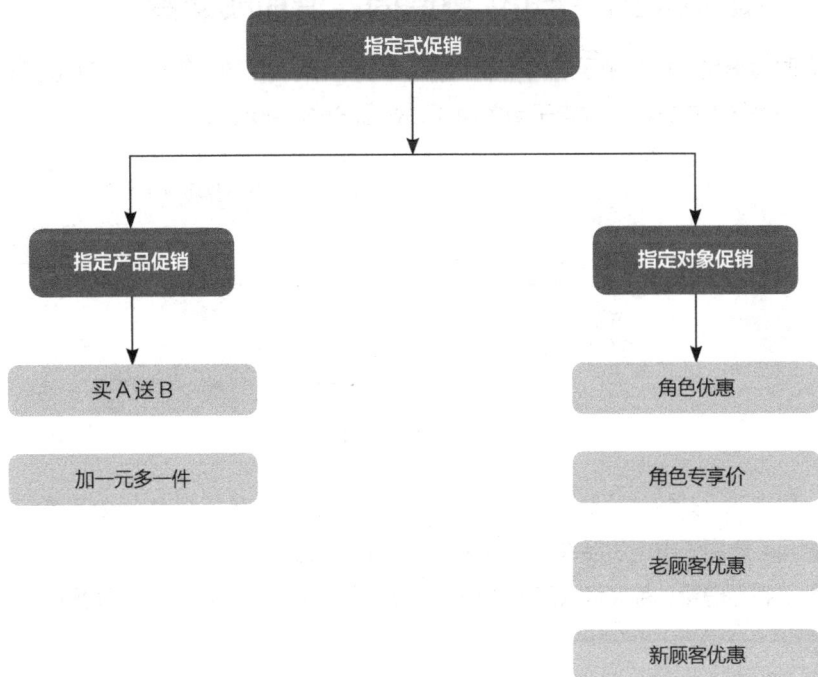

▲ 图 8-13　指定式促销

常用的是新老顾客优惠活动，如图 8-14 所示。

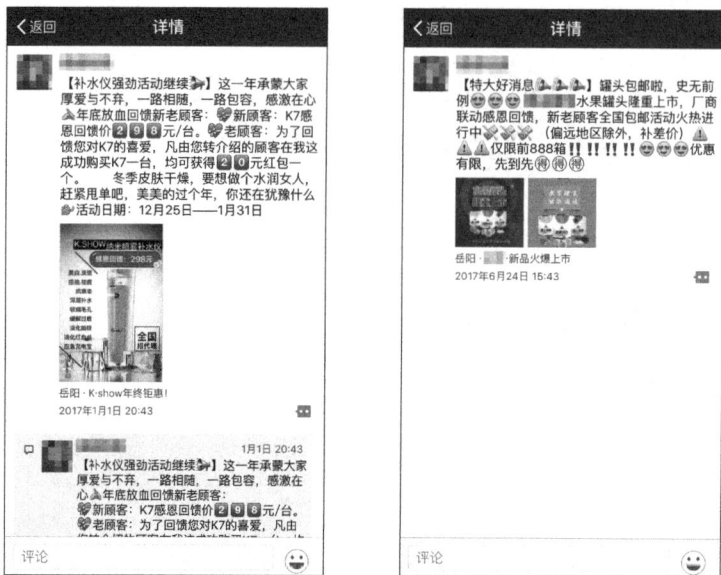

▲ 图 8-14　新老顾客优惠

082　限时优惠：告知优惠原因，增加成交量

限时优惠是一种起源于法国购物网站 Vente Privée 的销售模式。在最初时，它是以互联网作为依托的一种电子商务模式，如图 8-15 所示。

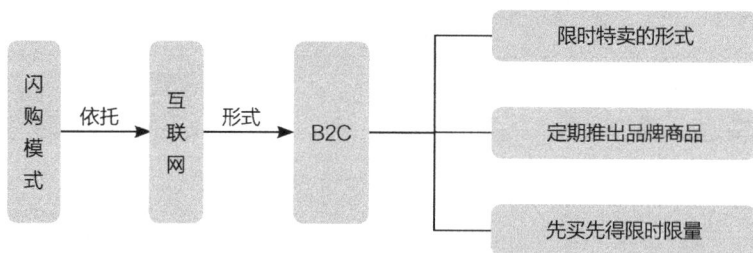

▲ 图 8-15　限时抢购

一般来说，开放"限时优惠"活动的时间点，都是在市场相对比较疲软的时候。这段时间可能由于市场货品饱和导致销售额并不那么乐观。

为了刺激消费，商家可以开启"限时优惠"的活动。"限时优惠"的海报如图 8-16 所示。

▲ 图 8-16　限时优惠的海报

　　在微信朋友圈的优惠活动营销中，限时优惠对用户来说有着强烈的吸引力，商户们要营造一种"优惠不是时时有"的氛围，让用户抓紧时间购买。

　　如图 8-17 所示，这是两份限时优惠的朋友圈广告。第一张图是水果店中的限时抢购，第二张则是内衣店中的限时"秒杀"。

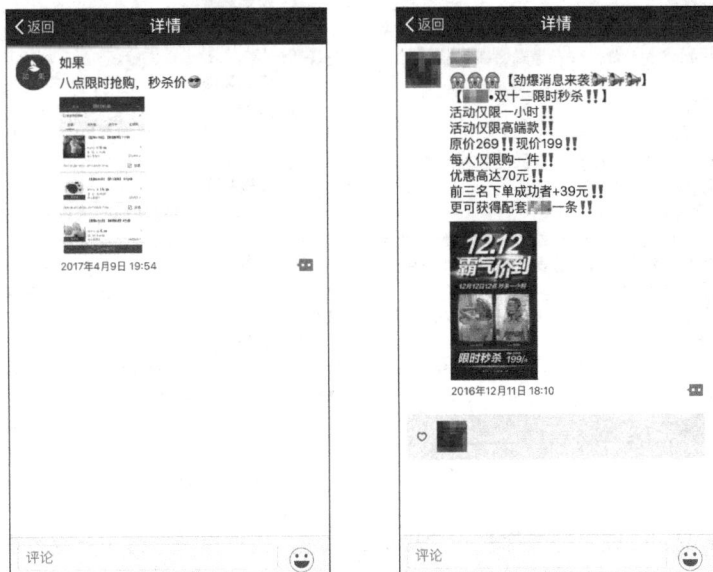

▲ 图 8-17　微信朋友圈中限时优惠的广告

　　无论如何，"价格"都是客户在购买商品时考虑的最基本因素。所以任何时候，"低价"对用户都有着强烈的吸引力。这就意味着，"限时低价"一定能够起到拉动销量、刺激购买的作用。

但商户们必须注意，很多企业在"限时优惠"的活动中以失败告终，主要还是因为没有明确告诉客户为什么要做优惠活动。

不存在没有原因的优惠，莫名其妙地降价，而且优惠的力度又非常大，容易让用户觉得是不是商品本身有什么问题，过期了抑或是产品不合格？以致不仅优惠活动开展不顺，甚至还会影响整个公司的声誉。

在进行"限时优惠"的过程中，必须要将优惠原因告诉客户，比如为了感谢新老客户的支持，抑或是针对某个节日等原因来开展这一活动。

毕竟限时优惠的优惠力度还是非常大的，如果只是一味降价，可能还会引起购买者对商品本身的怀疑。所以事前告知原因也同样可以拉动销售量。

083　会员制度：强化稳固客户群体

在实体店铺中，办理会员卡已经成了一件十分常见的事情。几乎每一家实体店都有会员制度，如图 8-18 所示。

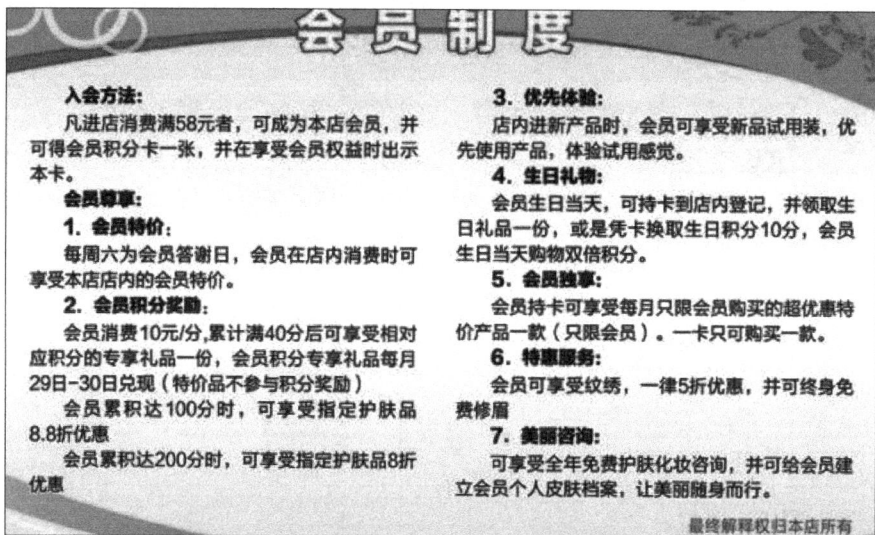

会员制度

入会方法：
凡进店消费满58元者，可成为本店会员，并可得会员积分卡一张，并在享受会员权益时出示本卡。

会员尊享：
1. 会员特价：
每周六为会员答谢日，会员在店内消费时可享受本店店内的会员特价。

2. 会员积分奖励：
会员消费10元/分，累计满40分后可享受相对应积分的专享礼品一份，会员积分专享礼品每月29日-30日兑现（特价品不参与积分奖励）
会员累积达100分时，可享受指定护肤品8.8折优惠
会员累积达200分时，可享受指定护肤品8折优惠

3. 优先体验：
店内进新产品时，会员可享受新品试用装，优先使用产品，体验试用感觉。

4. 生日礼物：
会员生日当天，可持卡到店内登记，并领取生日礼品一份，或是凭卡换取生日积分10分，会员生日当天购物双倍积分。

5. 会员独享：
会员持卡可享受每月只限会员购买的超优惠特价产品一款（只限会员）。一卡只可购买一款。

6. 特惠服务：
会员可享受纹绣，一律5折优惠，并可终身免费修眉。

7. 美丽咨询：
可享受全年免费护肤化妆咨询，并可给会员建立会员个人皮肤档案，让美丽随身而行。

最终解释权归本店所有

▲ 图 8-18　一家实体店铺的会员制度

一般来说，办理会员卡都有一个基本的门槛，也就是说，客户一定要在店铺内购买过一定数量的商品才可以办理会员。

那么会员制究竟有什么优点，值得众多店铺都纷纷开展这项业务呢？如图 8-19 所示。

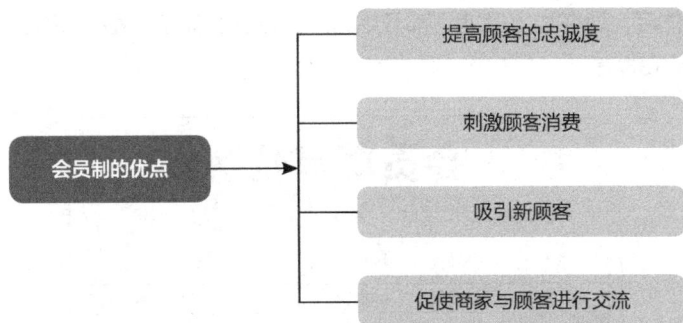

▲ 图 8-19　会员制的优点

1．提高顾客的忠诚度

在办理会员之后，店铺会有一系列针对会员的折扣、优惠活动。价格上的优惠会使得顾客们经常光临这家店铺。久而久之这些会员就发展成了老客户，对店铺的忠诚度也会越来越高。

2．刺激顾客消费

办理会员最直接的好处就是能够享受到店铺的优惠政策。不过这些优惠政策一般都会有门槛，比如满多少元之后再打折，或是积分制，即用卡内积分加上一定额度的钱来换购本身价值更高的商品。

这样的途径看似是在帮顾客省钱，实则是商家让利一点点，反而能够带来更大的利益。用折扣刺激顾客消费，为了满足打折或是积分换购的要求，顾客可能会去购买一些本不在购物清单以内的东西。

3．吸引新顾客

办理会员卡所带来的优惠政策除了让老客户满意以外，同样也会吸引到新客户。比如一位女士去服装店买衣服，结账时销售人员告诉她，由于她所购买物品的总价超过了 500 元，所以店里可以免费给她办一张会员卡，办完之后立马能使用，所有衣服都打 8 折。

很明显，这位女士一定会办这张会员卡。那么成为会员之后，优惠政策又会使得她一次又一次地选择这一家店进行购物，接着成为老客户，循环往复，这就是会员制的赢利之处。

4．促使商家与顾客进行交流

会员制可以使得商家和顾客不断进行交流。一方面，商家经常会给用户推送广告信息、新品上市信息、会员折扣日等资讯；另一方面，客户也可以直接向商家反映购物中遇到的问题以及对他们的意见。

除了实体店，现在线上店铺也都开始纷纷开启会员制度，图 8-20 所示就是一家淘宝店铺的会员制度。

▲ 图 8-20　某淘宝店铺的会员制度

淘宝网应该是线上店铺中最早实行会员制的平台，现在朋友圈商户们也开始实行这种制度，为微信朋友圈营销的长远计划添砖加瓦。图 8-21 所示是两家开启了会员制的微信商户。

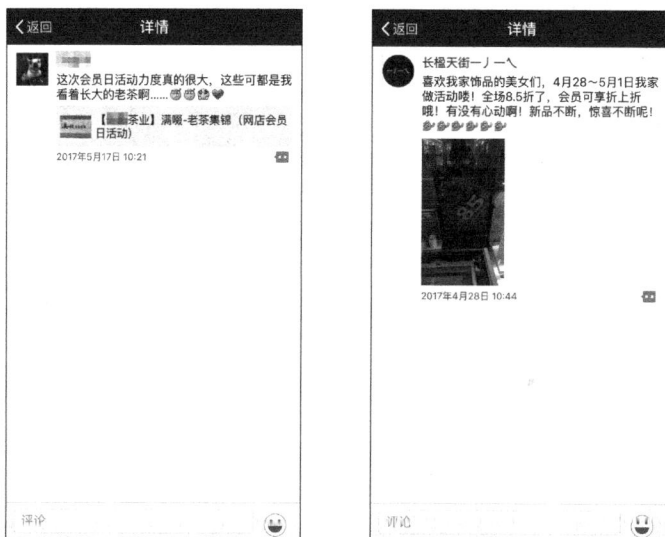

▲ 图 8-21　开启了会员制的微信商户

084   制造稀缺性：让客户有紧迫感

有一句古话叫"物以稀为贵"，意思就是越紧缺的资源价值越大。很多时候，某项资源比较丰富时，我们对它的需求量相对比较少，相反，资源稀缺时我们会更想得到它，累积价值。比如黄金、紫檀木等，如图 8-22 所示。这些东西在资源供给方面有一定的限制性，而正是这种限制性，激发了人们想要购买它们的欲望。因为资源紧缺的东西永远不会失去它本身的价值。换句话说，这些稀缺的东西是"值钱"的。

▲ 图 8-22   黄金和紫檀木

商户们其实也可以把这种心理运用于营销。制造某种商品供不应求的状态会让购买者对这种商品充满好奇心并且想一探究竟。

那么卖家应该如何制造资源的稀缺性呢？如图 8-23 所示。

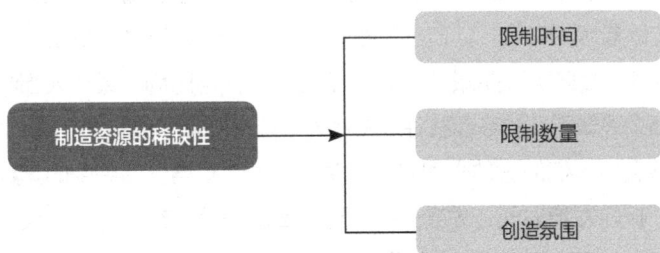

▲ 图 8-23   制造资源的稀缺性

1.   限制时间

限时这一点在"限时优惠"一节已经详细地介绍过了，主要是采取一些低折扣、短时间的方式来吸引客户的注意并且激发他们的购买欲望。但商家们必须意识到的是，现在线上营销中促销活动已经泛滥，用户也不会再轻易被这些折扣活动所吸引。所以在进行"限时"活动时，商家应该抓住适当的时机，并且减少优惠的次数、提高优惠的力度，这样才能在广泛的线上营销中占得一席之地。

2. 限制数量

以化妆品为例，圣罗兰的口红有时会出限量版，而且价格也相对来说比较高，如图 8-24 所示。

▲ 图 8-24　限量版的圣罗兰口红

但是每一次限量版口红只要进入市场绝对是供不应求，每个女人都希望自己能够拥有这样一支限量版的口红，让自己脱颖而出，拥有与众不同的颜色。

经济生活水平的不断提高使得人们开始追求个性与时尚，每个人都希望自己是独一无二的，那么限量购买的商品往往能够成为"独树一帜"的物质代表。

商家应该利用人们的这种心理来进行营销活动。将自己品牌中的某种商品定位为"限量版"，标明发售时间、先到先得，这样商品的销售量一定会大大提高。但必须要注意的是，这一方法适用于相对较为高端、高品质、高口碑的商品。

3. 创造氛围

数字是相对来说比较抽象的概念，很多时候，如果没有别人的提醒，我们对数字的敏感度可能并不算太高。所以在营销中也必须要注意到这一点。商家应该随时去提醒顾客们优惠的力度、优惠时间的流逝、限量商品数量的多少等，给对方造成一种紧张感，觉得"如果再不抓紧时间好东西就要溜走了"。给顾客制造一定的稀缺感和压迫感，会在一定程度上拉动销量。

085 阶梯式成交：降低第一次成交金额

在销售过程中，我们可能会遇到一些客户，屡次拒绝商家所推荐的产品。碰到这种情况应该怎么办呢？以后再也不给对方推销商品了吗？这种做法显然是不可取的，销售人员不应该放弃任何有可能成交的机会。

在这种情况下，销售人员可以采取阶梯式成交的方法，如图 8-25 所示。

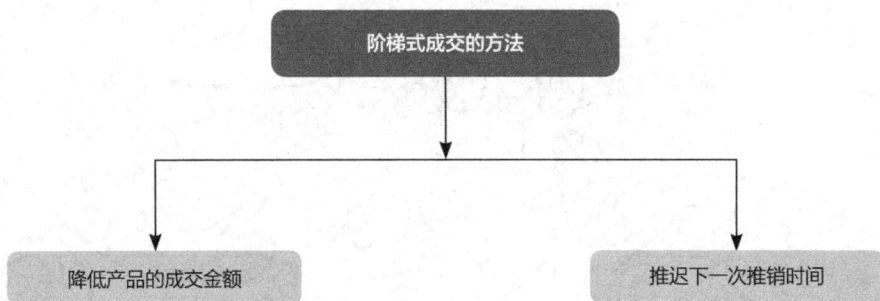

▲ 图 8-25　阶梯式成交的方法

1. 降低产品的成交金额

比如上一次商家给某位客户推荐了一个 500 元左右的商品，可是并没有成功，这次就可以试着推荐一份 200 元左右的商品。究其不愿意购买商品的根本原因还是不信任商家和品牌，对于这种客户自然不能推荐价格较高的商品。商户们可以适量地推荐客户购买一些较为低价的商品，让他们尝试使用一段时间。运用这种循序渐进的方式，一定能够获得一些回报。

2. 推迟下一次推销时间

商户们给微信好友推销的时间一般都是有周期性的，可是特殊客户应该特殊对待。对于一些对商品持不好印象的客户，最好能够推迟对他们的推销时间。一来给对方一些空间，紧密的推销总是让人厌烦的；二来也可以利用这段推迟的时间给这些顾客提供一些有价值的信息或物品，比如送他们一些试用装等，这样可以有效提高下一次推销的成功概率。

086 羊群效应：充分利用从众跟风心理

羊是群居动物，它们平时习惯随大溜，并且是盲目地跟随大溜。只要羊群中有一只羊开始往前冲，所有的羊都会和它一起往同一个方向冲，浑然不顾它们所去的方向有没有危险或是有没有食物。当"羊群效应"用于心理学中来描述人类本能反应时，其实也就是我们平时所说的"从众心理",如图 8-26 所示。

▲ 图 8-26　从众效应

人们常常随大溜而动,哪怕跟自己意见全然相反也会否定自己的意见跟随大众的方向,甚至放弃主观思考的能力。

比如我们出去吃饭的时候,如果要临时寻找饭店,一般人肯定会选择一家店里人比较多的餐馆,"生意惨淡"在很多人眼中就是"菜不好吃","有人排队"则意味着"菜品可口"。这样判断的结果正确与否并不能完全断定,但是跟随众人,正确率通常可以大大提高。所以羊群效应并不是完全没有道理的,大众的经验大部分时候还是可以作为参考的。

在营销过程当中,如果商户们可以合理利用这种从众心理,就有可能大规模地拉动商品的整体销量。

在这方面商家们应该向 QQ 音乐学习。在 QQ 音乐上买线上专辑是计入销量的,然后后台会根据销量将专辑划分为不同的等级,如图 8-27 所示,并且通过官方 APP 或是微博推送出来。

普通用户在选择音乐的时候自然会去关注那些段位比较高的专辑,因为购买人数多,质量肯定不错。

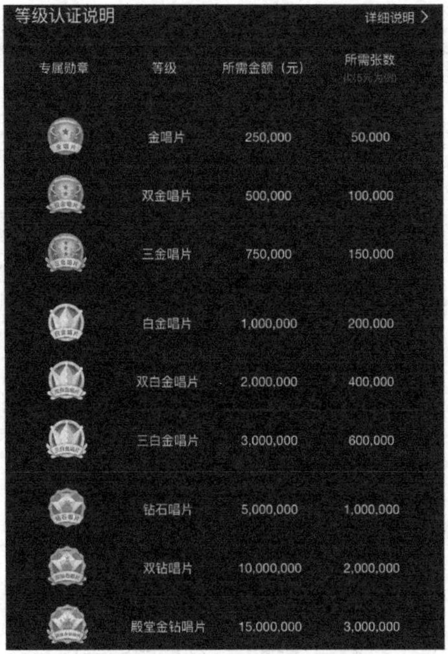

等级认证说明　　　　　　　　　　　　　　　　　　详细说明 >

专属勋章	等级	所需金额（元）	所需张数
	金唱片	250,000	50,000
	双金唱片	500,000	100,000
	三金唱片	750,000	150,000
	白金唱片	1,000,000	200,000
	双白金唱片	2,000,000	400,000
	三白金唱片	3,000,000	600,000
	钻石唱片	5,000,000	1,000,000
	双钻唱片	10,000,000	2,000,000
	殿堂金钻唱片	15,000,000	3,000,000

▲ 图 8-27　QQ 音乐专辑售卖等级

所以商户们在售卖某种商品时，也应该时常向朋友圈中的各位好友们透露一下已售卖数量，给顾客们营造一种商品在被疯狂购买的印象。当然，这种数量越精确越好，如果能够精准到个位会更加让人觉得可信，比如在朋友圈中宣传时附上这样一个句子："商品上架刚刚 8 个小时，就已经抢购了 56321 件！"这种语言可能会激起顾客购买的潜意识，引导其也去购买这件商品。

当然，利用"从众效应"确实可以吸引到很大一部分客户，但是商户在销售过程中也不能忘了那些"个体意识"比较鲜明的客户。他们几乎从不随大溜，而是致力于寻找自己独特的个性，追求小众生活，一般来说，这种客户购买能力也比较强。优秀的销售人员绝对不会放弃这股巨大的购买潜力。所以在营销过程中，既要利用好人群的"从众效应"去推出受普罗大众喜爱的商品，也要抓住人们的"好奇心"，去开发一些限量版的商品供少数人追逐。只有两手都抓稳了，才能拉动产品销量。

087　发展下线：发展客户为分销商

首先了解一下，什么是"分销"。分销是指某家企业与用户之间相互合作的营销战略，已经具备完整的线上与线下购买平台，能为顾客提供一系列销售服务。图 8-28所示就是一个招聘分销商的广告。

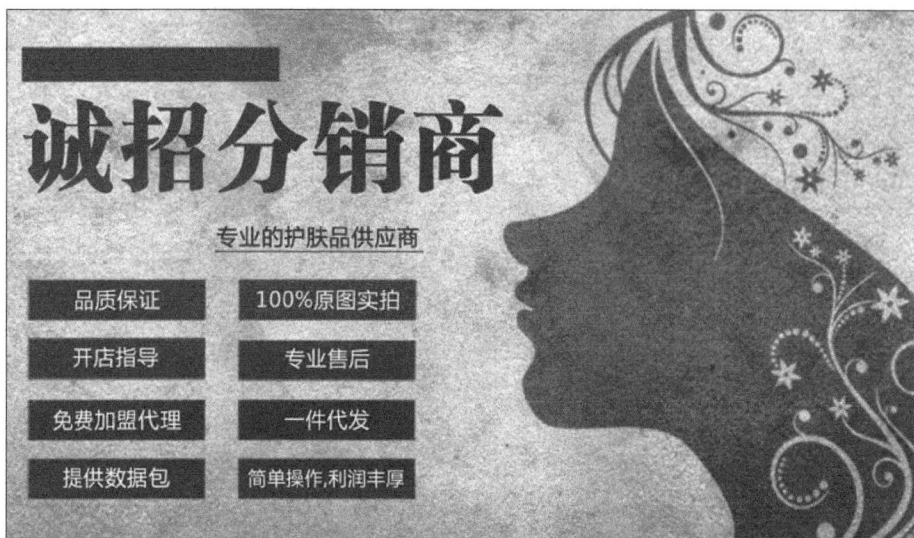

▲ 图 8-28　招聘分销商的广告

　　相较于代理商等其他形式的合作来说，分销商的工作更灵活，也更自由。他们不需要仅仅为一家企业服务，只要他们想，并且有足够的空闲时间，他们可以接无数个品牌的销售活动，不受任何公司与个人的限制。

　　所以分销是相对比较自由的工作安排。商户在进行朋友圈营销的过程中，可以从老客户或是大客户中发掘出一些分销商。

　　他们不用对企业负责，只对商户本人负责。而且工作强度并不算太大，不至于耽误平日休息或上班的时间，还能利用闲暇时间赚上一些钱。

　　对商户来说，当销售走上正轨之后，也需要像实体店铺一样，请一些销售人员帮忙料理店内事务，因为一个人要面对如此多的客户，工作强度还是很大的。

　　而且分销商还能从他的朋友圈中带来并发展一些新的客户。只有不断发展壮大销售人员队伍，才能拉动销量，扩大企业的发展空间。

　　所以商户们在营销过程中，不仅要不断地发展新粉丝，还要学着去挖掘粉丝的潜在价值。把目光放长远一些，把个人利益与粉丝利益绑在一起，为个人的业务寻找更广阔的发展空间。

第9章

关系营销:
打造良好的客户体验

学前提示

在营销过程中,永远都要遵循"顾客第一"的原则。商家们要努力与自己的客户维系好关系,留住客源,不断壮大客户群体,这样才能提高产品销量。本章将介绍多种售前售后方案来为品牌的长远发展提供无限的动力。

要点展示

088　关怀备至：为客户提供温暖和人性化服务

在前几章，我们分析了很多吸粉的方式。很多商户可能会将重点放在如何发掘新客户，怎样让购买潜力变为实际购买力的问题上，却忽略了对现有客户关系的维护与发展，使得很多潜在客户大量流失。

虽然通过不断的宣传与推广，店铺可以增长不少粉丝数量，但是商户们必须意识到，现有粉丝的数量也可能减少。这样下去，整个营销过程只会陷入恶性循环，不仅对销售业绩没有任何好处，还有可能因为要支出大量的推广费用而造成一部分损失。长此以往，企业与个人的长期发展也会受到不少影响。

所以为了维持业务的长远发展，商户们在不断发展新用户的同时，也要重视老客户，不断挖掘他们的潜在价值，拉动店铺的销售总量。要想达成这一目的，我们应该培养和维护好与老客户之间的关系，多与他们在朋友圈里互动，多去关心并且主动问候他们，与这些客户建立一个比较稳定且良好的关系。

换句话说，在销售商品之前商户们最好不要将他们当成客户，而应该当成朋友。不要总想着推销产品，更应该让他们感受到人性化的温暖。只有这样对方才会愿意接受你的推荐、愿意信任你。赢得客户信任才是成功的第一步。

那么我们要如何为客户提供温暖的人性化服务呢？如图 9-1 所示。

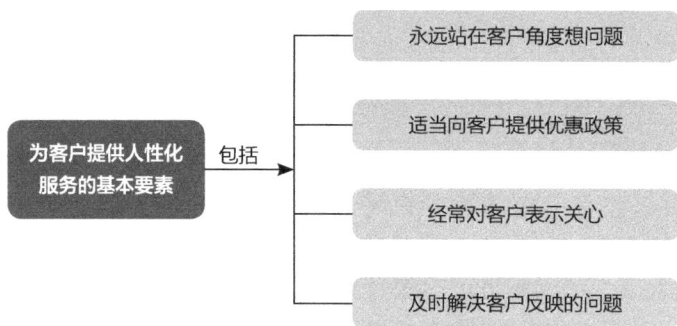

▲ 图 9-1　为客户提供人性化服务的基本要素

1. 永远站在客户角度想问题

当商家在给用户推荐商品时，一定要站在客户的角度思考这个产品客户是不是真的需要，如何能够为客户寻找一个价格最低的搭配方式，只有将心比心，商户们才能得到购买者的信任，拉动商品的销量，为营销的长远计划打下一个良好的客户关系基础。

反之，如果商家只是一味为了赚取眼前的利润而不顾客户的感受，让他们花上一大笔冤枉钱去购买一些对他们来说根本无用的东西，这种行为往往会导致顾客不再信任商家，并且不会继续购买这家的商品。更糟糕的是，"好事不出门，坏事传千里"，一家服务态度不好的商户往往会以"以一传百"的速度迅速被冠上坏名声。那个时候，失去的就不仅仅是某一个客户了。这种做法实在是得不偿失，应该尽量避免。

2. 适当向客户提供优惠政策

每一个客户，不管是新客户还是老客户，都是企业或个人赢利的来源。为了保证这个源头可以源源不断地给商家带来利益，商户们应该想尽办法给对方一些好处，让他们觉得选择你的商品是正确的。

很多时候，一点点让利可以换来长久的合作与赢利，何乐而不为呢？

3. 经常对客户表示关心

感情是需要交流的，两个老朋友很久不联系再见面可能会有些许尴尬，想聊天也没有共同的话题。所以想要维持一段感情，"交流"是最好的方式。

这个经验同样适用于营销。商家可以多和客户们交流，平时多关注朋友圈好友动态，及时献上各种祝福或是关心。在整理客户信息的时候，记下各位客户的生日，当天发一些祝福信息或是一个小小的红包，都会让人倍感温馨。

其实人都是敏感的，在外拼搏劳累，每天都会碰上很多烦心事，如果亲人和朋友没有陪在身边，在这种时候，收到来自陌生人的善意会让他们如沐春风，自然就会与商家拉近距离。

4. 及时解决客户反映的问题

售前咨询和售后服务是影响商户"要不要来这家店购买商品"和"以后还要不要再次光临"这两大决定的直接因素。其中，服务速度和态度是衡量商家能力的两大标准。

商户们一定要有充足的时间，尽量保证自己能够 24 小时在线，任何时候都能迅速为客户解决问题。如果临时有急事不能与客户沟通，上线后一定要第一时间与对方取得联系并且解释推迟回复的原因。

在为客户解答疑惑的过程中，商户们可能会碰上各种性格的客户，有些甚至不太讲理。无论如何，商户们都应该保持温和理智的态度，不仅为对方解决问题还要使之倍感温暖。

当今社会，客户们已经不再满足于商品本身所带来的价值了，他们开始注重自己的精神层面，有没有被尊重、被温柔对待。所以商户们在经营过程中不仅需要注重产品的质量，也应该让客户感受到店铺的人性化，让他们在精神层面得到满足。

089 学会倾听：认真对待反馈信息

在营销过程中，由于微信好友数量庞大，加之工作强度日渐增加，经营当中难免会遇到一些大大小小的问题。在这种情况下，店家受到用户的抱怨也是在所难免的，一般客户会抱怨的内容如图 9-2 所示。

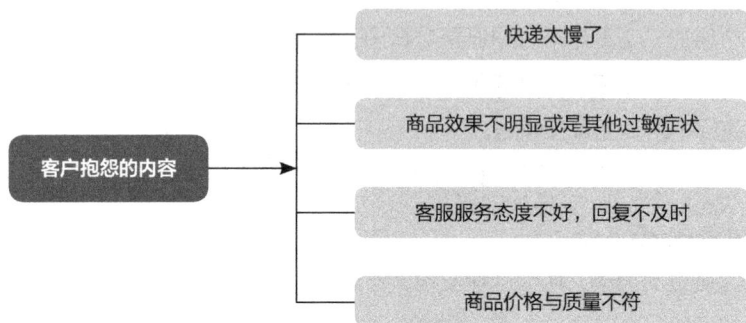

▲ 图 9-2　客户抱怨的内容

在这种情况下，商家们应该重视客户的每一次反馈并且用心倾听他们所提出的问题与建议，如图 9-3 所示。

▲ 图 9-3　学会倾听

这些问题能不能得到系统的解答和解决，是决定客户会否继续信任这一家店铺的基本考量因素。所以商户们应该认真对待客户的每一次反馈，并将这些内容分门别类，具体问题具体分析，仔细去解决所有的问题。在处理反馈信息时，图 9-4 所示的这家水果店就处理得很得当。

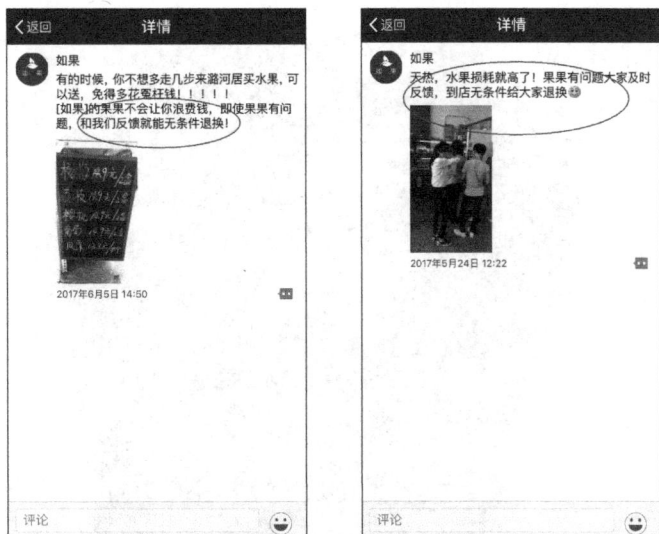

▲ 图 9-4　水果店对反馈信息做出的解决措施

一旦商户没有将客户提出的问题处理得当或是压根儿就没当回事儿，很容易使店铺损失一部分客户。如果总是因为忽略问题而损失客户，生意就只能以失败告终了。

所以为了防止这种局面的出现，商户们应该从源头杜绝各种容易令客户心生不满的问题，用心聆听客户的意见，认真对待每一份反馈信息。

090　感情真挚：与顾客打感情牌

商家们在进行朋友圈营销的过程中，如果只是循规蹈矩地发一些无趣的广告内容，肯定是没有几个人愿意看的。

但是如果我们能将广告内容加以修改，添加一些可以吸引人眼球的元素，说不定就能够让顾客们抽出一些时间来读完整个广告。

一般来说，最能够引起客户关注的话题就是"感情"。商家要善用各种能够触及人们心灵的句子或是内容来吸引客户，也就是所谓的"情感营销"。

如今，由于物质生活的不断丰富，群众在购买商品时除了产品本身的质量与价格，同时还追求一种精神层面的满足，即一种心理认同感。

情感营销正是利用了人们的这一心理，对症下药，将情感融入营销当中，唤起购物者的共鸣与需求，把"营销"这种冰冷的买卖行为变得有情有义起来。

比如广东省发行的"大爱无疆"彩票，如图 9-5 所示，就采取了这种方式。这种彩票 10 元一张，每卖出去一张，彩票管理中心就会向地震灾区捐献 1 元。

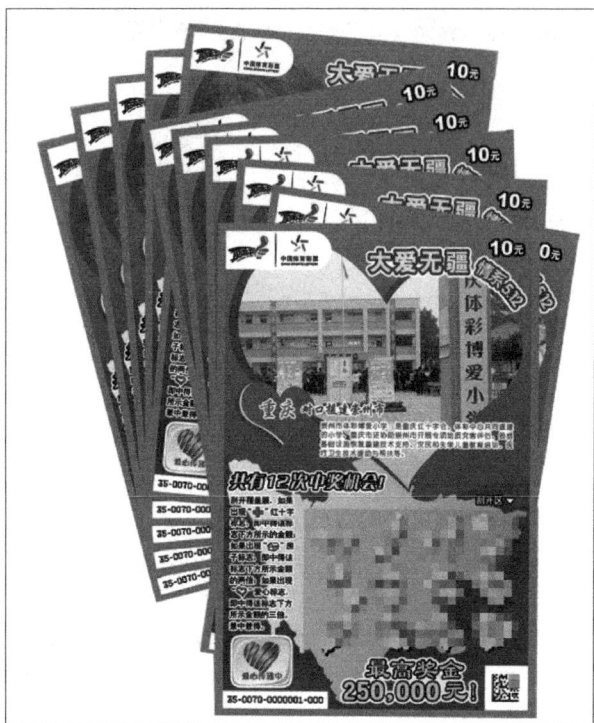

▲ 图 9-5 "大爱无疆"彩票

大部分人都不缺这 10 元，而且彩票本身也有它的价值。最重要的是，在赚取彩票价值的同时，顾客们还能够表达自己对地震灾区的爱心，尽自己所能帮助受灾群众。所以彩票销售量是十分可观的。

同理，在朋友圈营销中，商户们也应该抓住客户们对情感的需求。其实任何形式的能够感动人心的细节方面的内容都可能触动不同客户的心灵。

图 9-6 所示是一个关于卸妆湿巾的广告。广告开始部分提出了这一产品的使用场景，同时给出了毛孔粗大堵塞的原因。这种类型的广告对那些面部存在毛孔粗大问题的顾客是很有吸引力的。

接下来，商户抛出了卸妆湿巾的优惠信息，向顾客普及卸妆湿巾使用必要性的同时，也让顾客在脑海中产生一种"卸妆湿巾还是××品牌优惠"的错觉，吸引广大美颜顾客购买。

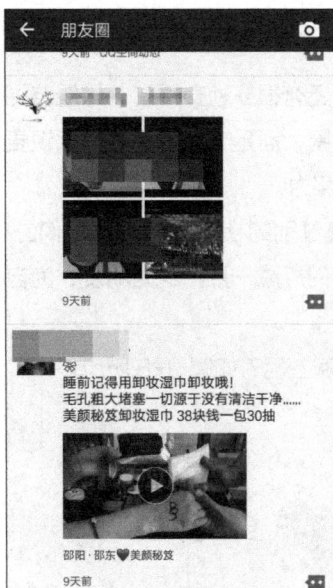

▲ 图 9-6　卸妆湿巾的广告

　　在广告中，除了可以加入引起强烈情感共鸣的内容，也可以添加一些生活气息浓重的、较为温暖人心的内容，这样的内容也可以引人关注。图 9-7 所示是一位卖零食的商户发布的朋友圈广告。她平时在发布广告时，总会带上一些与生活感情息息相关的内容，引起人们对平淡温馨生活的认同和情感共鸣。

▲ 图 9-7　零食的广告

091 多渠道沟通：将客户发展为朋友

除了微信以外，网络上还有很多社交平台。做朋友圈营销的商户应该将眼光放长远一些，不能仅仅看到朋友圈，而是应该想尽办法认识更多的人，与对方成为朋友，不断挖掘他们身上潜在的购买力。

这就要求商户们设法通过别的社交软件与客户们进行沟通，提高自己店铺的人气，通过平等的沟通与客户们打成一片，成为朋友，为自己店铺的长远销量打下牢固的基础。

那么这些沟通的渠道有哪些呢？如图 9-8 所示。

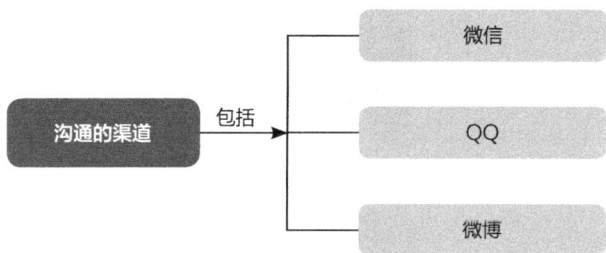

▲ 图 9-8 沟通的渠道

下面详细介绍除微信以外的其他两种沟通渠道。

1. QQ

QQ 应该是我们最常用的一种社交工具。图 9-9 所示为腾讯 QQ 的登录界面。

▲ 图 9-9 腾讯 QQ 登录界面

它拥有很大基数的粉丝，是一个十分便利的吸粉平台。而且由于 QQ 和微信同属于腾讯公司，所以两个软件之间还有可以互相联系的地方，比如在 QQ 空间发的状态可以直接同步到微信朋友圈，这样既节省了时间又将广告推送给了更多人。

当然，商家们用到 QQ 的主要原因还是为了和购买者们发展更好的关系。建立 QQ 群就是其中一种方式。

QQ 群是可以分类的，也可以放上网络平台向公众开放，商家可以根据自己的喜好点击加群，如图 9-10 所示。这样就能汇聚天南地北有共同兴趣爱好的人，然后慢慢地与他们发展关系，最后将他们拉入客户的行列。

▲ 图 9-10　查找 QQ 群的界面

2. 微博

作为现在炙手可热的社交平台，微博可以说是用户最活跃的网络地带。随着近几年很多社会新闻都在微博上遭到披露，人们越发能够感觉到微博用户的力量仍在日益强大，社会影响力也日益加强。

而且相比微信、QQ 这种聊天软件，微博更加公开透明。有共同语言的用户可以互相关注并且交谈。新浪微博登录界面如图 9-11 所示。

如果商家想要在微博上扩大好友圈，最好将自己的账户发展成"大 V"来吸引更多的粉丝关注，从而提高自己的人气，同时也可以提高店铺的人气。

一般来说账号想涨粉，通常有两种办法。一是靠自己多发有意义的内容，凭借自己的头脑和文笔吸引别人的关注，比如"耳帝"，专门为别人科普音乐性质的知识，在流行音乐界有一定的地位，大家都很信任他，粉丝众多，因此可以接一些广告；又如"博物杂志"，就是专门写生物科普的博主，博学多识、风趣幽默，经常为大家排忧解难，当然他本身也卖科普类杂志，因为微博吸引了众多粉丝，杂志的销量也被有效拉动了，如图 9-12 所示。二是去高人气的博主发的微博底下抢热门，引起对方粉丝的关注，进而逐渐获取大批追随者，如图 9-13 所示。

▲ 图 9-11　新浪微博的登录界面

▲ 图 9-12　靠自己多发有意义的内容涨粉

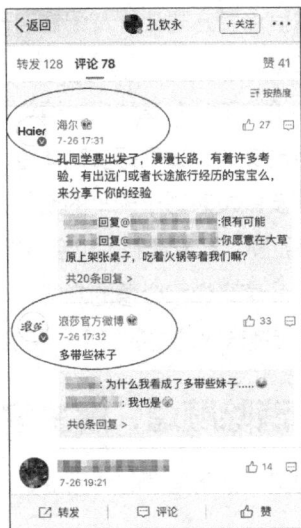

▲ 图 9-13 抢热门类博主

　　不管采用哪种沟通方式来获取客户,最终的目的都是推广商家的产品或服务。所以一定要想尽办法让这些微博粉丝与商家交换微信,挖掘他们身上的消费潜力,从而促进商品销量。

092　互动提升:增强客户的黏性

　　在朋友圈营销中,为了与微信好友们培养比较稳固的关系,商户们要尽量多与好友进行互动,而要想在朋友圈赢得好友的好感,提升其信任度,就要多提升自己的存在感,关心自己的核心好友,点赞加评论是最有效的方法之一。

　　微信点赞的具体介绍如图 9-14 所示。

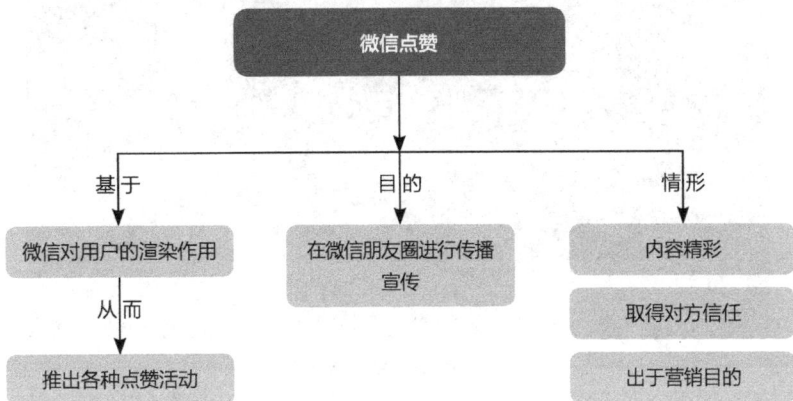

▲ 图 9-14　微信点赞的具体介绍

由图 9-14 可知，利用微信点赞方式让好友记住自己，还能得到被好友关注的机会，原理是：先付出，再得回报。

看到好友聚会很开心，评论一下，分享快乐；看到好友发看电影的状态，评论一下，可以讨论剧情，有利于互动交流；看到好友晒体重，无论是长胖了还是太瘦了，都可以评论关心一下；看到朋友圈发表对于未来的期待和自我激励的状态时，要及时点个赞，表示对好友的支持和鼓励。好友看到了也会觉得很受鼓舞。

商户们可以通过这种互相分享喜悦和心情的方式，逐渐与对方发展友好关系，使双方成为无话不谈的好友，为店铺未来的发展打下坚实的基础。

093　增强体验感：消除顾虑，解决客户问题

很多时候，顾客不愿意购买商家所推荐的商品主要是因为对商家不够信任，对商家所描述的内容持有怀疑态度。

那么这时，我们到底要如何才能让客户不再怀疑进而相信所有的描述呢？最有效的办法是直接拿出实质的物品来取代空洞的词汇——用商品本身的功效来证明产品描述的真实性。

准确地说，就是增强客户的体验感。那么如何增强客户的体验感呢？以实体店为例。图 9-15 所示是一家耳机体验店。

▲ 图 9-15　耳机体验店

该店铺直接将商品陈列出来，并且每个型号都有实物展示，让进店选购的顾客可

以现场试听。耳机功效的确是一个很抽象的概念,因为人们无法想象"声场大""三频均衡""人声出色"是怎么样的,但是当他们试听过后,自然就会形成一种直观的感受,好还是不好他们心里就很清楚了。

其实不止耳机体验店,现在市面上各色体验店越来越多,因为人们比起听取抽象概念,更愿意相信自己主观的感受,图9-16所示是一家手机体验店。

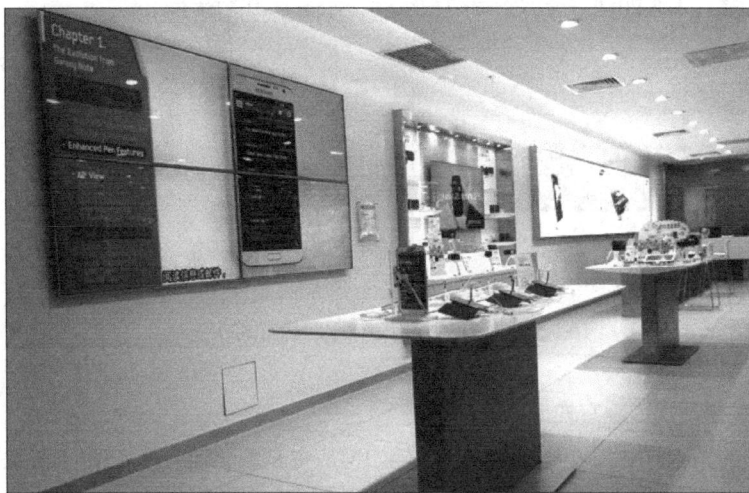

▲ 图9-16 手机体验店

这种体验式店铺除了能让顾客实地了解产品功效、打消其顾虑以外,还有什么别的好处吗?当然有,那就是增加顾客的体验感,包括增加商品使用的体验感和购物的体验感。

当然,微信朋友圈的营销没有办法制造出购物的体验感,这点非常遗憾。但是商家们可以试着增加商品使用的体验感。

对于诸如护肤品、化妆品、零食等可以拆分的商品,增加用户的体验感还是比较简单的,比如直接送给客户一些商品的小样,让他们先感受一下功效,如果好用,他们自然会选择购买。

那相对较大件的商品特别是电子商品能不能实现这种体验呢?其实也可以。但最好是针对诚信意识比较强、购买希望比较大的客户,可以让对方交一定的押金,把商品寄给对方让他们感受一番。

现在也有很多卖耳机的商家就是采取这样的方式来推销自家耳机的。

094 后续跟进:将新客户发展为老客户

任何商家都应该记住,自己做的是长期营销而不是短期推销,不能存在"卖完东西拍拍屁股就走"的想法。

营销要做的就是不断积累新客户、发展老客户，使店铺内的生意生生不息。当然，在销售过程中，商户们也可能会遇见不太想购买商品的客户，对于这些人，也不能置之不理，而应循序渐进地引导对方，和对方发展友好关系，慢慢将对方拉入生意圈。

所以商家对任何形式的顾客都应尽量做到持续跟踪，只有这样，才能让对方感受到你的诚意。那么如何才能做到有效跟踪呢？如图 9-17 所示。

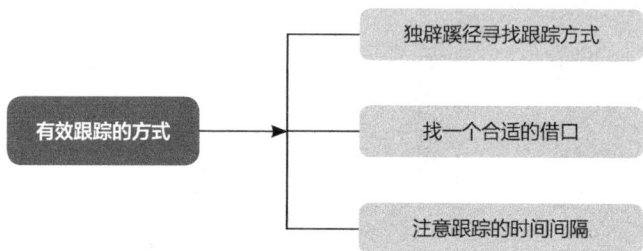

▲ 图 9-17　有效跟踪的方式

1．独辟蹊径寻找跟踪方式

一般的跟踪方式每个商户都知道，但如何从中脱颖而出，是商家们必须思考的问题。因为只有"不一样"，才能给对方留下深刻的印象。

比如别人都用微信跟踪，每一次都给对方发上一小段文字客客气气地提问，那我们就可以试着写一封信与客户进行交谈。手写的文字无论如何都要比键盘上敲打出的冷冰冰的标准字体更让人感兴趣，也更能让人投入心思去阅读和回复。因为所有人都知道，写一封信要耗费写信人不少的心力与时间，大部分人都会尊重写信者的心情与劳动成果，自然就会认真地与商家沟通交谈，而不只是随意敷衍了。

2．找一个合适的借口

在跟踪的过程中，商家在每一次与顾客交谈之前，都需要有一个合适的主题开始对话。如果只是一味推销商品，上来就给客户介绍新产品，询问他们要不要购买，对方恐怕连一个最基本的回复都不愿意给。所以聪明的商家会选择一个避无可避的话题开始这段对话，然后再慢慢地将话题导向别的方向。可行的话题有很多，比如询问对方对公司客服的看法、对产品的意见等。

3．注意跟踪的时间间隔

跟踪客户的时间间隔也是需要仔细思考的内容。因为时间间隔太短会让人厌烦，太长又容易让对方忘记你的存在。一般来说，2 ～ 3 周进行一次跟踪调查是比较合理的。

💡 温馨提示

在每次跟踪调查时，不要显露出太强烈的销售目的。必须明确跟踪的主要目的是帮助客户解答关于企业与产品的问题，以及了解客户，弄清楚客户的真正需求，从而为他们创造价值。

平均来说，每 3 次跟踪才能成交一笔订单，所以商户们在跟踪过程中一定要有耐心，尽量不要轻易放弃每一位客户。除了一直要坚持跟踪客户以外，商户们还必须弄清楚在跟踪用户过程中必须注意的事项，如图 9-18 所示。

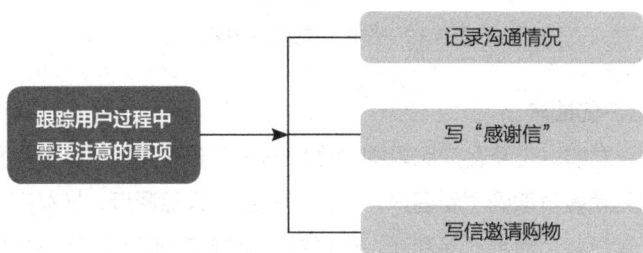

▲ 图 9-18　跟踪用户过程中需要注意的事项

1. 记录沟通情况

商户每次在与客户沟通完毕后，都应该记录好所有沟通情况，比如沟通的具体时间、沟通的次数、沟通的内容、顾客的具体情况等，方便下一次与客户沟通，也不会因为顾客太多而弄混了信息。

2. 写"感谢信"

新客户在购买商品时，商家可以随产品带一封亲手写的感谢信，以此来表达对客户的谢意，也能让对方感受到商家的诚意。

3. 写信邀请购物

当商家发现，有些客户很长时间没有来店内购买商品时，可以给对方写一封信件邀请他们来光顾店铺。可以在信中附上店铺内新上的多种商品，并且强调一定会给对方最优惠的政策。

095　重视老客户：潜力最大的还是老客户

很多商家在商品销售过后就以为销售就此结束，再也不去关注客户的感受了。其实只要客户对产品满意，成为回头客的可能性是非常大的，所以商家们应该尽力去维系与老客户之间的关系。

维护与老客户的关系有哪些好处呢？如图 9-19 所示。

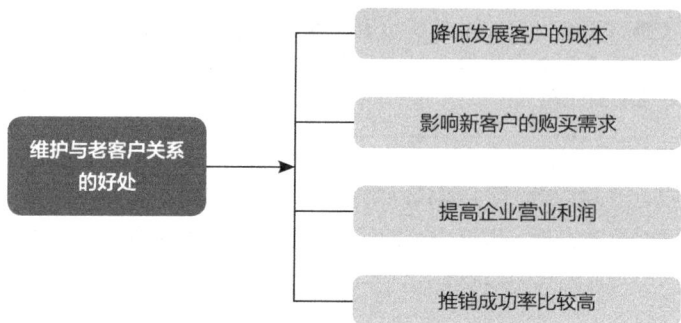

▲ 图 9-19　维护与老客户关系的好处

1. 降低发展客户的成本

一般来说，发展一位新客户比巩固老客户的投入要大得多，不管是资金方面还是精力方面。而且就算争取到了新客户，从打好关系、跟踪调查、推荐商品的整个过程来看，要从新客户身上赚到产品利润，也得花上近半年的时间。所以去巩固与老客户的关系，不仅能够节省时间，还能降低发展客户的成本。

2. 影响新客户的购买需求

老客户不仅能够促进产品的销量，还可以为商家带来更好的赢利方式，那就是介绍新客户。一般来说，普通人如果很信任某品牌，而他身边的朋友亲人又刚好在挑选某商品的话，老客户都会将自己熟悉并且信任的产品推荐给对方。在推荐的过程中，为了使自己的话更有可信度，他们往往会详细地介绍该产品的信息。这样一来还能够帮助商家节省介绍产品的步骤。

有数据调查显示，在一般企业的客户中，60% 都是源于老客户的介绍。这一数据充分说明了老客户的重要性。

3. 提高企业营业利润

由于老客户都十分信任企业产品的品质，这也使他们在购买商品的过程中很少会迟疑，并且他们也会选择企业其他的产品进行尝试。一般来说，老客户的忠诚度每提高 5%，整个公司的利润率会上升 25% 左右。可见，企业相当一部分的赢利都是由老客户带来的。

4. 推销成功率比较高

由于老客户对商家十分信任，所以当商家给老客户推荐新产品或是别的一些产品时，老客户只要有需要，接受推荐的概率大概为 50%。但如果是给新客户推荐同样的产品，由于他们对商家并不了解，先前也没有用过其产品，一般接受的可能性也就 15% 左右。

综上所述，商家们应该多花一些时间来正确地对待老客户，给他们更好的售前售后服务，将他们身上还未挖掘完毕的购物潜力全部激发出来，这才是正确的营销方式。

096 投诉快车道：完美解决产品售后问题

售后服务是商品售卖过程中非常重要的一步，这一步甚至可以直接影响到客户的重购率。为了让对商品有售后需求的客户能够快速地进行反馈，商家最好能够开设一个"投诉快车道"，比如专门用来投诉的一个电话号码，24 小时开机，随时随地能够接收到来自客户的反馈。

除了接受投诉时要快以外，处理客户问题的速度也一定要快。因为客户一旦认为售后服务不到位，就可能立马换一家店铺去购买其需要的产品，所以商家只要接到投诉，就一定要以最快的速度处理。

一般来说，售后问题主要有以下 3 个，如图 9-20 所示。

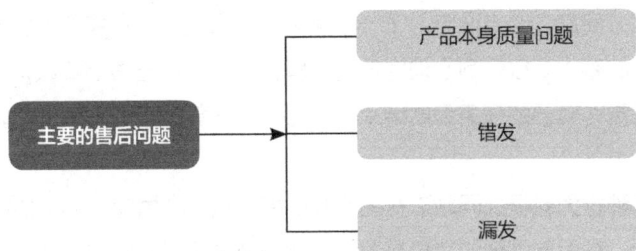

▲ 图 9-20　主要的售后问题

下面详细分析以上 3 点并给予合理的解决方案。

1. 产品本身质量问题

产品质量问题有大有小，商户们应该分类对待。而问题究竟是大是小，主要还是取决于商家所售卖的商品。

如果商家所售卖的商品是化妆品、保健品等内服外用的产品，那对于质量问题就必须引起高度的重视，所有商品都得全部给顾客换掉或是退款，甚至是进行赔偿。无论如何都必须使顾客满意，否则以后的生意将会受到很大冲击。

如果商品是衣服或是小型家具等，情况就会缓和一些。商家可以仔细询问具体是哪方面的问题，如果只是一些小细节，比如衣服纽扣不紧、组装柜的螺丝有些松等，商家就可以和对方协商，能不能返给他们一些钱然后由客户自己动手处理，如果遭到拒绝再商量退货也不迟。

2. 错发

错发比较好处理，如果对方客户喜欢，那商家补个差价即可，如果对方不满意那就退货重发。

3. 漏发

漏发一般有两种处理方式：补款或是补货。这点就需要商家和客户好好沟通，看哪种方式对方更能够接受。

无论由于什么原因引起客户的投诉，商家们都必须严谨遵守一个原则：一定要有耐心。如果碰上脾气火爆的顾客，可能其言语比较冲动，这个时候商家一定要想尽办法安抚对方。

无论如何，尽量留住每一位客户。

097　定期回访：记录顾客建议，优化工作

虽然商品本身的质量是影响商品销量的关键，但优质的服务质量也是不容小觑的重要因素。现在很多商家也意识到了服务的重要性，都日渐重视起来。

但有一部分商家在这方面陷入了一个误区——将重点放在售前服务上，重视前来询问商品信息的客人，很有耐心地为他们讲解企业与产品方面的知识，但是一旦顾客付款过后，就觉得自己的任务到此结束了，对之后的售后服务不太上心，更别提跟踪调查了。

很明显这种行为有很大问题。在前文我们提到过，"营销"和"推销"是两个完全不同的概念，在朋友圈做的销售是营销，货物交易只是中间的一个环节。所以聪明的商家不仅重视售前服务，对售后服务也十分上心。

售后其实是一个很大的模块，它包含了很多内容，我们平时最熟悉的应该就是维修期内的售后服务。但售后服务远远不止这些，比如对顾客进行定期回访，收集反馈建议等，也是非常重要的售后工作。

商家们必须要意识到，这些细节在很大程度上决定了能不能够将顾客培养成"回头客"。

在回访之前，店家当然需要做足准备工作，这些准备工作的具体内容如图 9-21 所示。

当商家做好上述准备后，就可以着手开始回访了。下面介绍商家在回访时需要调查的事项，如图 9-22 所示。

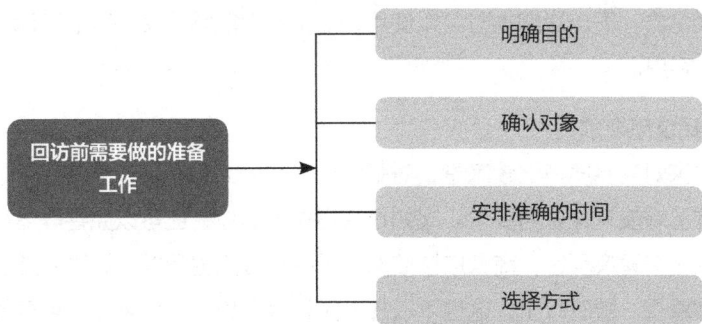

▲ 图 9-21　回访前需要做的准备工作

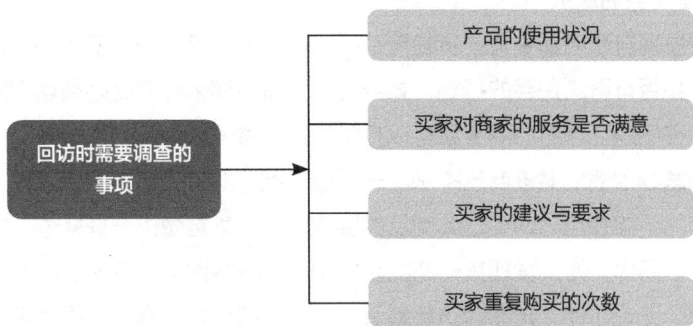

▲ 图 9-22　回访时需要调查的事项

1. 产品的使用状况

产品的质量好坏是一个企业能否存活与存活多久的根本条件。顾客觉得这次买的东西好用，可能就会选择回购；如果他觉得不好，可能会对整个企业形成不好的印象，那么该企业旗下所有产品他都不会再购买，转而选择别的公司。

这时，如果企业可以对客户进行回访，就能知道他们不满意的原因和商品本身所存在的不足。在这种情况下，商家应该尽快拿出解决措施，来极力挽留对商品存在不满情绪的客户。哪怕没有留住这位客户，至少商家也能知道产品的问题出在哪里，下一次继续改进与完善，这样才能使企业获得长远发展。

2. 买家对商家的服务是否满意

除了产品本身的质量以外，客户对商家服务态度满意与否，也决定了其是否会选择再次购买。

通过回访时的沟通，商家可以了解顾客对服务的满意程度。一般来说，商家的服务不仅包含售前售后，甚至还应该包括快递情况等。在了解了让客户不满的具体情况之后，商家应该尽快改正并向客户做出合理的解释，或是给对方一些补偿，比如赠送对方一些代金券，下一次购物时可以使用。这样不仅能够平息顾客的不满，还能把对方发展成老客户。

3. 买家的建议与要求

如果买家对商品质量比较满意，对服务也没有太大的异议，商家还可以询问对方对购买的产品有没有建议与要求。比如是否觉得产品包装还可以完善等诸如此类的问题。如果顾客有建议反馈，商家应该欣然接受并且去完善问题，让对方感受到他的建议是真的被尊重、被听取了。这也可以在一定程度上增加回头客。最重要的是，还可以使店铺本身不断地进步与完善。

4. 买家重复购买的次数

当店主发现自家店铺中有些货物滞销时，就应该去查询一下所有购买过此商品的买家名单，是否有再次购买的行为。如果几乎没有，那么商家就必须意识到，可能该商品本身存在问题。这时，商家就可以打电话或发微信去询问用过该商品的买家，到底是什么问题导致他们对该商品不满。一旦意识到可能是质量方面的问题，商家就应该尽快将商品下架并且向购买过此商品的顾客道歉，甚至做出一些补偿，并向他们推荐别的商品。同样，如果发现某件商品重复购买次数特别高，商家就应该多多囤货以免供不应求。无论如何，定期回访都是每个商家必须要做的事情，因为它会直接影响回头客的数量和店铺的长久发展。

098 后期改进：听取客户建议，做出特色

在微信朋友圈营销中，微信好友便是我们的客户。好友越多，潜在客户就越多。要想成功地在微信朋友圈中经营下去，微信好友便是支撑个人店铺发展的全部力量。其实客户不仅仅只是店铺的购买力量，同样也是宣传力量，甚至是商家进行店铺改进的最好建议群体。商家们应该不断挖掘这些客户的价值，听取他们的建议，不断完善整个经营过程，最终形成自己的特色，吸引更多的客户与关注。

客户的建议对于店铺来说十分重要。因为他们可以站在消费者的角度上来告诉企业顾客真正需要的到底是什么，企业还欠缺些什么，有哪些没有做到位。而这些意见对企业的建设与发展都十分重要，所以商家必须给予重视。

在面对客户的建议时有 3 个原则是必须要遵守的，如图 9-23 所示。

1. 鼓励客户提出建议

其实让别人提建议就像是课堂上老师让学生提问题一样，很难碰上真正愿意主动提建议的人。一方面是大家怕麻烦，提了意见可能会被一直叨扰，问很多关于这方面的问题，烦不胜烦，另一方面则是害怕商家觉得这个建议没有什么用，直接否认会伤

到自己的自尊心。所以，商家要是能遇上愿意主动提建议的客户必须真诚相待。但是商家也必须要了解，大部分的客户还是比较被动的。

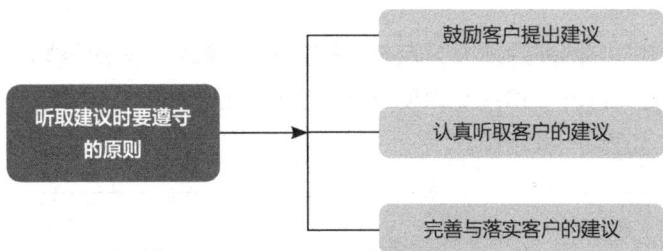

▲ 图 9-23　听取建议时要遵守的原则

这时就需要商家自己主动一点去鼓励客户提出一些令其不满意或是他觉得还能够完善的地方，主动向对方表明一定会重视他所提出来的意见。甚至可以给予资金上的鼓励，给那些提出好建议的客户一些优惠政策或是赠送代金券。很多时候，有偿得到的信息会比无偿的更加有价值。

2. 认真听取客户的建议

一旦顾客愿意提出建议，商家们要做的就是认真记录这些信息，表明自己对这些信息的重视，决不能随意敷衍顾客，不然不仅得不到有效的建议，反而还有可能因为表现出来的不尊重导致失去一些客户。

建议听取完毕之后，商家还应该深入分析形成这个问题的原因是什么，应该要如何做才能解决这个问题，要得出具体实施方案。

3. 完善与落实客户的建议

如果收集建议之后不立马去落实，那么听取建议的过程就白白浪费了，花掉的时间没有任何意义，店铺也不会有任何改善。

甚至当有些客户发现自己的建议没有被重视和实施的时候，以后也不再愿意提建议了。

所以，商家在听取建议之后，一定要迅速总结出解决方案并且以最快的速度落实它们。争取在最短的时间内让客户看到变化，增强客户对商家的信任与好感，从而拉动销量与人气。

综上所述，能够正确听取与对待客户建议的商家，成功指日可待。

099　数据分析：准确分析客户流失原因

在微信朋友圈营销中，必须牢记一个营销理念：客户永远要摆在第一位。

所有商家都应该建立起自己的客户档案用来管理每一位客户，尽量做到针对每一位客户进行一对一的服务，只有这种精细的服务方式，才能不断拉动销售量的增长。

商户有时候可能会遇到微信好友并没有减少、可购买量忽然下降的情况。一般这个时候，店家只要查一下购买记录便一清二楚了，简单来说，造成这种情况的原因就是客户流失，如图 9-24 所示。

▲ 图 9-24 客户流失

在这种情况下，商家应该沉下心来好好反思一下客户流失的原因，一般来说有 4个，如图 9-25 所示。

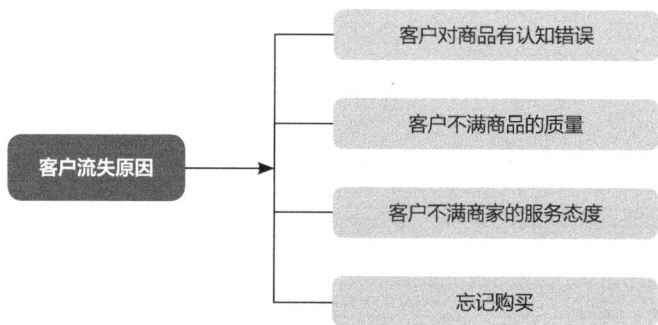

▲ 图 9-25 客户流失原因

1. 客户对商品有认知错误

客户对商品有认知错误，简而言之就是客户把商品功效想得太好了，想象中的效果远比它本身的功效要好得多。一旦他们发现商品并没有满足他们的期望值，就会选择放弃这种产品，下次不再购买。

一般来说，卖保健品和护肤品的店家最容易遭受这样的误解。因为这两种类型的商品都是必须长期使用才会显现出功效，而广告又总喜欢写得略微夸张一点，所以容易给人"造假"的感受。

在这种情况下，店主应该立即联系客户，向他们确认是否由于这个原因而放弃再次购买此商品。并且对客户做出专业方面的解释，帮助客户走出误区，让他明白这并不是产品本身的问题，让客户重新相信店铺。

当然，为了能够在向客户解释时尽量专业一些，商家本人也需要不断地学习与提高，努力去掌握专业知识，为客户排忧解难。

2. 客户不满商品的质量

当商家在调查产品售卖情况时，发现某一种产品销量几乎没有变化，而且原来购买过此商品的所有客户也都没有复购行为。这时商家就应该想想是不是商品本身质量有问题。

为了解答这个疑惑，商家应该主动联系客户，向对方询问不再购买某商品的原因。一旦发现是质量问题，商家就应该立即采取措施，将商品下架，对客户做出补偿措施并且引导他们购买别的同类商品。

3. 客户不满商家的服务态度

客户不再重新购买某家店铺的商品还有一个可能，那就是因为商家的服务态度不好，让他们感觉没有受到应有的尊重。

现在市场上同类店铺非常多，客户如果不满意某家店铺转眼换一家便是，几乎不会存在求大于供的可能。商家要清醒地认识到现在是客户的市场，争取到了客户才算争取到了市场，所以商家一定要向自己的客户提供最优质的服务。

当经过商家调查发现客户不再光临的原因是对服务态度不满意时，商家必须好好地反省自己到底是哪里做得不够好，让客户觉得不满意，然后努力改进，争取不再犯同一个错误。

4. 忘记购买

当然，顾客不再反复购买的原因也不一定都是商家或产品的问题，也有可能是因为客户太忙了所以忘记了购买。

所以商家在查看用户记录时，发现某个客户的某件产品使用周期快到了，就应该适时给对方发微信或是打电话提醒他需要重新购买商品了。

　　这样不仅可以为客户提供便利，也会让对方感受到被关心，从而进一步地提高这些客户对店铺的忠诚度。

　　由以上这些原因可以看出商家做好客户信息管理的重要性。经营自己的生意确实任重道远，这就要求商户们不断反省、不断提高，为生意的长远发展而努力奋斗。

第 10 章

营销误区：
规避朋友圈营销风险

在营销过程中，由于市场与客户心理的多样性，当商户们过分注重某些方面可能会陷入一些常识性误区，将销售重点偏移，却忽略了真正重要的内容。本章将详细介绍在营销中商户们可能会陷入的误区并且给出详细解决方案。

要点展示

100　矛盾心理：纠结不知道要卖什么

在微信朋友圈营销过程中，关于所要经营的商品容易存在两个方面的误区：一是没有明确的目标，人云亦云；二是纠结于哪一类商品更好卖，举棋不定，如图 10-1 所示。

▲ 图 10-1　卖什么

针对前一种误区，企业或商家应该尽快形成明确的目标定位，如图 10-2 所示。

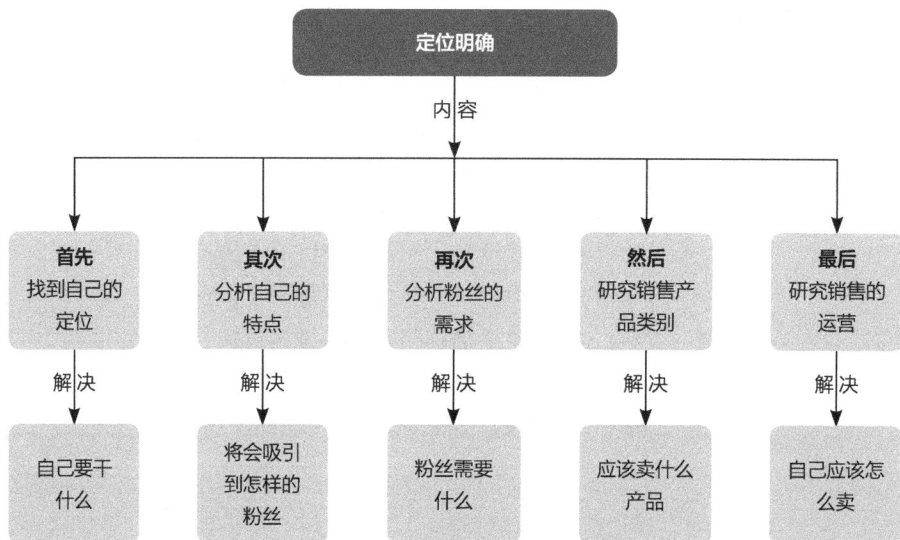

▲ 图 10-2　微信朋友圈的营销定位

　　针对后一种误区，企业或商家更多的是在不同类别的产品之间犹豫不决，看着似乎每一种产品都有很好的市场需求，又似乎每一种产品都不好卖。要解决这一问题同样需要有明确的自身定位。

　　其实，企业或商家无论是人云亦云的选择，还是犹豫不决的选择，关于卖什么产品的矛盾心理在微信朋友圈营销的前期工作中都不是最重要的，首先需要去解决的问题是怎样去经营和维系朋友圈的好友关系。

　　在微信朋友圈营销中，先要吸引和拥有足够多的粉丝和好友，如图 10-3 所示。

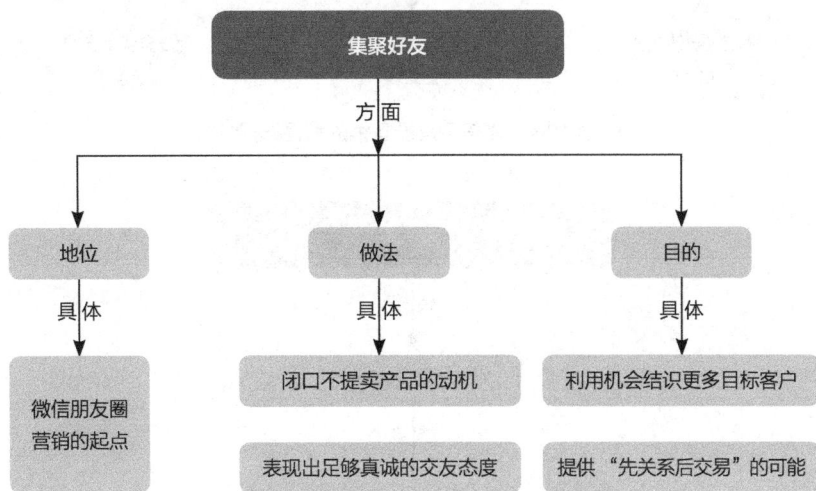

▲ 图 10-3　微信朋友圈的好友关系建立分析

　　毕竟微信朋友圈不是一个专门的营销平台，它只是一种辅助其他营销方式的工具，因而卖什么远没有选择正确的途径有意义。

　　关于营销的路径选择，在微信朋友圈更多的是要从朋友关系出发，提供给他们更接近于服务的营销感觉，更好地满足朋友对产品的需求，多去听取他们的意见，知道他们要什么，如图 10-4 所示。

　　微信朋友圈的产品信息推送，不同于一般营销的推送，它要求更加人性化和感性化，如图 10-5 所示。

　　随着社会经济的发展，人们在追求产品使用价值的同时，也寻求产品带给自己的心理满足感和来自内心的自我肯定。

　　因此，微信朋友圈一对一的互动关系要特别注意从这一角度出发，进行产品的精准推送和正确推送。

```
┌──────────────────────────────┐
│            路径选择             │
└──────────────────────────────┘
              │ 内容
   ┌──────────┼──────────┐
   ▼          ▼          ▼
┌──────┐  ┌──────┐  ┌──────┐
│总体要求│  │卖信息 │  │卖感觉 │
└──────┘  └──────┘  └──────┘
  │具体      │具体      │具体
  ▼          ▼          ▼
┌──────┐  ┌──────┐  ┌──────┐
│朋友需要 │  │产品信息的│  │朋友自我肯│
│什么就卖 │  │碎片化处理│  │定的感觉 │
│什么    │  │        │  │需求    │
└──────┘  └──────┘  └──────┘
```

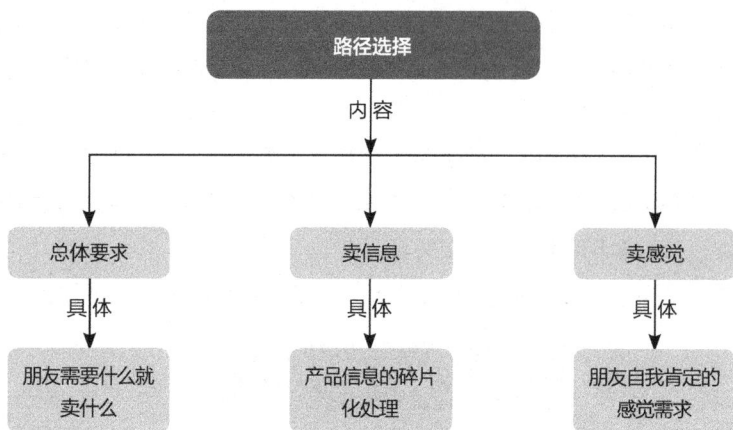

▲ 图 10-4 微信朋友圈营销的路径选择分析

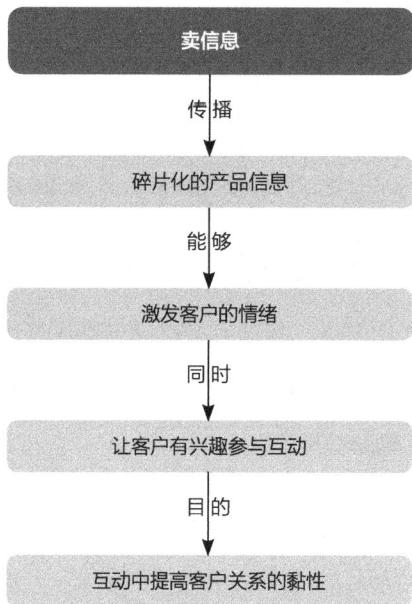

```
┌──────────────────────────────┐
│             卖信息             │
└──────────────────────────────┘
              │ 传播
┌──────────────────────────────┐
│         碎片化的产品信息         │
└──────────────────────────────┘
              │ 能够
┌──────────────────────────────┐
│          激发客户的情绪          │
└──────────────────────────────┘
              │ 同时
┌──────────────────────────────┐
│        让客户有兴趣参与互动        │
└──────────────────────────────┘
              │ 目的
┌──────────────────────────────┐
│       互动中提高客户关系的黏性      │
└──────────────────────────────┘
```

▲ 图 10-5 微信朋友圈的信息推送

综上所述，对微信朋友圈营销而言，企业或商家纠结于卖什么的矛盾心理完全没有必要，因为在这一营销过程中，其推送的产品只是一个营销载体，是连接与沟通客户情绪的传播线路而已，如图 10-6 所示。

因此，企业或商家在营销过程中，应该经营好微信朋友圈的客户关系，在互动中充分了解客户，最终实现各种营销方式与微信朋友圈营销的完美结合。

▲ 图 10-6 营销载体——产品

101 忽视质量：不重视产品的质量

进行微信朋友圈营销，在经营好客户关系的同时，还要特别关注一个问题，那就是营销的前提——产品质量。而这个问题很容易被企业或商家在微信朋友圈的产品信息推送中忽略。

产品质量是提升客户满意度的最基本前提。只有产品质量经得起考验，才能在微信朋友圈营销互动过程中提升客户体验。

因此，企业或商家推送的必须是好的产品，这个"好"必须满足两个方面的要求，如图 10-7 所示。

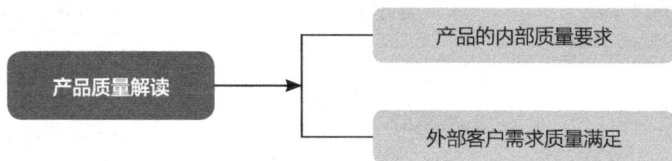

▲ 图 10-7 产品质量解读

1. 产品的内部质量要求

产品的内部质量要求是产品本身所拥有的使用价值的体现，在营销过程中，它包括 4 个方面的内容，如图 10-8 所示。

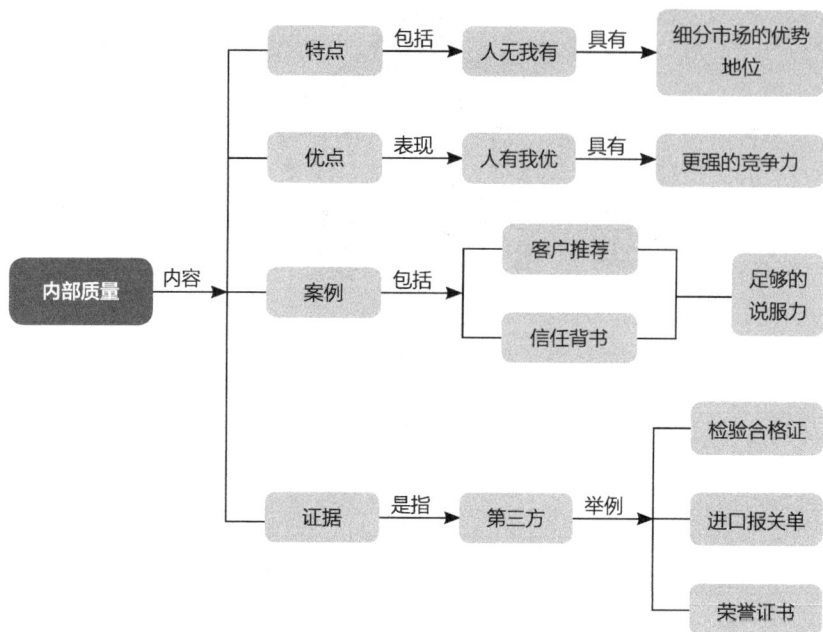

▲ 图 10-8　产品的内部质量要求分析

2. 外部客户需求质量满足

产品的外部客户需求质量满足是针对客户而言的，是指产品所能提供给客户的、解决客户需求"痛点"的特性，如图 10-9 所示。

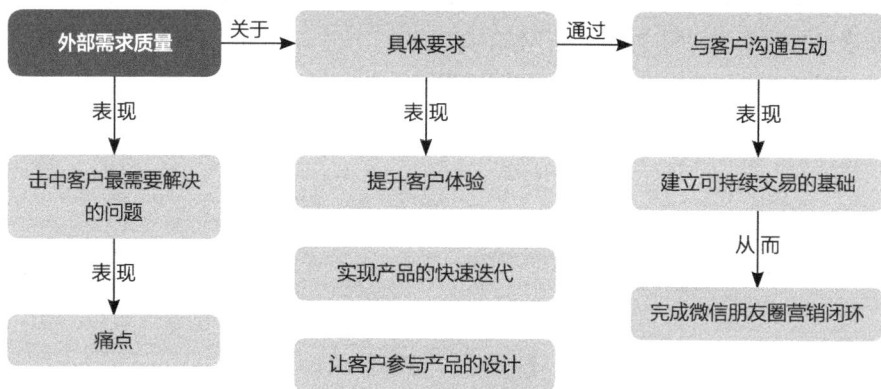

▲ 图 10-9　产品的外部客户需求质量满足分析

102　打造形象：忽视个人魅力打造

微信作为一对一互动的社交平台，能够推进人与人之间的联系，而这种联系的维

系和拓展，很大程度上是通过个人魅力来实现的。因此，在微信朋友圈营销中，个人
魅力的展示至关重要。

企业或商家欲通过朋友圈实现营销的发展，则必须最大化其人格魅力，突出个人
形象，主要内容如下：

- 头像的个人脸部特写；
- 内容是关于人物的故事；
- 在评论里人性化互动。

从这方面来说，罗辑思维做了一个极为充分的诠释，如图 10-10 所示。

▲ 图 10-10　罗辑思维

微信朋友圈营销其实就是一个个人魅力的价格变现过程，其中一个重要的实现途
径就是"微星"的客户服务提供，如图 10-11 所示。

企业微星是其产品的典型代言人，通过微星，商品与人格元素实现了巧妙的融合，
并在这一过程中使得微星的人格成为商品的溢价价值，且这种价值是恒久的，不会随
着营销场所和途径的改变而改变，从而随着时间的推移，可能会形成企业具有代表性
的价值品牌。

因此，企业微星这一角色非常重要，可以考虑由企业负责人承担，因为企业负责
人拥有企业决策权并且人际资源丰富，可以起到聚焦全员微信营销的作用，这也是基
于各方面因素的结果，如图 10-12 所示。

```
                        ┌─────────────────┐
                        │      微星        │
                        └─────────────────┘
                                │
                               可以
                                ↓
                    ┌─────────────────────┐
                    │  因个人魅力受到客户追捧  │
                    └─────────────────────┘
                                │
            ┌───────────────────┼───────────────────┐
            ↓                   ↓                   ↓
      ┌──────────┐       ┌──────────┐       ┌──────────┐
      │  吸引客户  │       │  归集客户  │       │  转化客户  │
      └──────────┘       └──────────┘       └──────────┘
            └───────────────────┼───────────────────┘
                               使其
                                ↓
                    ┌─────────────────────┐
                    │   获得客户的喜爱和信任   │
                    └─────────────────────┘
                               成为
                                ↓
                    ┌─────────────────────┐
                    │   精准客户群体心中的明星  │
                    └─────────────────────┘
```

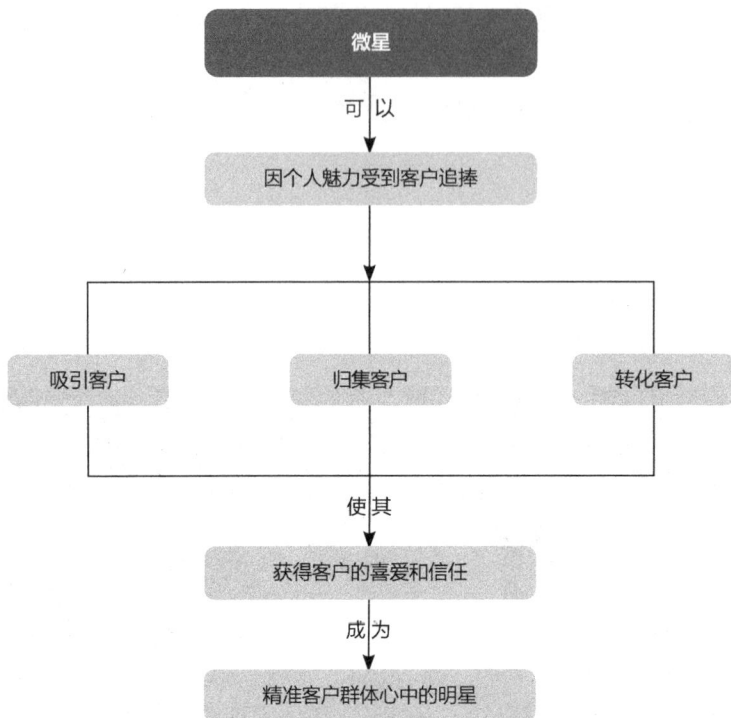

▲ 图 10-11　微星的个人魅力营销价值分析

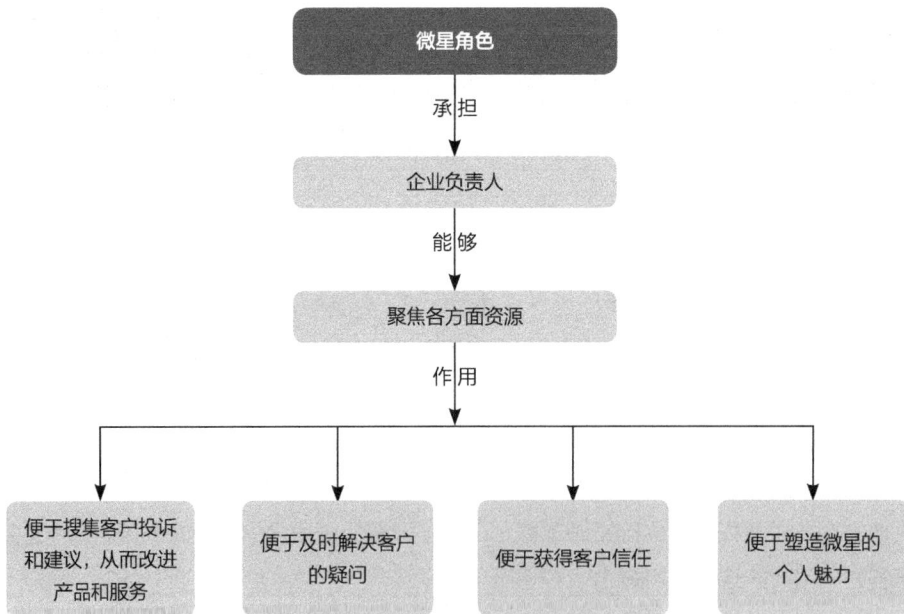

```
                        ┌─────────────────┐
                        │     微星角色      │
                        └─────────────────┘
                                │
                               承担
                                ↓
                        ┌─────────────┐
                        │   企业负责人   │
                        └─────────────┘
                                │
                               能够
                                ↓
                        ┌─────────────┐
                        │  聚焦各方面资源 │
                        └─────────────┘
                                │
                               作用
                                ↓
    ┌──────────────┬──────────────┬──────────────┬──────────────┐
    ↓              ↓              ↓              ↓
┌──────────┐  ┌──────────┐  ┌──────────┐  ┌──────────┐
│便于搜集客户投诉│  │便于及时解决客户│  │便于获得客户信任│  │便于塑造微星的 │
│和建议，从而改进│  │  的疑问    │  │          │  │  个人魅力   │
│ 产品和服务  │  │          │  │          │  │          │
└──────────┘  └──────────┘  └──────────┘  └──────────┘
```

▲ 图 10-12　企业微星角色的承担分析

由上述内容可知，企业负责人的魅力非常重要，然而有的企业对此并没有完全利用起来，如图 10-13 所示。

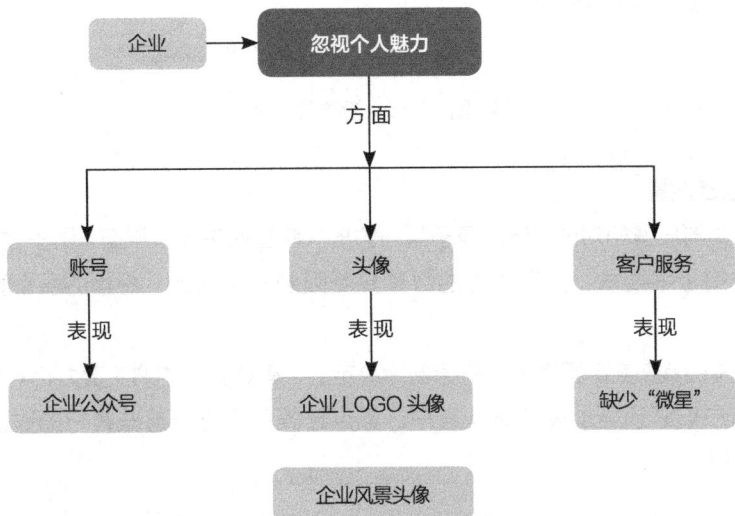

▲ 图 10-13　企业微信营销误区

103　拼命加粉：不在乎粉丝的质量

粉丝是实现营销目标的重要支撑，他们是精准营销的重要目标客户群体。在目前的营销生态圈中，粉丝是其中不可或缺的组成元素，具有巨大的营销价值，如图 10-14 所示。

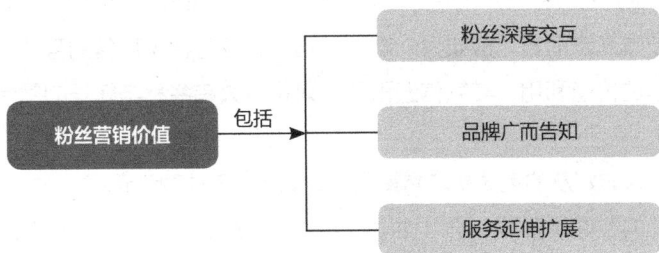

▲ 图 10-14　粉丝营销价值

一些企业或商家尽管已经意识到了粉丝营销的重要性，可由于缺乏这方面的知识，容易走入营销的认知误区，主要表现为两种情况，如图 10-15 所示。

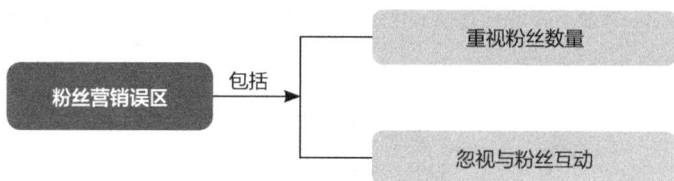

▲ 图 10-15　粉丝营销误区

1. 重视粉丝数量

数量是与质量相对的，当偏重于某一方时，两者就失去了平衡。由于在微信中，添加好友有上限要求，所以粉丝的数量是受限制的，因此，粉丝的质量更应该受重视。

这也是由其在实际营销中的价值创造决定的，有些粉丝的购买潜力相对大一些，企业和商户们必须更加关注这些客户，重点培养和完善与这些客户的联系，如图10-16 所示。

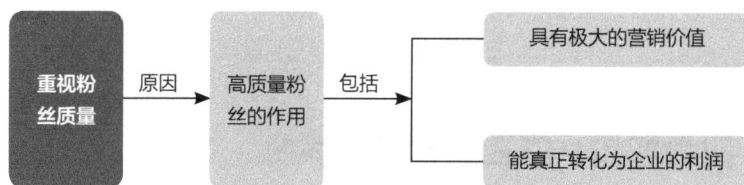

▲ 图 10-16　重视粉丝质量的意义分析

2. 忽视与粉丝互动

人与人之间的交往是一个需要深入维护的过程，微信朋友圈的朋友关系也是如此。对于企业或商家而言，假如只一味加"粉"，而忽视与粉丝的互动，其最终结果就是错失粉丝的价值利用，其微信通讯录也只是一大串名称与账号的集合，没有任何营销意义。

由此看来，与好友的互动是非常重要的，如图 10-17 所示。

进行互动的条件是真诚，所以抽出时间来和客户进行沟通交流很有必要。有些商户为了节省时间或者怕麻烦，不亲自为自己的客户解惑，而是选择用机器人客服为客户服务。

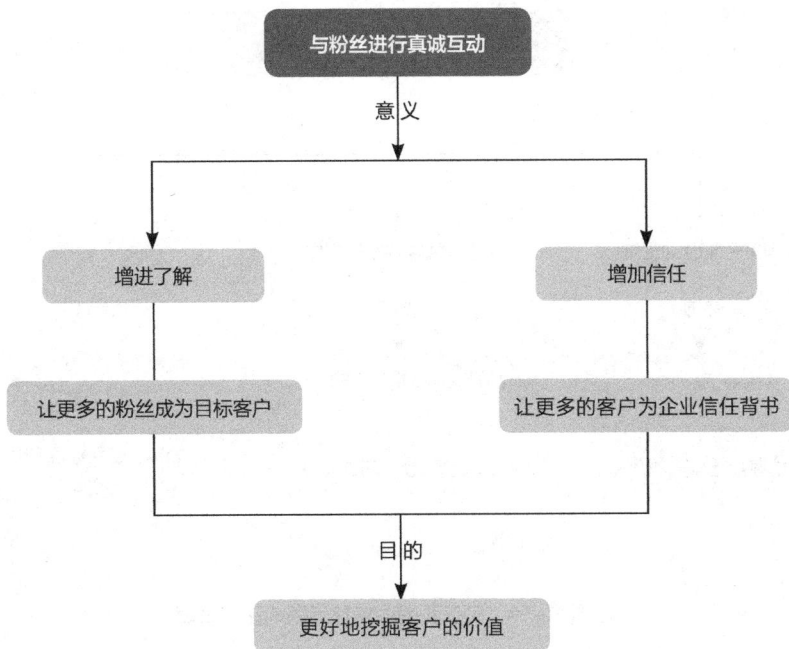

▲ 图 10-17　与粉丝互动的意义分析

　　虽然机器人在一定程度上能够解决一些基本的商品问题，但是毕竟不是真人，对于有些问题不能妥善解决，并且冷冰冰的机器人缺乏真诚，很难达到预期效果，如图 10-18 所示。

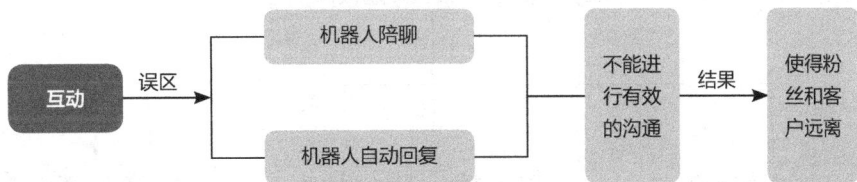

▲ 图 10-18　互动认识误区分析

　　综上所述，关于微信粉丝的问题，商户们需要端正自己的态度，予以正确对待，避免走入恶性循环的误区。

　　必须要正确意识到粉丝并不是越多越好，而应该尽量和已有粉丝培养好感情，准确找到合适的、具有购买潜力的客户等。这些注意事项主要表现在 3 个方面，如图 10-19 所示。

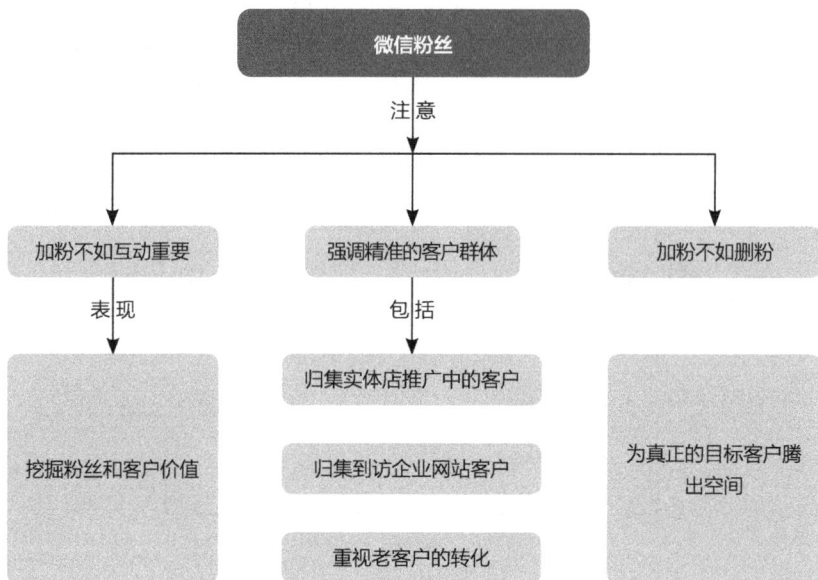

▲ 图 10-19　微信营销中粉丝问题的注意事项

104　转发泛滥：引起朋友圈好友的反感

众所周知，微信朋友圈在信息发布方面有着极大的优势，如图 10-20 所示。

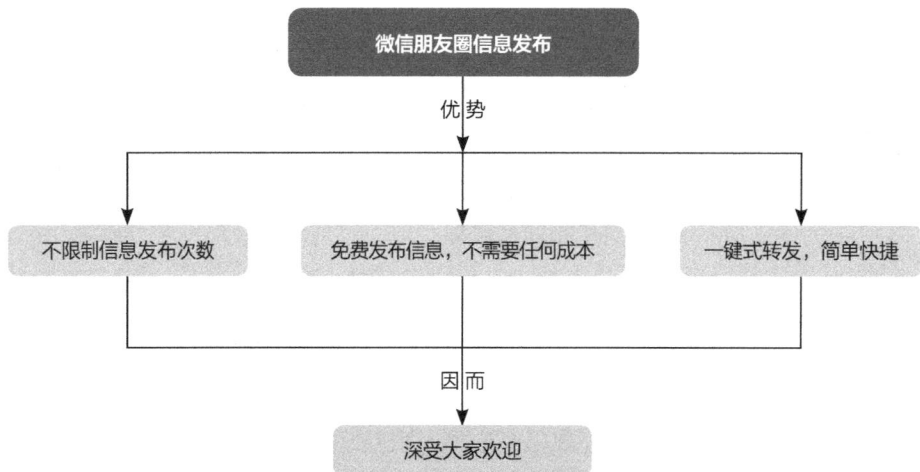

▲ 图 10-20　微信朋友圈发布信息的优势介绍

但是对于其优势的应用也应该注意一个适度问题，假如过度应用，其结果只能适得其反。微信朋友圈发布信息方面的优势让不少人过度使用，使得朋友圈信息泛滥，如图 10-21 所示。

▲ 图 10-21　朋友圈信息推送泛滥

图 10-21 所示的商户在朋友圈利用疯狂刷屏来推销自己书店的书籍,试想一下,一个工作族好不容易抽出时间来看朋友圈,希望放松一下状态,结果看到了一堆刷屏广告,这是不是很容易使之迅速屏蔽这位商户呢?

所以对于微信朋友圈营销而言,这种情况是必须杜绝的,因为这将导致客户注意力的分散,如图 10-22 所示。

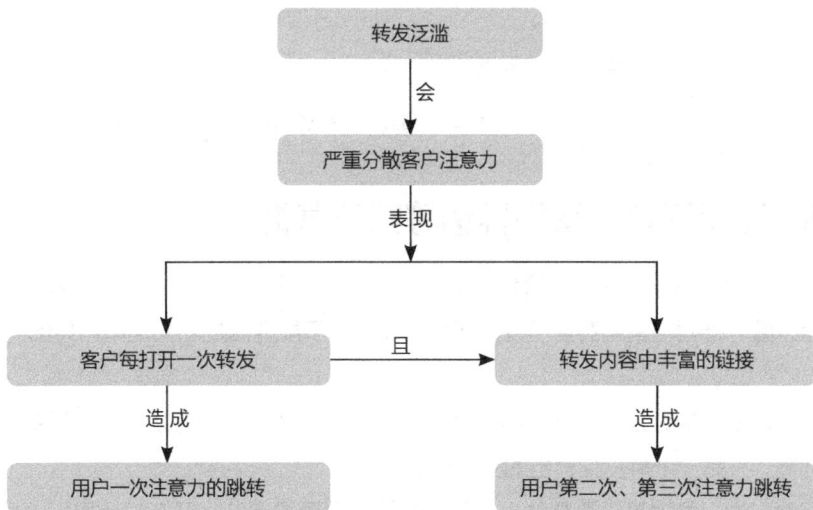

▲ 图 10-22　转发泛滥引起的客户注意力跳转

而用户注意力的分散与跳转是违背朋友圈营销的原则与初衷的,与利用朋友圈吸引关注的最终目标是背道而驰的，如图 10-23 所示。

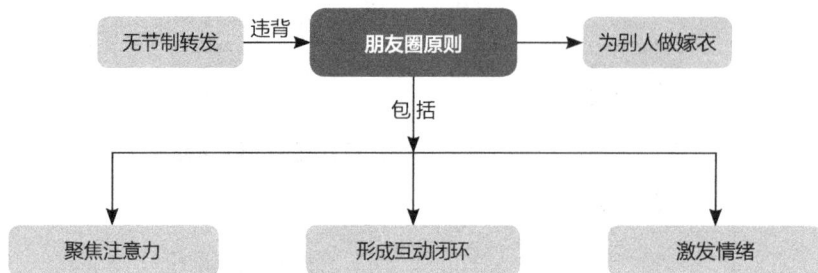

▲ 图 10-23 转发泛滥违背朋友圈原则

微信朋友圈的转发泛滥，除了内容的转发外，还包括推荐他人微信号一类的社交性转发，如图 10-24 所示。

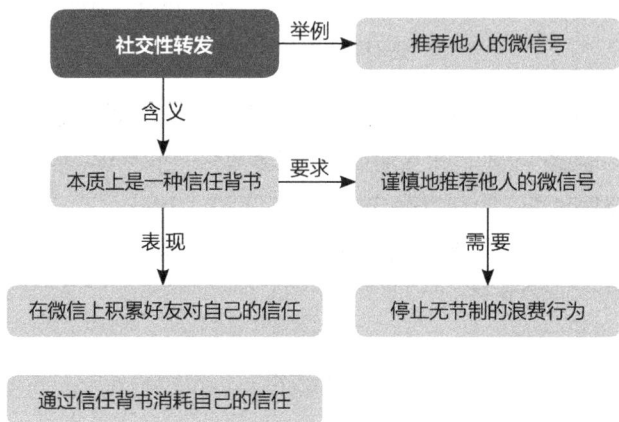

▲ 图 10-24 社交性转发介绍

105 理解错位：认为推销等同于营销

在微信朋友圈运营中，无论是从工作重心的角度看，还是从出发点、方法、目标等内容来看，推销与营销都是不同的概念，商户们不能随意把它们混同，如图 10-25 所示。

准确地说，推销是一个注重眼前目标、以短期赢利为目的的活动。它是销售中的一个环节，只是一个将货物卖出的具体步骤。

相对来说，营销是一个整体，并且销售筹划要更加专业，要有长远目标，是以长期运作为目的的一系列操作过程。

因此，在微信朋友圈，需要的是以确保用户良好的使用体验为目标的营销，而不是一时的推销。

更确切地说，以客户服务功能为途径、以客户为中心的微信朋友圈营销，是一连串具体活动，包括针对部分客户的广告、与客户培养感情、分析客户需求内容、后期跟踪了解等，如图 10-26 所示。

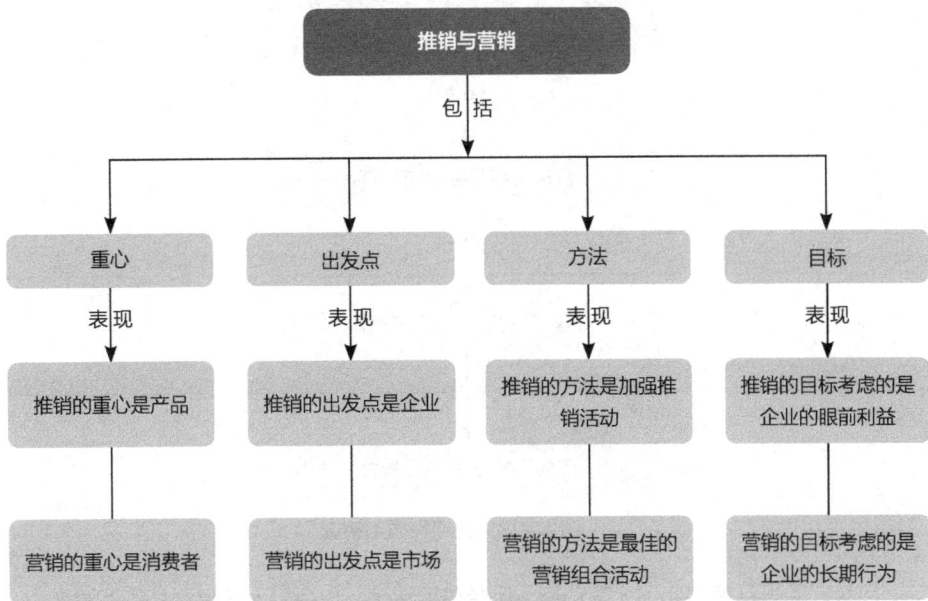

推销与营销

包 括

| 重心 | 出发点 | 方法 | 目标 |

表 现

推销的重心是产品 | 推销的出发点是企业 | 推销的方法是加强推销活动 | 推销的目标考虑的是企业的眼前利益

营销的重心是消费者 | 营销的出发点是市场 | 营销的方法是最佳的营销组合活动 | 营销的目标考虑的是企业的长期行为

▲ 图 10-25　推销与营销的区别分析

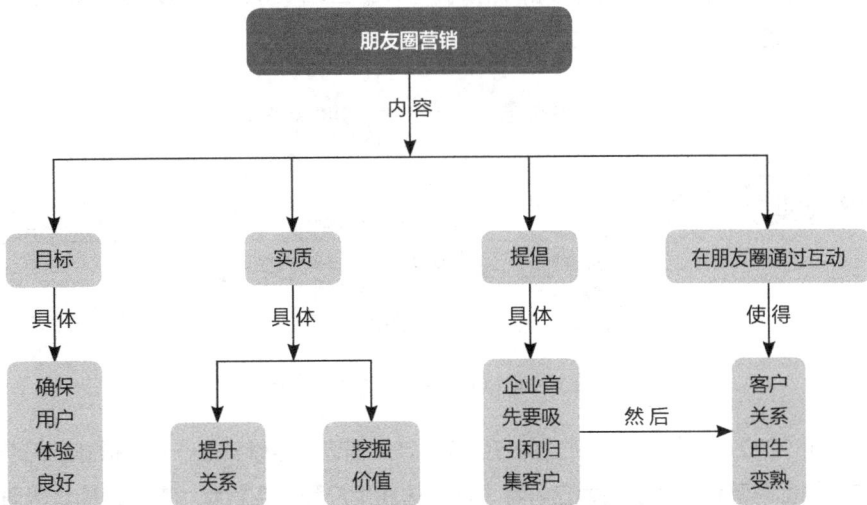

朋友圈营销

内 容

| 目标 | 实质 | 提倡 | 在朋友圈通过互动 |

具体 / 使得

确保用户体验良好 | 提升关系 | 挖掘价值 | 企业首先要吸引和归集客户 | 然后 → 客户关系由生变熟

▲ 图 10-26　微信朋友圈营销解读

106 过度迷信: 盲目看待微信订阅号

在微信营销中, 微信公众平台有着举足轻重的地位, 其中订阅号的作用更是不容忽视, 如图 10-27 所示。

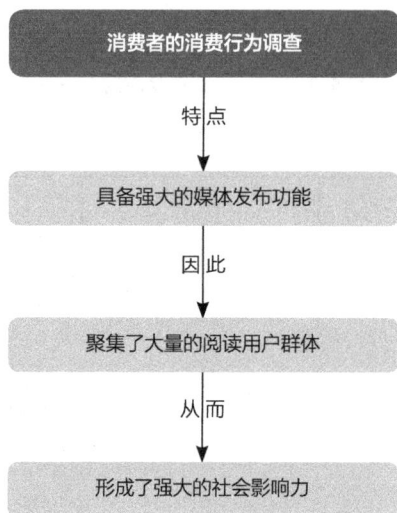

▲ 图 10-27 订阅号作用解读

尽管订阅号具有如此强大的功能, 但若过度迷信, 也会陷入信息轰炸的泥淖之中, 最终会影响账号空间的发展。因此, 企业或商家首先应该认清关于微信订阅号的基本事实, 以及它本身所存在的瑕疵与问题, 如图 10-28 所示, 然后想办法尽量去避免与改正这些问题。

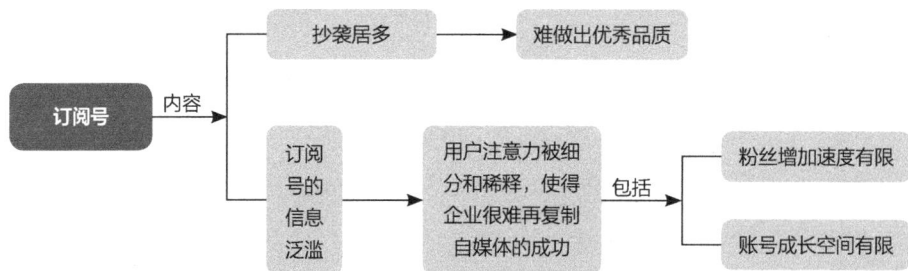

▲ 图 10-28 订阅号的现状与内容分析

由图 10-28 可以看出, 从营销方面来说, 微信订阅号确实是一个值得商户们潜心去挖掘的优秀营销方式。因为它有着大批的关注用户和忠实粉丝, 影响力相比普通微信个人号来说要大得多。

认清了微信订阅号的优劣势, 企业或商家应该改变盲目迷信微信订阅号的理念,改变其运营策略，比如加强对个人号的管理，同时利用订阅号与朋友圈做营销，实现两者优势互补，如图 10-29 所示。

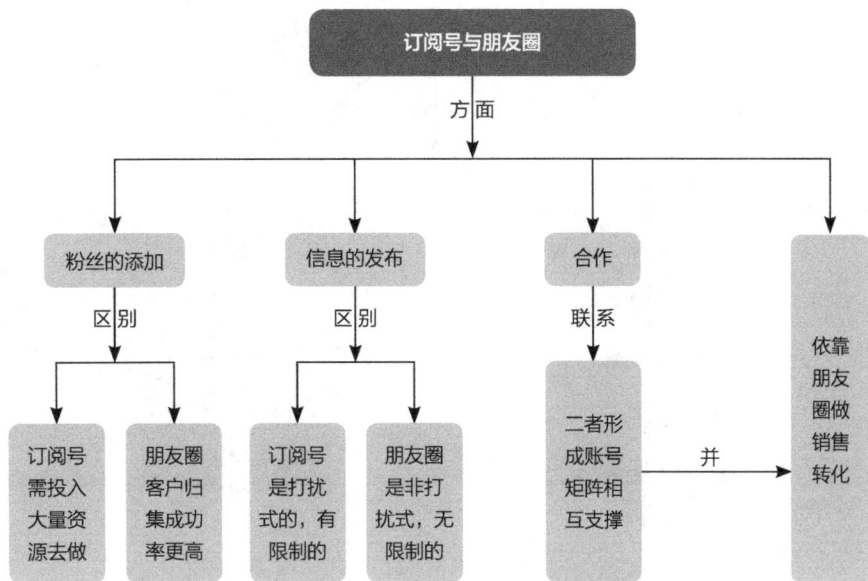

▲ 图 10-29　订阅号与朋友圈的关系分析

107　频繁刷屏：认为刷屏就能成交

在微信朋友圈营销中，部分人认为刷屏就能成交，且刷得越频繁效果就越好，如图 10-30 所示。

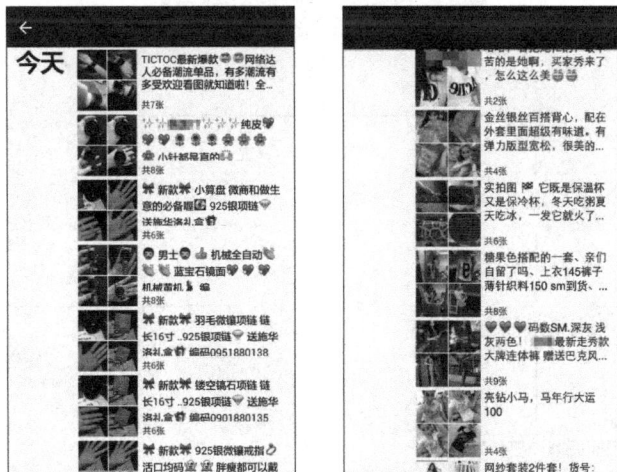

▲ 图 10-30　疯狂刷屏的朋友圈

其实不然，这是一种错误的认知。因为对朋友圈营销来说，成交的基础源于好友的信任，这也是运营和发布朋友圈信息的目的所在，如图 10-31 所示。

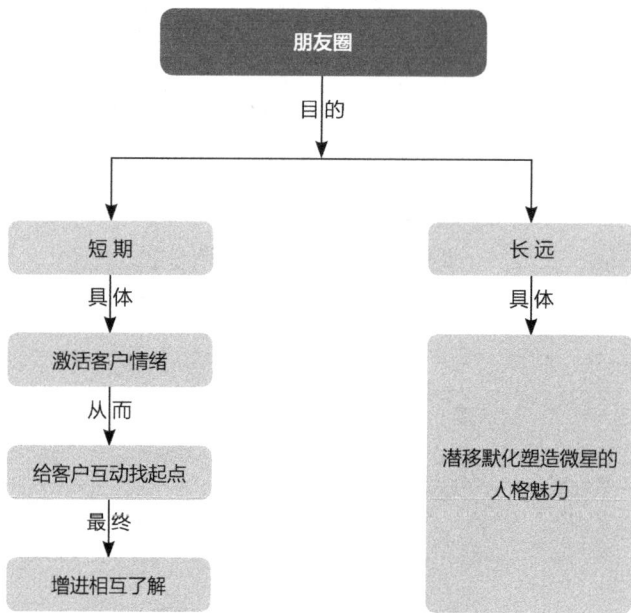

▲ 图 10-31　发朋友圈的目的

因此，在微信朋友圈刷屏并不一定能够实现成交，成交建立在一定的互动沟通和情感、信任的基础上。且这种刷屏还应该注意一个适度与目的的问题，如图 10-32 所示。

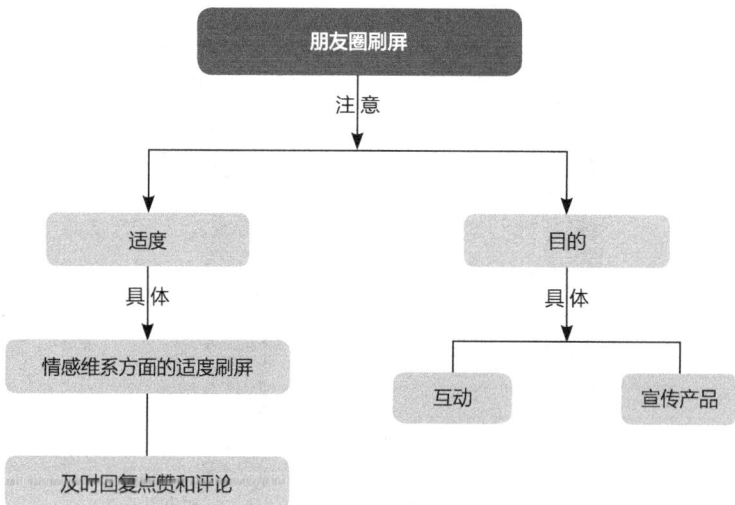

▲ 图 10-32　朋友圈刷屏需注意的问题

108 错误认识: "小儿科"式朋友圈营销

在微信朋友圈营销中还有一个误区: 有一些人总是很看不起这一营销方式, 觉得通过微信朋友圈售卖出去的都是不合法的三无产品, 为什么会给人这种感觉呢? 具体原因如图 10-33 所示。

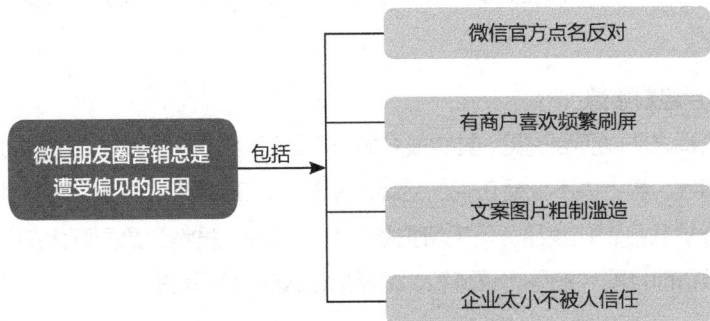

▲ 图 10-33 微信朋友圈营销总是遭受偏见的原因

1. 微信官方点名反对

微信官方曾经发布过一份《微信公众平台关于整顿非法分销模式行为的公告》, 如图 10-34 所示。

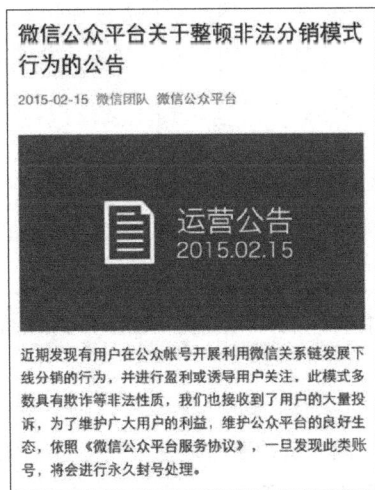

▲ 图 10-34 微信公众平台关于整顿非法分销模式行为的公告

这份公告虽然针对的是那些非法的营销商户, 可是群众并不会准确区分非法营销商户和合法营销商户, 甚至以偏概全, 盲目地认为所有通过朋友圈营销的商户都是骗人的。

这是微信朋友圈营销遭受偏见的直接原因。

2. 有商户喜欢频繁刷屏

其实关于刷屏的问题在前文已经提过了。刷屏会给人带来很不好的感受，让对方觉得自己的隐私或是休闲时间受到了侵犯。更重要的是，频繁刷屏会让人觉得产品一定是卖不出去了才需要这么大肆宣传。从这个思维角度出发，还会有不少人怀疑产品有质量问题。

3. 文案图片粗制滥造

微信营销之所以受到偏见，其实很多情况下是因为用户觉得商家的宣传太过粗糙，一点都不精致，看上去不像是正规的品牌。如图 10-35 所示，这家店主的主要工作就是代购国外护肤品和化妆品。可她所拍的这几张图片，虽然说是国际大牌，但因为文字内容太敷衍而且图片拍得比较随意，很容易让人怀疑是假货。

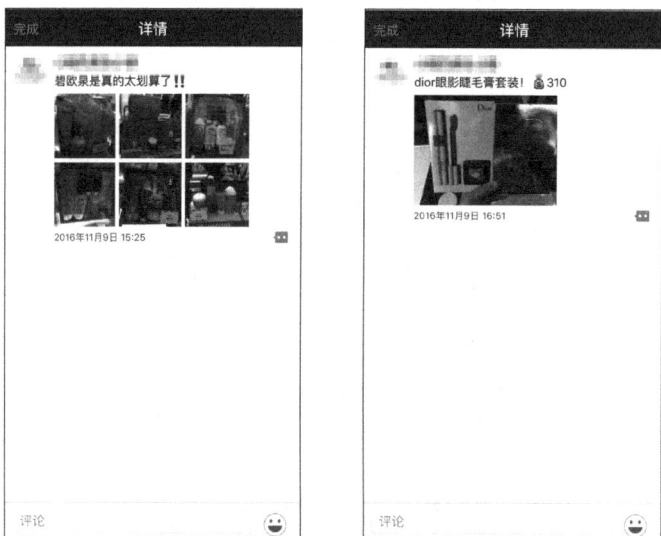

▲ 图 10-35　售卖大品牌护肤品、化妆品的朋友圈

4. 企业太小不被信任

很多人会觉得，由于微信好友数量有限制，微信朋友圈营销不可能会有太多的销售量，那么公司规模肯定不大，因而不太愿意信任。确实，微信朋友圈营销更加符合中小企业的定位。

但无论普通群众对朋友圈营销持何态度，做这份工作的商户们不能和他们持有同样的心理。

因为线上销售已经成为时代的趋势，商户们不管喜不喜欢这种形式，都必须紧跟潮流的步伐，不然就会被其他企业甩在身后，品牌也会奄奄一息。

而且现在时代发展如此之快，今天是互联网明天会是什么我们不得而知。但至少通过朋友圈营销，我们已经将客户牢牢地抓在手中了，只要有这样一张王牌，无论未来有什么变化，任他风起云涌，我自岿然不动。

所以微信朋友圈营销可以说是商户们新开发的战场，只有掌握其中的主动权，才能赢得未来的大片市场。